LOS ESTADOS DESUNIDOS DE LATINOAMÉRICA

ANDRÉS OPPENHEIMER

LOS ESTADOS DESUNIDOS DE LATINOAMÉRICA

(Las mejores columnas de 2006 a 2009)

Los Estados Desunidos de Latinoamérica
Las mejores columnas de 2006 a 2009

Primera edición en México: noviembre, 2009

D. R. © 2009, Andrés Oppenheimer

D. R. © 2009, *Miami Herald*. Distribuido por Tribune Media Services International

D. R. © 2009, RHM y ALGABA Ediciones, S. L. por la presente coproducción

D. R. © 2009, derechos de edición para México, Estados Unidos,
      Islas del Caribe y Centromérica en lengua castellana:
      Random House Mondadori, S. A. de C. V.
      Av. Homero núm. 544, col. Chapultepec Morales,
      Delegación Miguel Hidalgo, 11570, México, D. F.

www.rhmx.com.mx

Comentarios sobre la edición y el contenido de este libro a:
literaria@rhmx.com.mx

ISBN 978-607-429-718-8 (Random House Mondadori México)
ISBN 978-030-739-302-9 (Random House Inc.)

Impreso en México / *Printed in Mexico*

Distributed by Random House Inc.

Índice

Esta obra recibió el VII Premio ALGABA (2009), patrocinado por Ámbito Cultural de El Corte Inglés. El jurado de esta convocatoria estuvo presidido por Ramón Pernas, y formado por Patricio de Blas, Felipe Hernández Caba, Juan Ignacio García Garzón y Melquíades Prieto.

Prólogo

E N MOMENTOS DE ESCRIBIR ESTAS LÍNEAS, da la impresión de que el continente americano es una región de «todos contra todos». Nunca se han visto más cumbres latinoamericanas proclamando solemnemente la integración regional, ni tantas peleas entre países vecinos. El presidente narcisista-leninista de Venezuela, Hugo Chávez, no ha dejado de pelearse prácticamente con nadie que no integre su bloque de aliados incondicionales. Acaba de proclamar que «vientos de guerra» soplan sobre la región y que «estamos listos para el combate» con la vecina Colombia. Sus embajadores deben vivir con las maletas preparadas, porque Chávez constantemente anuncia «congelamientos» de relaciones diplomáticas —los más frecuentes con Estados Unidos y Colombia— y los llama en consultas a Caracas, para luego volver a enviarlos a sus destinos pocas semanas después. El presidente ecuatoriano, Rafael Correa, ha roto relaciones diplomáticas con Colombia, luego de que el ejército colombiano atacara una base de las narcoguerrillas colombianas FARC en Ecuador y confiscara archivos de computadoras —certificadas como auténticas por un peritaje internacional de Interpol—, que mostraron el activo apoyo de Ecuador y Venezuela a la guerrilla colombiana.

Perú y Bolivia retiraron sus respectivos embajadores hace pocos meses, en medio de insultos del presidente boliviano, Evo Morales, a su colega peruano, Alan García, por presuntamente tratar de perjudicar las aspiraciones bolivianas de obtener una salida al Océano Pacífico. Anteriormente, Perú había presentado una demanda contra Chile en la Corte Internacional de La Haya por una vieja disputa sobre el área marítima de unos 37 900 kilómetros cuadrados frente a la frontera entre ambos países. Mientras tanto, sigue latente la disputa entre Chile y Bolivia por la exigencia boliviana de una franja de tierra soberana en el norte de Chile que le proporcione una salida al mar. Uruguay y Argentina prácticamente no se hablan desde que el gobierno del ex presidente argentino, Néstor Kirchner, respaldara a manifestantes que cortaron las rutas de acceso fronterizo a Uruguay protestando presuntos daños ecológicos de una papelera finlandesa en la costa uruguaya, a pesar de que estudios del Banco Mundial revelaron que las plantas no eran contaminantes. Las relaciones entre Brasil y Bolivia siguen afectadas por la estatalización de plantas petroleras brasileñas realizada en Bolivia. Y Venezuela, Ecuador, Bolivia y Nicaragua —y en tono algo más mesurado Brasil, Argentina y Paraguay— no pierden ocasión de culpar a Estados Unidos y España por su retraso económico, acusando a los países más ricos de ser la causa del subdesarrollo regional.

La desunión de Latinoamérica sería un dato anecdótico —a veces divertido— si no fuera porque está fomentando una escalada en gastos militares en la región, poniendo trabas al comercio entre los países, frenando el crecimiento económico y perpetuando la pobreza. Según el Instituto Internacional de Estudios Estratégicos (IISS), con sede en Londres, el gasto militar en Latinoamérica y el Caribe aumentó en un 91% en los últimos cinco años, para llegar a los 47 200 millones de dólares en 2008. Los países que más incrementaron sus gastos militares fueron Venezuela, Colombia, Brasil y Chile, según el IISS. Chávez ha gastado más de 4 500 millones de dólares en armas rusas, lo que constituye más del 5% del producto bruto interno venezolano. Brasil acaba de iniciar negociaciones formales con Francia para la compra de 36 aviones de combate por más de siete mil millones de dólares, además de submarinos y otras armas de fabricación francesa. Hasta Bolivia, uno de los países con más altas tasas de pobreza del mundo, acaba de sacar una línea de crédito en Rusia por cien millones de dólares para comprar armas. Los rusos, felices.

Y mientras los países asiáticos firman nuevos acuerdos de libre comercio —incluyendo tratados comerciales entre China y la India que podrían crear el bloque comercial más grande del mundo— el proyecto de crear un Área de Libre Comercio de las Américas (ALCA) ha caído en el olvido, y las negociaciones para nuevos tratados comerciales bilaterales —tanto entre Estados Unidos y países latinoamericanos, como entre estos últimos— se han congelado. La falta de integración económica es patética. Pocos días atrás, conversando con un ministro peruano, me comentó que, debido a las reticencias mutuas por su conflicto fronterizo, Chile está por importar gas natural de Indonesia, mientras que Perú está por exportar gas natural a México. El caso más absurdo de desintegración regional es Centroamérica, donde cinco países pequeños tienen cinco bancos centrales diferentes, cinco monedas diferentes, cinco leyes de inversiones diferentes, y donde —tal como me contó uno de los dueños del grupo empresarial guatemalteco Pollo Campero— es más fácil exportar productos avícolas de Guatemala a China, en la otra punta del mundo, que desde Guatemala a la vecina Costa Rica. Los países centroamericanos han creado un Consejo Monetario Centroamericano, un Sistema de Integración Centroamericano, una

Corte Centroamericana de Justicia y hasta un Parlamento Centroamericano. Pero en la práctica, a la hora de exportar pollos, les resulta más fácil hacerlo a China que al país vecino.

A diferencia de la Unión Europea, que comenzó con acuerdos muy concretos destinados a facilitar el intercambio de carbón y acero, y luego pasó a tratados mucho más ambiciosos hasta llegar a una política exterior común, los latinoamericanos están haciendo al revés: comenzando por lo más ambicioso, y dejando para un futuro incierto lo más concreto. El resultado concreto es que la gran integración latinoamericana se queda en declaraciones que en su gran mayoría no pasan de ser poesía.

¿Tiene remedio la actual desunión de Latinoamérica? ¿Podrán los líderes de la región anteponer la urgencia de la disminución de la pobreza a su demagogia populista-nacionalista en aras de sus intereses personales? La siguiente colección de columnas, publicadas entre 2006 y 2009, intenta dar una respuesta a esta pregunta. No soy del todo pesimista, pero quiero que los lectores saquen sus propias conclusiones. Por ahora, baste decir que en el mundo de la poscrisis, en que el pastel de la economía mundial será más pequeño y en el que se perfilan cada vez más tres grandes bloques comerciales —el estadounidense, el asiático y el europeo—, los países que no tengan acceso comercial preferencial a uno de los grandes mercados del mundo se quedarán cada vez más fuera de juego. Y los que tengan acceso preferencial a mercados importantes, pero no lo amplíen a nuevos mercados, crecerán mucho más lentamente que los mejor insertados en la economía global. Ahí está el desafío de los próximos años, que solo se podrá remediar con más unión regional, para poder producir más eficientemente productos que tengan salida a la economía global.

Una nota final sobre algunas constantes que los lectores encontrarán en este libro. En cuanto al contenido, hay tres temas que aparecerán en una gran parte de mis columnas: la necesidad de defender la democracia —soy un convencido de que no hay tal cosa como «dictadores buenos», ya sean de derecha o de izquierda—, la urgencia de fortalecer las instituciones y la asignatura pendiente de apostarle a la educación, la ciencia y la tecnología.

En cuanto a la forma, muchos notarán que suelo terminar mis columnas con una sección subtitulada «mi opinión». Empecé a usar ese formato hace muchos años. Consiste en comenzar una columna exponiendo un problema, luego presentar los principales argumentos a favor y en contra mediante entrevistas exclusivas con los protagonistas en disputa y terminar con mi opinión personal. A veces no he podido con mi genio y me he volcado más hacia uno de los argumentos. Pero, en general, trato de mostrar dos puntos de vista —cuidando siempre de entrevistar personalmente a los protagonistas, en lugar de basarme en fuentes de segunda mano— y luego compartir con los lectores el mío.

Y en todos los casos, procuro escribir de la manera más sencilla: soy un convencido de que quienes escriben en difícil no tienen las ideas claras. A propósito de esto, algunos lectores notarán con extrañeza la repetición de algunos términos, como la expresión «dijo», o «me dijo», en la misma columna. No se trata de un error, sino de un estilo que aprendí cuando estudiaba Periodismo en la Universidad de Columbia, en Nueva York, y que he adoptado a sabiendas de que no es muy común en la prensa de habla hispana. Resulta que, cuando llegué a Columbia, escribía tal como me habían enseñado en Argentina: evitando a toda costa repetir palabras en un mismo texto. Por ejemplo, en una nota periodística con declaraciones de —digamos— una persona de apellido González, terminaba la primera cita con las palabras «dijo González», y luego reemplazaba esta locución por «señaló González», «puntualizó González», «espetó González», y así sucesivamente. Las variantes se iban haciendo cada vez más difíciles a medida que avanzaba el texto. Mi profesor de redacción, un veterano periodista de *The New York Times*, me llamó la atención sobre todos estos términos, que en realidad querían decir lo mismo.

«¿Qué diferencia hay entre "dijo" y "puntualizó"?», preguntó el profesor. Ninguna. No agrega nada. Si dijeras "se encogió de hombros", o "sonrió", estás agregando algo, pero diciendo "puntualizó" o "espetó" solo estás complicando el texto y desviando la atención del lector de lo que está diciendo González». Cuando me devolvió mi trabajo, tenía todas estas expresiones tachadas, y reemplazadas por la palabra «dijo González». Esta usanza, común en el periodismo en inglés, donde la regla es usar siempre la palabra más corta y más fácil, a veces suena chocante en español. Por eso he tratado en lo posible de alternar el «dijo» con el «señaló», pero sin aventurarme en las variantes más complicadas, para tratar de exponer las ideas de la forma más clara.

Ojalá les guste esta colección de columnas y, aunque no estén de acuerdo en todo conmigo, que las páginas que siguen sirvan para hacernos pensar a todos y enriquezcan el debate sobre los temas que más nos preocupan.

ANDRÉS OPPENHEIMER
Octubre de 2009

Sección 1

2006. La izquierda y la derecha en el siglo XXI

1.- El gabinete más globalizado

CONTRARIAMENTE A TODO LO QUE HABRÁN LEÍDO sobre la presidenta electa socialista de Chile, Michelle Bachelet, lo más sorprendente sobre su elección no es que será la primera mujer que presida su país. Lo que es aún más interesante es que ha nombrado lo que probablemente será el gabinete más globalizado de América Latina.

Un 70% de los ministros nombrados por Bachelet habla inglés, y la mayoría de ellos tienen doctorados de las universidades más importantes de Estados Unidos y Europa. Comparativamente, en la mayoría de los demás países sudamericanos menos del 10% de los ministros habla inglés, o alguna otra lengua extranjera.

Bachelet, que estudió Medicina en la ex Alemania del Este, habla inglés y otros tres idiomas. El presidente saliente, Ricardo Lagos, también habla fluidamente el inglés y tiene un doctorado en Economía de la Universidad de Duke.

Antes de contestar la pregunta de si los países latinoamericanos estarían mejor con altos funcionarios gubernamentales políglotas —algunos de ustedes probablemente se estarán acordando de líderes latinoamericanos que hablaban bien inglés y que fueron desastrosos para sus países—, veamos los nombramientos que ha hecho Bachelet:

— Alejandro Foxley, ex ministro de Hacienda con un doctorado en Economía de la Universidad de Wisconsin, será ministro de Relaciones Exteriores.

— Andrés Velasco, profesor titular de la Universidad de Harvard que obtuvo su maestría en la Universidad de Yale y su doctorado en Economía en la Universidad de Columbia, será ministro de Hacienda.

— Karen Poniachik, ex directora de programas de negocios del Consejo de Latinoamérica en Nueva York, quien tiene una maestría en Relaciones Internacionales de la Universidad de Columbia, será ministra de Minería, una cartera clave en el gabinete chileno.

— Vivianne Blanlot, quien obtuvo una maestría en Economía de American University en Washington DC, sera ministra de Defensa.

— Eduardo Bitran, quien tiene un doctorado en Economía de la Universidad de Boston, será ministro de Obras Públicas.

— Álvaro Manuel Rojas Marín, médico veterinario con un doctorado de la Universidad de Múnich, Alemania, será ministro de Agricultura.

La lista es más larga, pero con estos ejemplos se puede dar una idea. Una buena parte de los veinte ministros de Bachelet son socialistas y democristianos que no pasaron sus años de exilio en los Estados Unidos o Europa llorando sobre sus dramas personales, sino preparándose para el futuro en algunas de las mejores universidades del mundo.

En una entrevista telefónica, esta semana, le pregunté al presidente saliente de Chile, Ricardo Lagos, si tener un gobierno multilingüe es un gran activo para un gobierno latinoamericano, o si se trata de un detalle anecdótico.

«Yo creo que ayuda enormemente a un gobierno del siglo XXI», me dijo Lagos. «En mi experiencia en estos años aquí (en el gobierno), es muy distinto poder hablar directamente mirando a los ojos a un mandatario extranjero en el idioma en que ambos nos entendemos. Hace una tremenda diferencia.»

Lagos añadió: «Creo que el gabinete de la presidenta Bachelet es un signo de los tiempos que vienen».

Muchos analistas dicen que el éxito económico de Chile —un país que ha crecido más aceleradamente que el promedio latinoamericano por casi dos décadas y que ha sido el único de la región en reducir la pobreza a la mitad— se debe principalmente a que ha sido capaz de insertarse en la economía global. En ese sentido, el gabinete de Bachelet marcaría el fortalecimiento de una tendencia que ya se ha venido dando, afirman.

«Muchos de los hombres y mujeres cercanos a Bachelet tienen una personalidad y estilo que está fuertemente marcado por su experiencia en Estados Unidos» escribe Patricio Navia, un profesor chileno que enseña en la Universidad de Nueva York y quien conoce de cerca a varios de los futuros ministros. «Ellos se caracterizan por privilegiar la discusión de ideas por encima del dogmatismo, y por evaluar las ideas según sus méritos, y no según de quien provengan.»

Mi conclusión: Está claro que tener un gabinete que hable inglés no es garantía de excelencia. Y también está claro que el hecho de que muchos de los inminentes ministros hayan pasado tanto tiempo en el extranjero también podría ser un obstáculo, en el sentido de que quizá les cueste encajar nuevamente en la forma de hacer las cosas en Chile.

Pero en un mundo en donde el futuro de los países depende de su habilidad de competir en la economía global, no creo que tener una presidente multilingüe y un gabinete que hable inglés le venga mal a ningún país. Es mucho mejor tener un exceso de ministros políglotas que tener muy pocos, o ninguno, como ocurre en varios otros países sudamericanos.*

* Redactado en Miami: 23-2-06.

2.- ¿Un cuerpo de paz español para Latinoamérica?

En momentos en que el presidente George W. Bush está recortando la ayuda externa a América Latina, España —la «otra» potencia económica en la región— está planeando crear un servicio de voluntarios para los países latinoamericanos, inspirado en el Cuerpo de Paz del ex presidente John F. Kennedy en la década de los sesenta.

El canciller de España, Miguel Ángel Moratinos, planea anunciar la creación de lo que podría llamarse el Cuerpo de Voluntariado Internacional Español durante la Cumbre Iberoamericana que se celebrará a fines de octubre en Montevideo, Uruguay.

«El plan estaría abierto a la incorporación a título individual de los nacionales latinoamericanos, e igualmente a la participación oficial de todos los países del área, con especial invitación a Brasil y Portugal», escribió el columnista Miguel Ángel Bastenier en el diario español *El País* esta semana. «Su meta es ser... una interacción cruzada, conjunta y comprensiva para librar el gran combate contra el subdesarrollo.»

Dos altos funcionarios del Ministerio de Asuntos Exteriores de España me dijeron que el plan todavía está en pañales y que todavía no ha sido discutido a nivel de funcionarios especializados en América Latina. Sin embargo, estaría en línea con la intención del presidente José Luis Rodríguez Zapatero de aumentar sustancialmente la ayuda extranjera de España a América Latina, afirman.

Desde que tomó posesión hace dos años, el gobierno centroizquierdista de Rodríguez Zapatero ha incrementado su ayuda extranjera a América Latina de un poco más de 400 millones de dólares en 2004 a más de 600 millones de dólares en 2005. Para este año, la ayuda a la región sobrepasaría los 700 millones de dólares, según me señaló la directora de la Agencia Española para la Cooperación Internacional, Aurora Díaz-Rato.

El gobierno español ha anunciado que aumentará su ayuda extranjera mundial del 0,28% del producto bruto nacional en el 2004 al 0,5% en el 2008. Según la columna de *El País*, el plan del cuerpo de voluntarios será coordinado con Enrique Iglesias, el ex presidente del Banco Interamericano de Desarrollo, quien ahora encabeza la Secretaría de las Cumbres Iberoamericanas, con sede en Madrid.

En una entrevista telefónica desde Brasil, Iglesias me dijo que el plan español de crear un cuerpo de voluntarios «es una idea interesante, que hay que estudiar y que ciertamente va en la línea general de promover un voluntariado juvenil» en que está trabajando su oficina.

Iglesias dijo que, en coordinación con la Organización Iberoamericana de la Juventud, su oficina está trabajando en un programa general de estudio de idiomas para que, por ejemplo, jóvenes latinoamericanos de habla española viajen a Brasil para aprender portugués durante sus vacaciones de verano, y los estudiantes brasileños hagan lo mismo en países de habla hispana.

Asimismo, la Secretaría de las Cumbres Iberoamericanas está planeando un programa para aumentar los intercambios estudiantiles entre América Latina, España y Portugal, y eventualmente los Estados Unidos.

Puede que el plan de voluntariado español no llegue a ser gran cosa. Sin embargo, los planes de España marcan un agudo contraste con el reciente anuncio del gobierno del presidente Bush de que planea recortar la ayuda de desarrollo para América Latina y el Caribe en un 28% el año próximo y en reducir la ayuda externa total a la región en un 7%.

Lo que es más, el número de voluntarios del Cuerpo de Paz de Estados Unidos en América Latina ha caído de 4 000 voluntarios en 1965 a 2 194 voluntarios el año pasado.

Para ser justos, la ayuda de los Estados Unidos a América Latina —actualmente cerca de 1 200 millones de dólares al año— se ha venido reduciendo gradualmente en las dos últimas décadas, y es casi irrelevante en el contexto de los 20 000 millones de dólares de inversiones norteamericanas en la región, los 40 000 millones de dólares de remesas familiares enviadas por los trabajadores migrantes a sus países de origen, o los 276 000 millones de dólares que los Estados Unidos importan todos los años de América Latina.

Y también es cierto que el gobierno de Bush ha duplicado su ayuda a los países más necesitados, anunciando la Cuenta del Reto del Milenio de 5 000 millones de dólares para los países más pobres del mundo, incluidos tres o cuatro en América Latina.

Pero el hecho es que, mientras que Cuba está inundando América Latina con miles de médicos y maestros, Venezuela está firmando cheques para sus vecinos a diestra y siniestra, y ahora incluso España está aumentando su ayuda a la región, Estados Unidos —la economía más grande del mundo— no está haciendo mucho para recuperar su imagen de superpotencia generosa de la década de los sesenta. A juzgar por las cifras de ayuda externa, Washington no tiene idea de lo que está pasando al sur de la frontera.*

* Redactado en Miami: 16-3-06.

3.- Demógrafos optimistas sobre América Latina

CUANDO TRATAMOS DE PRONOSTICAR EL FUTURO de América Latina, casi siempre recurrimos a los economistas o politólogos. Pero quizá deberíamos escuchar tambien a los demógrafos, que pintan un panorama mucho más optimista.

Les doy dos ejemplos: el actual debate del Congreso de los Estados Unidos sobre la presunta necesidad de erigir una muralla en la frontera con México, y las proyecciones de los economistas según las cuales las economías latinoamericanas se van a desplomar en el momento en que empiecen a caer los precios de las materias primas. En ambos casos, los demógrafos tienen una perspectiva mucho menos catastrófica.

Los que apoyan la muralla fronteriza citan a los economistas para argumentar que una avalancha de inmigrantes ilegales tomará cada vez más empleos de estadounidenses, saturará las escuelas y hospitales y amenazarán la identidad nacional de los Estados Unidos como una nación angloparlante.

Pero muchos demógrafos se ríen de estas afirmaciones. Lo que es más, dicen que en un futuro no muy lejano podríamos ver una migración al revés: de los *baby boomers* de Estados Unidos —la generación que nació cuando se disparó la tasa de natalidad a mediados del siglo pasado— hacia México y el resto de Latinoamérica cuando se jubilen, en busca de servicios médicos más baratos, más sol y mejores condiciones de vida.

Ya se estima que hay casi un millón de estadounidenses en México, y cientos de miles más en Centro y Sudamérica. Mientras que los aislacionistas de Estados Unidos dicen que los inmigrantes indocumentados están haciendo aumentar los costos de la medicina en Estados

Unidos, los latinoamericanos pronto podrían estar diciendo lo mismo que los jubilados estadounidenses.

La razón de todo esto es que la población de América Latina está envejeciendo rápidamente, y la región en unos años tendrá una población juvenil mucho menor para exportar trabajadores a los Estados Unidos, España u otros países desarrollados.

Según el Departamento de Población de las Naciones Unidas, el número de jóvenes de entre 18 y 23 años en América Latina y el Caribe se reducirá de casi 63 millones en la actualidad a 59,6 millones en 2050. En cambio, el número de personas de más de 65 años en la región crecerá del 6,4% de la población actualmente al 18,4% en 2050.

«En los Estados Unidos se da por un hecho que la gente de todo el mundo siempre va a querer venir aquí. Pero en veinte o treinta años, probablemente no sea tan fácil atraer capital humano a este país», dice Phillip Longman, un demógrafo de la Fundación Nueva América de Washington, y autor de *La cuna vacía: Cómo la caída de las tasas de fertilidad amenazarán la prosperidad mundial*. En una entrevista telefónica, Longman me dijo que países como España, Alemania y Japón van a competir con los Estados Unidos por nuevos inmigrantes. «Los inmigrantes van a ser un bien sumamente codiciado», afirmó.

Los datos de las Naciones Unidas muestran que México ya registró una de las mayores caídas de fertilidad del mundo en décadas recientes. Y en los próximos diez años, la tasa de fertilidad de México caerá .de un promedio actual de 2,1 niños por mujer a 1,9 niños.

En el mismo periodo, las tasas de fertilidad de reducirán de 2,4 niños por mujer a 2,2 en Colombia, de 2,5 niños a 2,2 en Venezuela, de 2,6 niños a 2,3 en Perú, de 2,2 niños a 2 en Brasil, Argentina y Uruguay, y de 1.9 niños a 1.8 en Chile.

El menor número de nacimientos permitirá a los países latinoamericanos —con algunas excepciones, principalmente en América Central— gozar de algunos años de paz social antes de que sus poblaciones sean viejas, y tengan que alimentarlas y darles cuidado médico. En el corto plazo, el menor porcentaje de jóvenes significará que América Latina necesitará crear una menor cantidad de empleos.

«En términos demográficos, América Latina está en condiciones de gozar de un periodo de prosperidad por los próximos treinta años, que es otro motivo por el que habrá menos latinoamericanos que buscarán emigrar», continúa Longman. «Hay un espacio de tiempo favorable, en que habrá menos jóvenes pero no tantos viejos.»

En otras palabras, la región tendrá una ventana de oportunidad demográfica para aumentar su competitividad y convertirse en más próspera. Pero al mismo tiempo, deberá convivir con la bomba de tiempo de una población cuya edad promedio está envejeciendo rápidamente, y que va a necesitar ser mantenida en un futuro no muy distante.

MI OPINIÓN: Los demógrafos a menudo se equivocan, como cuando la década de los setenta pronosticaron una explosión de la población mundial, y eso no sucedió. Pero a lo mejor es hora de volver a tomarlos en cuenta. En el caso de América Latina, por lo menos nos harán sentir un poco mejor.*

* Redactado en Miami: 27-3-06.

4.- Alan García y la izquierda responsable

A JUZGAR POR LO QUE ME DIJO EL PRESIDENTE ELECTO PERUANO Alan García en una entrevista de una hora la semana pasada, cuando asuma el gobierno no será el populista radical que fue en su primer mandato a fines de los ochenta: por el contrario, apoyará un tratado de libre comercio con los Estados Unidos y seguirá el ejemplo de Chile en tratar de atraer nuevas inversiones.

Antes de evaluar si García está hablando con sinceridad, o si son promesas vacías de un populista errático, veamos los tramos más significativos de la entrevista que me concedió en su despacho pocos días despues de ganar la elección.

Sentado en su escritorio y fumando un cigarrillo, García negó reportes de la prensa según los cuales habría dicho que exigirá una renegociación del recientemente firmado Tratado de Libre Comercio con los Estados Unidos, cuya ratificación está pendiente en el Congreso peruano. La prensa había citado a García diciendo que exigiría una «revisión» del tratado antes de apoyarlo en el Congreso, lo que generó alarma en círculos empresariales.

Según me dijo García, se trató de una malinterpretación por «el alarmismo propio de los periodistas». El acuerdo de libre comercio, tal como fue firmado por el presidente Alejandro Toledo, permite que cualquiera de sus partes soliciten una renegociación después de algunos años, pero eso solo sucedería post-tlc [con posterioridad a la entrada en funcionamiento del Tratado de libre comercio] si Perú llega a la conclusión de que el acuerdo le hace más daño que bien, señaló.

«La tendencia actual del partido (APRA, que ganó las elecciones) es apoyar (el tlc), y resguardar lo más posible lo que signifique el problema agrícola y el problema de la medicina internamente», dijo. «Probemos, lo peor en el mundo es negarse antes de probar.»

Preguntado sobre sus planes en materia de política exterior, dijo que «la política exterior del Perú no ha sido lo mas desacertado de Toledo, de manera que hay que continuar con el tema de la apertura del mercado mundial, el tema de la convocatoria de capitales de manera intensa dentro de una democracia... Yo creo que eso es un lado positivo».

Agregó: «Mi preocupación es la política interior. Es decir, cómo traducir eso en inversiones eficaces o en estímulo suficiente para que el capital nacional que es el que va a ir a las zonas más alejadas pueda dar empleo y mejorar el bienestar».

García dijo que buscará un tratado de libre comercio con Brasil, «un país fundamental», y describió a Chile como «un ejemplo estupendo de inteligencia política, de convocatoria al capital externo, y de estado activo».

Sobre el presidente venezolano Hugo Chávez, a quién durante la campaña había acusado de interferir en los asuntos internos peruanos por haber apoyado a su rival Ollanta Humala, García rechazó versiones de que tratara de liderar un bloque antichavista.

«El loco no voy a ser yo», dijo García. «No pretendo ser el mesías de la democracia dentro de Venezuela. Creo que el pueblo venezolano ha alcanzado en un momento la madurez suficiente para encontrar un líder que le permita hacer frente democráticamente al señor Chávez.»

¿Será García un líder responsable, moderno y democrático? Los escépticos dicen que se verá forzado a tomar medidas populistas para apaciguar a sus seguidores izquierdistas y ganarse el apoyo del 47% de los peruanos —muchos de ellos indígenas y campesinos— que votaron por su rival Humala. Asimismo, muchos temen que Humala, con ayuda venezolana, paralice el país con protestas callejeras, tal como lo hizo el líder cocalero Evo Morales antes de llegar a la presidencia en Bolivia.

Preguntado sobre esta última posibilidad, García me dijo que «Estoy convencido que Chávez es suficientemente prágmatico para saber hasta aquí puedo ir, y hasta allá no puedo ir. Los matones de barrio siempre tienen un límite cuando se encuentran con alguien que los pone en su sitio».

Y los seguidores de García dicen que el presidente electo no recaerá en su populismo del pasado, porque ha aprendido de su desastroso primer mandato de 1985 a 1990, y ahora quiere ganarse un lugar en la historia como un buen presidente.

MI CONCLUSIÓN: Me impresionó positivamente el hecho de que García reconociera que el gobierno de Toledo, que saneó la economía peruana, haya tenido algunos logros.

Uno de los mayores problemas de América Latina es el tener demasiados presidentes mesiánicos que deshacen todo —lo bueno y lo malo— que hicieron sus predecesores. Eso cambia las reglas del juego cada vez que entra un nuevo gobierno, desalienta las inversiones a largo plazo y aumenta la pobreza.

Si en su nuevo mandato García construye sobre lo que heredará, será una gran noticia para toda América Latina. Perú seguirá los pasos de Chile y, en cierto sentido, de Brasil y Uruguay, en probar que en América Latina está ganando terreno una izquierda responsable, moderna y globalizada.*

* Redactado en Lima (Perú): 12-6-06.

5.- Una charla con Felipe Calderón

L A PREGUNTA DEL MOMENTO: ¿Será Felipe Calderón un paladín de la globalización, los derechos humanos y las mejores relaciones con Estados Unidos si el Tribunal Electoral confirma su victoria del 2 de julio y asume la presidencia el 1 de diciembre? ¿O la realidad política lo obligará a olvidar esas promesas de campaña?

Cuando entrevisté a Calderón la semana pasada, esas eran las principales preguntas que me pasaban por la mente. Antes de compartir con ustedes mi conclusión, veamos algunas de las cosas que me dijo y dónde se encuentra el drama político mexicano en este momento.

Calderón, el candidato de centroderecha, ganó las proyecciones preliminares y el conteo oficial por un margen de 0,5% de los votos, ó 244 000 sufragios. Su rival, el candidato de la izquierda Andrés Manuel López Obrador, afirma que hubo fraude, y está pidiendo un recuento de todos los votos.

Los colaboradores de Calderón señalan que este tipo de recuento está prohibido por la ley mexicana, que solo permite un recuento de las actas impugnadas. Según ellos, López Obrador está buscando un recuento total de votos para luego poder exigir la nulidad de la elección y una nueva votación. El Tribunal Electoral deberá decidir antes del 31 de agosto.

Preguntado sobre si no sería el presidente más débil de la historia reciente de México (Calderón habría ganado con 36% del voto, mientras que el presidente Vicente Fox ganó con 42%, y su antecesor Ernesto Zedillo con un 50%), Calderón respondió: «Definitivamente, no».

«Seré el presidente que surja del proceso más democrático y más competido de la historia de México. Y, paradójicamente, el presidente electo con el mayor numero de votos en términos absolutos.» Agregó que su Partido Acción Nacional (PAN) tendrá el mayor bloque de legisladores en el nuevo Congreso.

Sobre sus planes si asume como presidente, Calderón explicó que formará un gobierno de coalición, y que una de sus mayores prioridades será que México y Latinoamérica sean más competitivos en la economía global. «No es posible aislar a nuestros pueblos: ese es un gran error histórico que América Latina ha pagado con creces», señaló.

Acto seguido le pregunté sobre Cuba, Venezuela y Estados Unidos. En su plataforma de campaña, Calderón había dicho que «debemos pronunciarnos clara e inequivocamente por una defensa latinoamericana vigorosa y colectiva de la democracia y los derechos humanos», y que «México debe buscar ampliar y profundizar su relación con Estados Unidos».

¿Apoyaría México la presión internacional para que Cuba y Venezuela dejen de reprimir a la oposición pacífica?, le pregunté.

«Evidentemente que vamos a defender los derechos humanos en cualquier parte del mundo, incluyendo Estados Unidos», dijo. «Es desde luego una concepción de principio a la que no renunciamos. Eso debe darse sin menoscabo de que debe haber una nueva relación constructiva de cooperación con todos los países. Puedo yo tener una opinión específica de Fidel Castro, por ejemplo, pero eso no debe ser en menoscabo de una relación constructiva que debe establecerse entre México y Cuba en beneficio de los ciudadanos de ambos países.» ¿Seguirá condenando México a Cuba en el Consejo de Derechos Humanos de la ONU si usted es presidente?, pregunté. Calderón respondió que el nuevo Consejo de la ONU podría cambiar los mecanismos de evaluación, pero que «en cualquier caso, el compromiso con la defensa de los derechos humanos es un compromiso indeclinable».

Calderón dijo que México puede «trabajar constructivamente, sin agachar la cabeza» con Estados Unidos. Pidió crear un fondo de desarrollo de Estados Unidos, Canadá y México, para financiar proyectos de infraestructura en áreas pobres de México de donde salen gran cantidad de migrantes.

«La lógica es muy simple: puede reducir más la migración 1 kilómetro de carretera en Zacatecas o Michoacán que 10 kilómetros de muro [fronterizo] en Texas o Arizona», señaló.

Si logra formar un gobierno de coalición, ¿le ofrecerá la cartera de Relaciones Exteriores al Partido Revolucionario Institucional (PRI)?, le pregunté.

«Ya tendremos que negociarlo», dijo Calderón. «Me parece que hay una tradición en política exterior mexicana, hay un cuerpo diplomático muy acreditado que no tiene partidos. De hecho, la política exterior debe ser una política de Estado, no una política partidista».

MI CONCLUSIÓN: Me gusta la visión de Calderón de que América Latina tiene que volverse más competitiva en la economía global, para no quedarse cada vez más atrás de China, la India y Europa Central.

Me inquieta, en cambio, su aparente ramo de olivo a los sectores más reaccionarios de la clase política mexicana, que siempre se han negado a criticar a Cuba, como si hubiera tal cosa como una dictadura buena. Cuando los países empiezan a aceptar prácticas totalitarias en el exterior, las terminan aceptando en casa. Ojalá no sea ese el caso.*

---

* Redactado en Miami: 16-6-06.

6.- México: otros seis años de gobierno débil

P ERDÓNENME POR ECHARLE UN BALDE DE AGUA FRÍA a un gran evento noticioso pero, contrariamente a lo que dicen muchos de que las elecciones presidenciales de México serán un punto de inflexión en la historia del país, creo que su impacto —no importa quién gane— será mucho menor de lo que muchos creen, y que nada verdaderamente importante va a cambiar.

México seguirá creciendo a tasas mediocres, porque su sistema político no le permitirá realizar las reformas profundas que requiere para producir un crecimiento económico significativo y duradero. El motivo es que es un país con tres grandes partidos políticos y sin segunda vuelta electoral, lo que produce presidentes débiles, sin mayoría en el Congreso, que no pueden hacer aprobar sus proyectos de ley más importantes.

De la manera en que funcionan las cosas aquí, los presidentes ganan las elecciones con un poco más de un tercio del voto, y enfrentan una obstrucción sistemática de los dos partidos de oposición en el Congreso.

Sorprendentemente, muchas personas con las que hablé en la Ciudad de México en días recientes parecen convencidas de que la elección será una suerte de referéndum sobre el proceso de globalización de México iniciado unas dos décadas atrás.

Si gana el candidato oficialista Felipe Calderón, dicen, se afianzará —quizás para siempre— el proceso de tibias reformas de libre mercado de los últimos años. Por el contrario, si gana el ex alcalde de la Ciudad de México, Andrés Manuel López Obrador y se convierte en el primer izquierdista en ganar la presidencia de este país, se le pondrá un freno al proceso de reformas económicas, y quizá podría haber una vuelta a las políticas populistas-nacionalistas de los años setenta, dicen ellos.

Sin embargo, los políticos más experimentados saben que la cosa no es tan sencilla. Según ellos, quien sea que gane las elecciones no podrá hacer mucho para poner a México a la par de China, la India y otras potencias emergentes hasta que se resuelva el problema fundamental de la parálisis política mexicana.

El hecho de que el presidente Vicente Fox no pudiera hacer aprobar sus propuestas de reformas energéticas, laborales y fiscales en el Congreso, México se ha quedado gradualmente atrás de sus rivales internacionales. El año pasado, China lo superó como el segundo socio comercial de Estados Unidos, y México cayó del 31 al 48 lugar en los últimos cinco años en la tabla de competitividad del Foro Económico Mundial.

«Nuestra arquitectura política nos condena a la parálisis», me dijo el senador independiente Genaro Borrego, un ex presidente del Partido Revolucionario Institucional (PRI). «Y, a juzgar por las últimas encuestas, nada hace prever que las cosas cambien.»

Según la encuestadora Mitofsky, el Congreso que sea electo hoy estará dividido equitativamente en tres bloques: el gobernante Partido Acción Nacional de centro derecha ganará entre 163 y 169 bancas en la Cámara Baja, de quinientos miembros; el izquierdista Partido de la Revolución Democrática entre 145 y 169 bancas, y el PRI entre 144 y 168.

En una entrevista con el diario francés *Le Figaro* esta semana, Fox pidió públicamente cambiar las leyes para permitir una elección con segunda vuelta, «para dar más legitimidad al ganador». Fox comentó que, a pesar de haber ganado las elecciones de 2000 con más del 42% del voto, no pudo evitar que sus iniciativas fueran bloquedas sistemáticamente por el Congreso. «Y será peor para mi sucesor: cualquiera que sea, no reunirá más de un 36% de los votos», dijo.

Hay otros problemas políticos estructurales: no existe la representación proporcional en el Congreso, algo que permitiría a la primera minoría tener una mayoría funcional. Y los legisladores no pueden ser reelectos, lo que hace que voten con su bancada porque dependen de los líderes partidarios para sus próximos puestos laborales.

¿Qué habría que hacer?, le pregunté a Borrego. Ha habido muchos proyectos para quebrar la parálisis política, y la mayoría de ellos han recomendado una segunda vuelta, o la creación de un cargo de primer ministro nominado por el presidente y aprobado por el Congreso, para lograr un engranaje con el Congreso. Y Calderón ha propuesto un gobierno de coalición. Pero hay demasiados intereses creados para mantener las cosas como están, dice Borrego.

«El PRI cree que obstruyendo durante seis años no le fue tan mal electoralmente», dijo Borrego. «No hay un incentivo electoral para negociar un acuerdo estable.»

Mi CONCLUSIÓN: Desafortunadamente, las campañas presidenciales se han centrado en si este país debería encaminarse hacia el libre mercado, o hacia otro lado, en lugar de enfocarse en el tema mucho más importante de cómo quebrar su parálisis estructural. Hasta que México logre desatar su nudo político, no podrá hacer las reformas que necesita para competir con China, la India y otras potencias emergentes.*

* Redactado en Ciudad de México: 3-7-06.

7.- ¿Fidel Castro, valiente?

LEYENDO SOBRE LA VISITA del presidente cubano Fidel Castro a la Argentina mientras me encontraba de vacaciones en España la semana pasada, no pude evitar pensar en una de las mayores ironías políticas de nuestro tiempo: Castro todavía es visto por muchos como un modelo de valentía, cuando en realidad es el gobernante más cobarde de América Latina.

¿Castro un cobarde? !Seguro!

Fíjense:

—A diferencia de todos los demás presidentes latinoamericanos, Castro no ha tenido el valor de someterse a una elección libre en 47 años.

—A diferencia del resto de los gobernantes latinoamericanos, Castro es el único que no tiene la valentía de permitir partidos políticos independientes. En su isla, solamente un partido —el suyo— es permitido, y quienes critican al mismo son tildados de «antisociales». Según el último informe de Amnistia Internacional, hay unos setenta prisioneros de conciencia en la isla, y Human Rights Watch calcula el número de los mismos en 306.

—A diferencia de todos los demás líderes regionales, Castro no tiene suficiente confianza en su régimen para tolerar siquiera un periódico o un canal de televisión no oficiales. Las leyes cubanas prohíben específicamente a los cubanos publicar «noticias no autorizadas» en el exterior, y permiten enjuiciar a quienes lo hacen bajo cargos de «propaganda enemiga» que conllevan varios años de cárcel.

—A diferencia de todos los demas líderes en la región, Castro tiene miedo de permitir que la mayoría de su pueblo tenga acceso a la Internet. Según el estudio Indicadores de Desarrollo Mundial 2006 del Banco Mundial, tan solo 13 de cada 1 000 cubanos en la isla tienen acceso a la Internet, contra 267 de cada 1 000 personas en Chile, y 59 de cada 1 000 personas en Haití. En cuanto al contenido de lo que se puede ver en la red, Periodistas sin Fronteras, la organización no gubernamental con sede en París, señaló recientemente que la censura de la Internet en Cuba es aún peor que la de China.

—A diferencia del resto de los líderes latinoamericanos, Castro impide a sus ciudadanos salir del país sin un permiso oficial, que muchas veces es denegado. Los intentos no autorizados de irse del país son castigados con encarcelamiento.

—A diferencia de la mayoría de sus colegas en Latinoamérica, Castro tiene tanto miedo a preguntas incómodas de periodistas que generalmente solo recibe a cronistas dóciles, y cuando viaja llena las salas de sus conferencias de prensa con sus acólitos.

La semana pasada, cuando el periodista del Canal 41 de Miami, Juan Manuel Cao, le preguntó durante una improvisada conferencia de prensa en Argentina sobre Hilda Molina, la conocida médica cubana que está exigiendo poder salir de la isla para visitar a su hijo y nietos en Argentina, Castro estalló en cólera y le preguntó «¿Quién te está pagando?», para luego calificarlo de «mercenario» del presidente Bush.

—A diferencia de los demás líderes latinoamericanos, Castro no permite que economistas internacionales midan los datos económicos cubanos bajo estándares internacionales. Prefiere crear sus propias metodologías y sacar sus propias cifras alegres.

¿Entonces, por qué motivo Castro es tan popular en América Latina?, se preguntarán muchos. Dos respuestas me vienen a la mente:

Primero, la popularidad de Castro es relativa. Una nueva encuesta realizada en diecisiete países latinoamericanos y España por la firma Iberobarómetro muestra que mientras Castro es visto «con simpatía» por el 67% de los ecuatorianos, 46% de los argentinos y 45% de los brasileños, su popularidad es mucho menor en los demás países de la región.

Solo el 33% de los venezolanos, 30% de los chilenos, 29% de los peruanos, 26% de los mexicanos, 19% de los españoles y 17% de los costarricenses lo ven con «simpatía». Comparativamente, la misma encuesta muestra que los presidentes de Brasil, Chile y México gozan de niveles mucho mayores de aceptación en Latinoamérica.

Segundo, las torpezas de la política exterior de Estados Unidos le dan munición a Castro para alimentar el mito de que es un David peleando contra el Goliat del imperio.

Ejemplo: las recientes medidas preelectorales anunciadas por Bush para ganar votos cubanoamericanos, como el plan de 80 millones de dólares para acelerar el paso a la democracia en Cuba, o las recientes acciones de Florida para prohibir el uso de fondos del Estado para viajes académicos a la isla, le vienen de perilla a Castro para mantener vigente la fantasía política de que Cuba está a punto de ser invadida por Estados Unidos.

Mi CONCLUSIÓN: Desde cualquier punto de vista, Castro es el presidente menos valiente de la región. Si fuera tan valiente, hubiera permitido elecciones libres desde hace mucho tiempo. Si no las permite, es porque le faltan agallas, o porque sabe que las perdería, o por ambas cosas.*

---

* Redactado en Madrid: 27-7-06.

8. Washington, Miami y la transición cubana

SI TENÍA ALGUNA DUDA DE QUE EL PRESIDENTE BUSH y los líderes del exilio cubano deben evitar a toda costa declaraciones agresivas tras los últimos acontecimientos en Cuba, una conversación telefónica de una hora con uno de los principales disidentes cubanos en La Habana me corroboró mucho de lo que pensaba.

Luego de dos días de intentos fallidos de contactarlo telefónicamente, finalmente logré hablar con Oswaldo Payá el miércoles por la tarde. Payá, líder del Movimiento Cristiano de Liberación, se convirtió en una figura internacional —y candidato al Premio Nobel de la Paz— a fines de la década de los noventa, cuando su grupo logró reunir más de 25 000 firmas en la isla para exigir un referendo contemplado en la Constitución cubana, y preguntarle al pueblo de Cuba si quiere libertades democráticas. Recientemente, su organización propuso un programa de reconciliación nacional para una transición pacífica a la democracia.

Como me lo esperaba, Payá me dijo que las noticias sobre la enfermedad de Castro y su anuncio de transferencia del poder a su hermano Raúl han causado un «un impacto verdadero en todos lo ciudadanos» de la isla.

«Es una situación nueva, donde hay una posibilidad real del fin de una etapa de Cuba», que produce «una mezcla de sentimientos, porque hay muchas personas identificadas con el gobierno», recalcó Payá. El ambiente en las calles es de «cautela» y «cierto silencio», agregó.

Cuando le pregunté sobre las declaraciones del gobierno de Bush tras el anuncio del traspaso del poder el pasado lunes, Payá alabó el hecho que el gobierno estadounidense haya tenido «una actitud cautelosa» y «prudente».

Pero también aclaró que declaraciones como la del congresista Lincoln Díaz-Balart del martes, llamando a los cubanos en la isla a lanzar «una campaña de resistencia civil, de desobediencia civil», así como el reciente informe de la Comisión para Asistir a la Liberación de Cuba del gobierno de Bush, que define de los planes de los Estados Unidos para una Cuba poscastrista, pueden hacer más daño que otra cosa.

Además de ser una injerencia en los asuntos internos de Cuba, este tipo de mensajes le dan al régimen cubano argumentos para seguir perpetuando el mito de que Washington quiere invadir Cuba, y que la mayoría de los cubanos exiliados en Miami quieren desalojar a los cubanos en la isla de sus actuales viviendas, y retomar el país.

«Estamos en una situación muy compleja, muy tensa», dijo Payá. «El mensaje de Estados Unidos debería ratificar que no hay tal amenaza, que no hay disposición ninguna de intervención, ni de agresión. Debería decir: «Miren, el proceso cubano tienen que definirlo solamente los cubanos, y su transición deben diseñarla los propios cubanos»».

En cuanto a la declaración del martes de Díaz-Balart, Payá dijo que no quiere entrometerse en «ninguna polémica partidista interna en Estados Unidos», pero agregó que «un congresista de otro país, tenga el origen que tenga, sin descalificar a nadie, no tiene por qué llamar al pueblo cubano a una u otra actuación. Eso es injerencia, y eso es irresponsable».

(Diaz-Balart señala, al respecto, que su declaración no fue una injerencia, sino que estaba haciendo de portavoz y prestando su apoyo a disidentes cubanos en la isla que no tienen acceso a los medios y que estaban presentes por vía telefónica durante su conferencia de prensa.)

«Estados Unidos, donde creo que hay buena voluntad, debe tomar conciencia que el papel protagónico del cambio no les corresponde a ellos», agregó Payá. «Crear una comisión, hacer ese informe que entra a definir lo que tiene que suceder dentro de Cuba, no le corresponde a Estados Unidos.... Estados Unidos debe estar a la espera que el pueblo de Cuba pida la ayuda que estime necesaria, en la forma que estime necesaria.»

¿Y qué hay del argumento de que las democracias deben ayudar a las fuerzas democráticas pacíficas en países totalitarios?, le pregunté.

«Hay momentos y momentos», respondió Payá. «En este momento el mensaje debería ser de tranquilidad y de no intervención. Estos días son importantes y graves para Cuba. Lo más importante es que haya paz, porque hay un peligro de represión [gubernamental], y una represión traería confrontación, y eso traería un proceso que nadie sabe dónde puede terminar.»

Otro prominente opositor pacífico, Vladimiro Roca —el hijo del fundador del Partido Comunista Cubano, Blas Roca— me dijo en otra entrevista que el gobierno de Bush y los líderes del exilio cubano «deberían mandar un mensaje positivo, no amenazador, de reconciliación» con Cuba.

Mi conclusión: Estoy de acuerdo. Por suerte, las encuestas muestran que la mayoría de los exiliados cubanos no buscan un baño de sangre, ni están motivados por la revancha, ni por el ánimo de lucro. Pero muchos cubanos en la isla, que viven hace casi cinco decadas bajo el bombardeo constante de la propaganda oficial, todavía creen que son víctimas potenciales de una inminente amenaza estadounidense.

Es por eso que cualquier declaración agresiva de Washington, o de los líderes políticos de Miami, no hace más que hacerle el juego a los hermanos Castro.*

* Redactado en Miami: 4-8-06.

9.- La sucesión cubana y el mundo

OBSERVANDO LOS ÚLTIMOS ACONTECIMIENTOS de Cuba desde esta parte del mundo, uno tiene la impresión de que la comunidad internacional —incluyendo a los Estados Unidos— no tendrá mucho apuro en buscar una transición rápida hacia la democracia en la isla.

Aunque muchos países digan que desean una pronta apertura económica y política tras la decisión de Castro de ceder el poder temporalmente a su hermano Raúl, la mayoría de los países actuará más influenciada por el temor a un cambio caótico que por el deseo de ver transformaciones democráticas en la isla.

Fíjense cómo podrían estar reaccionando las diferentes regiones del continente:

—MERCOSUR, el bloque regional integrado por Argentina, Brasil, Uruguay, Paraguay y Venezuela, está cada día más volcado a la izquierda por la creciente influencia del presidente venezolano Hugo Chávez, el más entusiasta aliado de la dictadura cubana en la región.

Debido al peso de la diplomacia petrolera de Venezuela, y por la simple razón de que la mayoría de los presidentes del bloque no quieren enfrentarse a los sectores de la izquierda de vieja guardia de sus respectivos países, el MERCOSUR no presionará por cambios democráticos en Cuba.

En la prensa argentina, Castro es llamado cariñosamente por su nombre, Fidel, una deferencia hecha a muy pocos líderes del resto del mundo. En segunda referencia, generalmente se lo menciona como «el líder cubano», (un título generoso que también es usado por muchos medios estadounidenses, a pesar de que no existe diccionario alguno cuya definición de la palabra «dictador» no describa puntualmente a Castro).

Según una reciente encuesta del Barómetro Iberoamericano en 17 países de la región, Castro es visto «con simpatía» por el 67% de los ecuatorianos, el 46% de los argentinos y el 45% de los brasileños. Aunque la simpatía por el gobernante cubano es de apenas el 33% en Venezuela, el 30% en Chile y el 26% en México, muchos de quienes apoyan a Castro pertenecen a grupos militantes a quienes los gobiernos no quieren tener como enemigos.

«Nadie está apurado por ver grandes cambios en Cuba», me señaló Emilio Cárdenas, un ex embajador argentino ante las Naciones Unidas. «En un primer momento, esto podría significar apoyar la dirección de Raúl Castro.»

—México, Centroamérica y los países caribeños, que dependen en gran medida del turismo estadounidense saben que una apertura en Cuba resultaría eventualmente en una avalancha de turistas estadounidenses a la isla. Aunque ninguno lo admitirá públicamente, muchos vecinos de Cuba quisieran que ese momento llegue lo más tarde posible.

Actualmente, Cuba recibe unos dos millones de turistas extranjeros por año, mientras que la República Dominicana recibe 3,5 millones de visitantes, Bahamas 1,5 millones, Jamaica 1,4 millones y Cancún (México) 2,3 millones.

Según John Kavulich, analista del Consejo Económico y Comercial de Estados Unidos y Cuba, con sede en Nueva York, dentro de los cuatro años siguientes al levantamiento de las sanciones de Estados Unidos a los viajes a la isla, Cuba recibirá un millón de turistas adicionales, y esa cifra aumentará en los años siguientes si Cuba expande su capacidad hotelera de allí en más.

Asimismo, es probable que México baje la intensidad de su apoyo a la democracia en Cuba como consecuencia de su crisis política tras las disputadas elecciones del 2 de julio. Si el candidato de centro derecha Felipe Calderón, que ganó el conteo oficial, es confirmado como presidente electo y toma posesión el 1 de diciembre, ya anunció que formará una coalición con el Partido Revolucionario Institucional (PRI), que tradicionalmente ha apoyado la dictadura cubana.

—Es probable que el gobierno del presidente Bush, aunque oficialmente apoya una «transición rápida y pacífica a la democracia» en la isla, no quiera abrirse otro frente internacional en momentos en que enfrenta una grave crisis en el Oriente Medio, crecientes problemas en Iraq y una amenaza potencial de Corea de Norte.

Además, según me dijeron varios ex funcionarios estadounidenses, una de las mayores prioridades de Estados Unidos es evitar una nueva ola de refugiados cubanos a Estados Unidos, como el éxodo del Mariel en la década de los ochenta. Y esta prioridad es aún mayor cuando estamos a pocos meses de las elecciones legislativas de noviembre, y el Partido Republicano podría sufrir una gran derrota en el caso de una nueva crisis migratoria cubana.

Mi conclusión: Si Castro desaparece de la escena política cubana, o si vuelve como un líder ceremonial con capacidades disminuidas, no veremos una fuerte presión internacional por cambios democráticos en la isla. Eso podría no ser malo, siempre y cuando el mundo no le dé la espalda a los opositores pacíficos internos el día que salgan a la calle para reclamar sus derechos civiles más elementales.*

---

* Redactado en Buenos Aires: 10-8-06.

10.- Ecuador y los candidatos espantacapitales

Cuando llegué a Ecuador esta semana para moderar el primer debate presidencial en más de dos décadas, pensé que la mayoría de los candidatos habían aprendido alguna lección del caos político crónico del país y harían propuestas constructivas para convertir esta nación en una democracia estable. ¡Cómo me equivoqué!

Antes de entrar en el detalle sobre el alborotado debate de tres horas y media, ante una audiencia de tres mil personas, permítanme explicarles por qué decidí comenzar preguntando a los cinco candidatos principales para las elecciones del 15 de octubre sobre el tema de la inestabilidad política.

Ecuador ha tenido nada menos que siete presidentes en los últimos diez años. (Como curiosidad histórica, cuando le pregunté una vez a uno de ellos, Gustavo Noboa, si pensaba que terminaría su mandato, me contestó que él vivía como los miembros de «Alcóholicos Anónimos»: se tomaba las cosas un día por vez.)

Lo que es peor, los ministros y los viceministros cambian aún más a menudo: según un reciente estudio de Cedatos-Gallup International, en los últimos quince meses ha habido cinco ministros de Economía, y cuatro ministros de Comercio Exterior, o sea, un promedio de un ministro cada tres o cuatro meses.

Los empresarios se quejan de que las reglas de juego cambian constantemente. En ese contexto, no es soprendente que haya poca o ninguna inversión en este país, y que la pobreza sea gigantesca.

Mi pregunta a los candidatos —Fernando Rosero, Rafael Correa, Álvaro Noboa, Cynthia Viteri y León Roldós— era la siguiente: «Considerando que la mayoría de los recientes presidentes han sido tumbados por el Congreso, ¿se compromete usted a no apoyar ninguna acción legislativa para derrocar al nuevo presidente, sea quien sea?»

Para mi sorpresa, el candidato que más aplausos recibió —aunque hay que hacer la salvedad de que probablemente había llenado el salón con sus acólitos— fue Rafael Correa, un ex ministro de Economía cercano al presidente venezolano Hugo Chávez.

Correa dijo que, contrariamente a la premisa de mi pregunta, lo que Ecuador necesita es hacer que sea más fácil derribar presidentes.

«Si el mandatario no cumple el mandato popular porque ha sido un impostor, hay que sacarlo», dijo Correa, arrancando el primer aplauso de la platea. «Hay que establecer la revocatoria del mandato en la Constitución. Por eso hay que convocar una Asamblea Nacional Constituyente. Hay que establecer la potestad del Congreso Nacional para sacar a un presidente.»

Rosero, el candidato del ex presidente populista Abdalá Bucaram, que fue tumbado por «insanidad mental» y vive en el exilio enfrentando varias acusaciones de corrupción, dijo que la solución es permitir que el presidente disuelva el Congreso.

Los otros tres candidatos fueron más conscientes de la necesidad de mantener una cierta estabilidad y dieron respuestas más sensatas.

Así y todo, Viteri dijo que «gobernaré paralelamente al Congreso si este decide tomar otro camino», y Roldós propuso permitir que se pueda echar al presidente con dos tercios de los votos del Congreso. Que yo recuerde, nadie propuso aumentar los requerimientos legales para que Congreso pueda tumbar un presidente.

Acto seguido les pregunté que propondrían para fortalecer el estado de derecho. «¿Se comprometen a que, si son electos, no echarán a los jueces de la Corte Suprema de sus cargos vitalicios, ni cancelarán contratos internacionales?», pregunté.

Nuevamente, la mayoría de los candidatos reaccionaron en sentido contrario, diciendo que los jueces de la Corte Suprema deberían ser echados si no hacen bien su trabajo. Varios candidatos hablaron de «refundar el país» con una nueva Asamblea Constituyente, como se hizo en Venezuela y se está haciendo en Bolivia.

«Nosotros vamos a una restructuración del Poder Judicial... Voy por la nacionalización del petróleo», dijo Rosero. Minutos después, cuando fue abucheado y alguien en la audiencia gritó algo señalando que el partido de Bucaram había robado a diestra y siniestra desde el poder, Rosero dijo estar indignado, entregó el micrófono y abandonó la sala intempestivamente.

Mi CONCLUSIÓN: Ecuador, como muchos países que viven del petróleo, es terreno fértil para políticos populistas, que proponen soluciones mágicas que no han funcionado en ningún lado.

Qué ironía: En momentos en que los países que más éxito están teniendo en reducir la pobreza —desde los capitalistas España y Chile hasta los comunistas China y Vietnam— lo están haciendo mediante la captación masiva de inversiones, muchos políticos ecuatorianos parecen estar compitiendo por espantar las inversiones.

No se me ocurre una fórmula mejor para que el país se quede cada vez mas atrás del resto del mundo y tenga cada vez más pobres.*

* Redactado en Guayaquil (Ecuador): 24-8-06.

11.- Padres ausentes, remesas y la delincuencia

C UANDO LOS ALCALDES DE UNA DOCENA DE GRANDES CIUDADES latinoamericanas se reunieron esta semana en Miami para discutir problemas comunes, tocaron un tema que me llamó mucho la atención: la posible relación entre la migración, las remesas familiares y
el problema de la inseguridad en las grandes ciudades latinoamericanas.

Unos doce millones de latinoamericanos en Estados Unidos envían
a sus países de origen alrededor de cuarenta mil millones de dólares
anuales, según cifras del Banco Interamericano de Desarrollo (BID).
Los migrantes envían unos veinte mil millones anuales a México, diez
mil millones a los países centroamericanos y la República Dominicana, y el resto a Colombia, Brasil, Perú, Ecuador y otros países.

Hasta ahora, la opinión generalizada en círculos académicos era que
el impacto de las remesas era totalmente positivo para los países latinoamericanos: se trata de dinero en efectivo que—a diferencia de la
ayuda externa— no puede ser capturada por burócratas gubernamentales, porque va directamente a los bolsillos de los pobres.

Asimismo, las remesas tienen potencialmente un enorme efecto multi-
plicador: los proyectos del BID planean convertir estas transferencias
de dinero en fuentes de crédito bancario para millones de latinoamericanos, lo que podría aumentar enormemente el nivel de vida en las
áreas más pobres.

El proyecto contempla convencer a bancos comerciales, que si un
migrante latinoamericano en Estados Unidos le lleva enviando 300 dólares mensuales a un pariente en su país natal durante varios años, esa
fuente de ingresos es suficientemente segura como para servir de garan-

tía bancaria para dar hipotecas o microcréditos a los latinoamericanos que reciben remesas.

Sin embargo, en la reunión de alcaldes en Miami, el especialista en seguridad Hugo Acero señaló que no todo lo relacionado con las remesas es positivo. Acero, asesor de las Naciones Unidas y coordinador de programas de Municipios Seguros de la Policía Nacional de Colombia, dijo que la migración masiva de hombres de muchas zonas de América Latina está dejando pueblos sin padres, haciendo que los niños crezcan bajo la tutela de abuelos permisivos que no les imponen reglas disciplinarias.

Como resultado, muchos jóvenes se crían en las calles. Y en una región con alto desempleo juvenil, estos jóvenes muchas veces terminan haciendo trabajos ocasionales para las bandas del narcotráfico, o de otras formas del crimen organizado, dijeron otros participantes en la reunión.

Según la Organización Mundial de la Salud, América Latina es la segunda región más violenta del mundo, después de África. En Latinoamérica hay 19 homicidios por 100 000 habitantes, más del doble del promedio mundial.

Asimismo, el recibir una transferencia de dinero o un paquete con un par de zapatos deportivos de un padre ausente que vive en Estados Unidos hace que muchos jóvenes tengan menos estímulos para conseguir un empleo honrado y regular, dicen otros expertos.

«Recibir 50 dólares por mes te puede convertir en un vago», dice Raúl Bénitez, un profesor mexicano que enseña en la American University de Washington DC. «En zonas de El Salvador, Honduras y Guatemala hay una completa desestructuración de la familia. Las mujeres o los abuelos son los que se encargan de la familia, y hay una total ausencia del referente masculino».

Existe otra consecuencia potencialmente negativa de las remesas: muchos gobiernos latinoamericanos están demasiado confiados en que estas remesas seguirán creciendo en el futuro. Un reciente estudio del profesor Rodolfo de la Garza, de Columbia University, muestra que las remesas de los migrantes turcos en Alemania comenzaron a caer a partir de finales de los noventa, debido a un fenómeno de reunificación familiar.

El estudio señala que lo mismo podría empezar a ocurrir con las remesas a México, porque cada vez más migrantes mexicanos están trayendo a sus padres e hijos a vivir con ellos a Estados Unidos.

MI CONCLUSIÓN: No hay duda de que multiplicar el impacto de las remesas familiares convirtiéndolas en fuentes de acceso a créditos bancarios sería un paso extraordinario para mejorar el nivel de vida de millones de latinoamericanos en las zonas más pobres de la región.

Pero puede que haya llegado el momento de prestarle más atención a los efectos negativos de las remesas y ver qué se puede hacer al respecto. Quizá Univision, Telemundo y otros medios hispanos en Estados Unidos deberían darle más cobertura al efecto de los padres ausentes en las familias que dejan atrás. Y quizá todos los medios en español deberían enviar mensajes, instando a los padres a hablar con sus hijos y estar pendientes de ellos. La delincuencia en muchos lugares de América Latina está llegando a niveles alarmantes. Y en algunos casos, la clave del problema podría estar en padres ausentes que solo se comunican con sus hijos a través de una transferencia bancaria, o el ocasional envío de una caja con zapatillas deportivas.*

* Redactado en Miami: 28-9-06.

12.- El Nobel y los pobres

E L NUEVO PREMIO NOBEL DE LA PAZ otorgado a Muhammad Yunus, de Bangladesh, y su banco para los pobres debería ayudar a poner más atención a un problema explosivo en esta parte del mundo: la enorme cantidad de pobres en América Latina que viven excluidos del sistema capitalista.

Aunque mucho se está escribiendo —con justa razón— sobre la necesidad de que los países latinoamericanos sigan los pasos de China, la India y otros países que se han insertado exitosamente en la economía global, también es cierto que una gran cantidad de latinoamericanos ni siquiera están integrados en la economía de sus países.

Según varios estudios, más de la mitad de los latinoamericanos operan en la llamada economía informal, o subterránea. Un estudio reciente de doce países de América Latina realizado por el Instituto Libertad y Democracia y el Banco Interamericano de Desarrollo ofrece algunos datos alarmantes:

—El 65% de las propiedades urbanas en América Latina son «extralegales». Sus dueños no tienen documentos de propiedad válidos que les permitirían, por ejemplo, usar su propiedad como garantía para obtener un préstamo bancario para crear una empresa.

—El 76% de las propiedades rurales en Latinoamérica son «extralegales». La mayoría de ellas son viviendas construidas en terrenos del Estado, que han sido ocupados por grupos de campesinos.

—El 92% de las empresas en América Latina son «extralegales». Aunque muchas tienen un papel con algún tipo de registro, no tienen los documentos legales requeridos para emitir acciones, obtener créditos, o realizar trámites para importar o exportar productos.

—El valor total de los activos «extralegales» en América Latina suma 1,2 trillones de dólares [comúnmente, su equivalencia en el español más normativo: 1,2 billones*]. Este «capital muerto» es varias veces mayor al de las inversiones extranjeras y las reservas bancarias de la región.

Un estudio separado de la Unidad de Inteligencia de la revista *The Economist* afirma que «por lo menos la mitad de la población latinoamericana, o sea, unos 258 millones de personas, no tienen acceso a los servicios financieros formales».

El Banco Grameen de Yunus, el flamante premio Nobel, ofrece microcréditos a los más pobres de los pobres, para ayudarlos a comprar una vaca, unos cuantos pollos o una máquina de coser. El banco no pide garantías, sino que confía en la presión grupal: los préstamos —que promedian unos 200 dólares— son dados a grupos de cinco personas, de los cuales dos reciben el dinero, y los otros tres deben esperar a que el dinero sea devuelto al banco antes de poder exigir el desembolso de sus propios préstamos.

Aunque ya existen muchos bancos del estilo del Grameen Bank en América Latina, la mayoría de ellos en Bolivia y Nicaragua, y aunque cada vez más de los grandes bancos comerciales se están metiendo al negocio de los micropréstamos, muchos expertos en pobreza dicen que el alcance de estos microcréditos es limitado.

Los microcréditos ayudan enormemente a que los más pobres entre los pobres puedan subsistir, pero no son una herramienta eficaz para lograr que la mayoría de los pobres en Latinoamérica puedan recibir préstamos de más dinero —como 5 ó 10 mil dólares— que les permita abrir un taller mecánico u otro negocio, contratar empleados, y convertirse en pequeños empresarios.

El economista peruano Hernando de Soto, un pionero en el estudio de la economía informal mundial quien debería haber compartido el Nobel de Yunus, y no sería de extrañar que lo gane en el futuro, ha argumentado por muchos años — más recientemente en su libro *El misterio del capital*— que la mejor receta para reducir drásticamente la pobreza sería darle a los personas derechos de propiedad y una identidad comercial válida, que les permitiera ingresar en la economía legal.

Eso facilitaría que decenas de millones de latinoamericanos que viven en la pobreza utilicen sus casas —por más humildes que sean— como

---

* Un billón es un millón de millones: $10^{12} = 1\,000\,000\,000\,000$. Un millardo: mil millones ($1\,000\,000\,000$).

garantías para obtener préstamos bancarios que les permitan empezar pequeñas empresas, o para convencer a otros más allá de su familia inmediata de que les presten dinero para nuevos proyectos comerciales. Actualmente, solo las élites latinoamericanas tienen acceso a la mayoría de las herramientas para crear riqueza.

«En América Latina, necesitamos derechos facilitadores», me dijo De Soto en una entrevista reciente. «Tenemos muchas reglas prohibitivas que no nos permiten hacer esto o lo otro, pero no tenemos derechos facilitadores que nos permitan hacer transacciones comerciales con desconocidos.»

Mi conclusión: El premio Nobel de Yunus es bien merecido. Pero para reducir la pobreza drásticamente en la mayoría de los países latinoamericanos, la primera prioridad debería ser regularizar los derechos de propiedad, y hacer que las millones de personas que viven en la economía subterránea ingresen en la economía formal. Si uno quiere que el capitalismo funcione, hay que permitir que todos tengan las herramientas para ser capitalistas.*

* Redactado en Miami: 16-10-06.

13.- La obsesión con el pasado

L AS ESCENAS SURREALISTAS DE LOS DISTURBIOS de la semana pasada en Argentina durante el nuevo entierro de los restos del ex presidente general Juan Domingo Perón, que murió hace más de treinta años, plantean una pregunta interesante: ¿está Latinoamérica demasiado concentrada en su pasado, y demasiado poco concentrada en su futuro?

No es una pregunta académica. Por donde uno mire en la región, hay debates apasionados —a veces violentos— sobre el pasado. Es algo que no se ve, por lo menos con la misma virulencia, en el resto del mundo occidental.

«Hay una obsesión con el pasado», me dijo el ex presidente brasileño Fernando Henrique Cardoso, un sociólogo de profesión, en una entrevista durante una visita a Perú. «La idea de que los vivos están guiados por los muertos está muy viva en América Latina»

En Argentina, hubo disparos y varios heridos durante una confrontación entre grupos rivales del gobernante partido peronista el 17 de octubre, mientras los restos del general Perón —que murió en 1974— eran trasladados de un cementerio en Buenos Aires a un nuevo mausoleo a unos 50 kilómetros al suroeste de la ciudad.

La solemne caravana fúnebre, escoltada por 120 granaderos a caballo, recorrió las calles de la ciudad mientras miles de admiradores saludaban el cortejo con cánticos de «Perón vive». Los canales de televisión interrumpieron su programación habitual y trasmitieron todos los detalles del cortejo.

Ahora surgió un debate en Argentina sobre si la mujer de Perón, la legendaria Evita, no tendría que estar enterrada con su marido. Los restos de Evita están en el céntrico cementerio de la Recoleta, y sus familiares no quieren que salgan de allí.

Mientras tanto, la decisión del presidente Néstor Kirchner de reabrir causas de derechos humanos de los años setenta ha resucitado un debate nacional sobre la «guerra sucia» de esa época. Lo mismo está ocurriendo en Chile y Uruguay, donde los gobiernos han reabierto causas de derechos humanos que habían sido archivadas, y en México, donde sigue vivo el debate sobre la necesidad de castigar a los responsables de la matanza de estudiantes en la plaza de Tlatelolco en 1968.

En Bolivia, el presidente Evo Morales vive hablando de un supuesto pasado glorioso de los indígenas de su país. En un acto el 12 de octubre, Morales exigió justicia para reparar quinientos años de opresión de la mayoría indígena de Bolivia. Morales me dijo en una entrevista hace algunos años que Bolivia debía retornar al socialismo indígena, porque «la cultura de Occidente es la cultura de la muerte».

Y en Venezuela, el presidente Hugo Chávez no solo le suele hablar al retrato del libertador Simón Bolívar en sus discursos al país, sino que ha llegado al extremo de cambiar el nombre del país por el kilométrico «República Bolivariana de Venezuela».

La fijación con el pasado no es solo un fenómeno propio de los políticos. Si uno mira las listas de libros más vendidos en muchos países latinoamericanos, la mayoría son libros de historia, o novelas históricas. El superventas actual en gran parte de la región es la novela histórica de Isabel Allende *Inés del alma mía*, sobre la compañera del conquistador Pedro de Valdivia en el siglo XVI.

«Perón, Bolívar, todos ellos eran gente que jugó un papel importantísimo en su tiempo. Pero, por Dios, miremos para adelante», me dijo el ex presidente brasileño Cardoso. «Mirar siempre atrás produce muchas limitaciones. El mundo es otro, y la gente no lo ve.»

Mi opinión: Estoy de acuerdo. Es absurdo tomar como un dogma lo que decía Perón, que murió antes de que se difundiera la Internet, o Bolívar, que murió casi medio siglo antes de que se inventara el teléfono.

No hay nada de malo en que los países examinen su pasado y esclarezcan casos de flagrantes violaciones a los derechos humanos. Pero si eso consume gran parte de sus energías y les impide centrarse en el futuro, es una receta para quedarse atrás en un mundo que avanza a toda máquina.

La semana pasada, por ejemplo, no se vieron muchos titulares en la región sobre el nuevo Informe de las Inversiones Mundiales 2006 de las Naciones Unidas, que dice que mientras las inversiones extranjeras directas a nivel mundial crecieron un 29% el año pasado, las inversiones en América Latina crecieron solo un 3.1%.

El informe fue una señal de alerta de que si Latinoamérica no atrae más inversiones, se quedará cada vez más atrás de China e India. Sin embargo, el reporte pasó casi desapercibido. Los titulares del día se centraban en noticias como el traslado de los restos de Perón entre cánticos de «Perón Vive».*

* Redactado en Miami: 23-10-06.

14.- La lección del canal de Panamá

EL REFERÉNDUM QUE SE ACABA DE APROBAR para expandir el Canal dePanamá debería servir como un buen recordatorio para la nueva camada de políticos antihispanos en Estados Unidos —frecuentemente disfrazados de defensores del control inmigratorio— sobre cuán equivocados estuvieron sus predecesores en uno de los mayores debates sobre América Latina que se recuerden en Washington.

Me refiero a la confrontación que se dio en el Congreso estadounidense durante la ratificación de los tratados del Canal de Panamá de 1977, por los cuales la vía oceánica pasaría al control total de Panamá en el año 2000. Poderosos senadores y periodistas opuestos a la decisión del presidente Jimmy Carter de traspasar el control del canal adujeron que Panamá jamás sería capaz de operar eficientemente una de las vías oceánicas más grandes del mundo.

«Panamá carece totalmente de capacidad de administración» dijo el Almirante Thomas H. Moorer, ex Jefe del Estado Mayor conjunto, a un comité del Congreso durante el proceso de ratificación en 1978. «Es muy dudoso que pueda adquiririr la capacidad de mantener y operar eficientemente el canal... incluso después de 2000».

«El canal no opera con buenas intenciones, sino que requiere el manejo eficiente de una compleja serie de compuertas», dijo el senador Paul Laxalt, de Nevada, al mismo Comité. «Panamá no tiene personas cualificadas para eso».

El senador Barry Goldwater, de Arizona, fue citado por *The New York Times* el 23 de febrero de 1978 diciendo que la corrupción endémica de Panamá arruinaría la administración del canal. «Yo conozco a estos países latinos. Sé muy bien cuándo es perfectamente correcto mentir. En los Estados Unidos no podrían salirse con la suya con el tipo de cosas que hemos visto en muchas otras partes del mundo», dijo Goldwater.

Sin embargo, la historia está demostrando que los opositores del Tratado no podían haber estado más equivocados.

Esta semana, tras la aprobación el domingo del referéndum para destinar 5 300 millones de dólares para la expansión del Canal, decidí averiguar cuán eficiente ha sido la administración del Canal desde que los panameños se hicieron cargo del control total de la vía oceánica el 31 de diciembre de 1999.

Virtualmente por donde se mire, la respuesta es que los panameños han manejado el Canal muy bien:

—Los ingresos del Canal de Panamá se han disparado de 769 millones de dólares en 2000, el primer año bajo el control panameño, a 1 400 millones de dólares en 2006, según cifras de la Autoridad del Canal de Panamá.

—El tráfico a través del Canal se incrementó de 230 millones de toneladas en 2000 a cerca de 300 millones de toneladas en 2006.

—El número de accidentes ha descendido de un promedio de 28 por año al final de los años noventa, a 12 accidentes en 2005.

—El tiempo de tránsito promedio a través del Canal es de cerca de 30 horas, casi lo mismo que al final de los noventa, a pesar de que están cruzando barcos más grandes.

—Los gastos del Canal se han incrementado mucho menos que los ingresos en los últimos seis años, de 427 millones de dólares en 2000 a 497 millones de dólares en 2006. «Todos los indicadores son positivos», me dijo el jefe de la Autoridad del Canal de Panamá, Alberto Alemán Zubieta, en una entrevista esta semana.

«Al contrario de lo que decían quienes afirmaban que Panamá sería incapaz de operar de las rutas más grandes del comercio mundial, se ha demostrado lo contrario: se ha administrado no solo bien, sino mejor que cuando estaba bajo el control de los Estados Unidos.»

Linda Watt, la ex embajadora de Estados Unidos en Panamá entre 2002 y 2005, está de acuerdo. En una entrevista telefónica me dijo que la operación del Canal en manos panameñas ha sido «sobresaliente». Agregó: «La comunidad carguera internacional está muy satisfecha».

Algunos de los actuales campeones del aislacionismo en Estados Unidos —como Lou Dobbs de CNN y el recurrente candidato presidencial Pat Buchanan— han puesto el grito en el cielo por el hecho de que una empresa de Hong Kong, Hutchinson Whampoa Ltd., esté operando dos de los seis puertos de Panamá.

Panamá dice que es una operación puramente comercial. El embajador de los Estados Unidos en Panamá, William Eaton, fue citado por The Associated Press esta semana diciendo que los intereses de China en el Canal son «puramente económicos».

MI OPINIÓN: Latinoamérica podrá tener toda clase de problemas, pero lo cierto es que la historia demuestra que los aislacionistas estadounidenses están frecuentemente más influenciados por sus prejuicios antihispanos que por la realidad.

En lugar de construir muros para separar más a los Estados Unidos de América Latina, Washington debería seguir el ejemplo europeo y construir puentes con la región. Tal como lo demuestra la historia del traspaso del Canal de Panamá, los aislacionistas estadounidenses se equivocaron en grande.*

* Redactado en Miami: 26-10-06.

15.- La derrota del voto antiinmigrante

LOS VOTANTES HISPANOS LE DIJERON «ADIÓS» AL PARTIDO REPUBLICANO del presidente George W. Bush en las elecciones legislativas del martes, votando mucho más masivamente de lo esperado por candidatos demócratas en una muestra de repudio al intento del partido oficial de culpar a los inmigrantes por muchos de los problemas de este país.

Contrariamente a las predicciones de muchos expertos que los hispanos no asistirían a votar masivamente el martes, las encuestas de salida muestran que los latinos representaron el 8% del voto total. O sea, fue prácticamente la misma participación que tuvieron en la elección presidencial de 2004, y mucho más que la de las elecciones intermedias de 2002.

Lo que es más, 73% de los hispanos votaron por candidatos demócratas, y solo un 26% votó por candidatos republicanos el martes, según la encuesta de salida de CNN. En la elección presidencial de 2004, un 55% de los hispanos habían votado por los demócratas, y un 42% había votado por los republicanos.

Muchos expertos habían pronosticado que los hispanos no asistirían a votar masivamente el martes, en parte porque muchas de las elecciones más competidas tuvieron lugar en estados sin una gran presencia hispana. También los expertos decían que tomaría hasta las elecciones de 2008 para que la mayoría de los participantes en las protestas de los inmigrantes hispanos de principios de este año se tradujeran en la naturalización y enrolamiento de un gran número de latinos nacidos en el extranjero.

Pero la histeria antiinmigratoria encabezada por la derecha republicana en la Cámara de Representantes irritó a muchos hispanos nacidos en Estados Unidos que normalmente no están muy preocupados por el tema de la inmigración.

El patrocinio republicano a la ley para construir un muro de 700 millas a lo largo de la frontera con México y los esfuerzos de los representantes republicanos de aprobar una iniciativa que hubiese convertido a millones de trabajadores indocumentados en delicuentes, generaron un clima que muchos hispanos nacidos en Estados Unidos vieron como un racismo disfrazado.

Los cruzados contra la inmigración del Partido Republicano dicen que ellos solo están en contra de la «inmigración ilegal» y que no tienen nada en contra de los inmigrantes legales hispanos.

Pero cuando acusaron a los migrantes latinos que cruzan la frontera de estar vaciando las arcas de la seguridad social, saturar las escuelas y hospitales, ser terroristas potenciales y traer enfermedades infecciosas hacia los Estados Unidos —no estoy inventando esto— millones de ciudadanos estadounidenses de herencia hispana se sintieron insultados. Fue como si todos los hispanos de repente representaran una amenaza potencial a la seguridad nacional de Estados Unidos.

Las encuestas de salida muestran que cuando se les preguntó a los votantes estadounidenses que temas eran extremadamente importantes para ellos, 42% de todos los votantes dijeron que la corrupción y la ética, 40% dijo el terrorismo, 39% mencionó la economía, 37% dijo Iraq, 36% dijo valores, y 29% mencionó la inmigración ilegal.

Y muchos candidatos que centraron sus campañas en exigir una línea dura hacia los migrantes fueron derrotados. Según el sitio de internet Inmmigration 2006.org., de un total de quince contiendas en que la inmigración fue un tema central, los moderados ganaron doce, y los «duros», dos.

Randy Graf, un republicano que esperaba ganar un asiento en la Cámara de Representantes en Arizona armando manifestaciones en contra de la inmigración ilegal, fue uno de los primeros derrotados de la noche.

Mi opinión: ¡Fenomenal! Si el esfuerzo republicano de colocar a la inmigración en el centro de la agenda política tenía como objetivo distraer la atención pública de la guerra de Iraq, o movilizar a los republicanos a salir a votar el martes, la estrategia no funcionó.

Ahora, con suerte, los candidatos a la elección presidencial de 2008 buscarán soluciones mucho más serias para detener el flujo de migrantes. En lugar de respaldar un inútil muro de 700 millas, que solo empujará a los inmigrantes a entrar a los Estados Unidos por cualquier otro lugar a lo largo de las 2 000 millas de la frontera, deberían buscar caminos para reducir la brecha de ingresos entre los Estados Unidos, México y el resto de América Latina.

Mientras el ingreso per cápita de Estados Unidos de 42 000 dólares al año esté tan por encima de los 10 000 al año en México, o de los 2 900 dólares al año de Nicaragua, no habrá muros suficientemente altos o anchos para detener el flujo de migrantes.

Como lo demuestra el ejemplo europeo, el único camino para reducir la inmigración es una mayor integración económica, incluyendo ofertas de ayuda económica condicionada a políticas económicas responsables. Ojalá ambos partidos aprendan esta lección de las elecciones legislativas del martes.*

* Redactado en Miami: 9-11-06.

16.- Los jóvenes estadounidenses y el mundo

EN LO QUE PODRÍA AUGURAR UN MEJOR FUTURO para las relaciones de Estados Unidos con el resto del mundo a largo plazo, un nuevo estudio señala que el número de estadounidenses que están estudiando en el extranjero se ha duplicado en la última década, y que alcanzará un nuevo récord este año.

Según el estudio del Instituto Internacional de Educación (IIE), una organización no gubernamental con sede en Nueva York, el número de estudiantes universitarios de Estados Unidos que estudian en el extranjero alcanzó 206 000 este año, muy por encima de los 83 000 de hace una década, y de los 45 000 de hace dos décadas.

Debo confesar que mi primera reacción cuando leí estas cifras fue de alegría. Las cifras sugieren que Estados Unidos podría estar empezando a dejar de ser un país ensimismado, donde casi el 80% de la población no tiene pasaporte, y donde —según una reciente encuesta del *National Geographic*— el 63% de los jóvenes no puede ubicar a Iraq en un mapa, y el 69% no puede ubicar a China.

Mis esperanzas aumentaron aún más cuando hablé con el presidente del IIE, Allan E. Goodman, y le pregunté si el aumento del estudio en el extranjero podría tener un impacto en la política exterior de Washington.

«Claro, tendrá un impacto notable en la forma en que los americanos piensan sobre el resto del mundo, y en la forma en que el mundo piensa sobre Estados Unidos», me dijo Goodman. «Creo que el número de estudiantes que estudia en el extranjero crecerá aún más en los próximos años».

Las cifras están creciendo porque los jóvenes se dan cuenta de que, en una economía global, les será mucho más fácil obtener un empleo si pueden poner la palabra «China» o «Brasil» en su currículum, dicen los funcionarios del IIE. Y las universidades de Estados Unidos, conscientes de que sus contrapartes europeas ya exigen que sus alumnos pasen periodos en el exterior o hablen al menos una lengua extranjera, no se quieren quedar atrás.

Al menos dos universidades de Estados Unidos, el Politécnico de Worcester, en Massachusetts, y la Universidad de Goucher, en Maryland, ya están haciendo obligatorios los estudios en el extranjero. Y Harvard recientemente anunció que hará más fácil para sus estudiantes pasar algún periodo en el exterior.

Pero cuando vi qué países están escogiendo los estudiantes estadounidenses, me di cuenta de que —desgraciadamente— solo un pequeño número de los futuros líderes de Estados Unidos están pasando parte de sus años formativos en el mundo en desarrollo. Más del 60% de los estudiantes van a Europa, mientras que solo el 14% va a América Latina, el 8% a Asia y el 7% a Oceanía.

El destino más popular es Inglaterra, con 32 000 estudiantes estadounidenses, seguido por Italia, España y Francia. México está en sexto lugar, con 9 200 estudiantes, Costa Rica en el décimo lugar, con 4 800 estudiantes, Chile en el puesto 16, con 2 400 estudiantes, Argentina en el 18, con 2 100 estudiantes y Brasil en el 19, con unos 2 000 estudiantes.

Los estudiantes escogen dónde estudiar en parte por el lenguaje, en parte por la diversión, y en parte por el marketing de los países receptores. Mientras que Inglaterra, Italia y Francia ofrecen clases en inglés que permiten a los estudiantes estadounidenses aprobar sus asignaturas técnicas en las universidades de Estados Unidos, mientras estudian un idioma extranjero paralelamente, la mayoría de universidades de América Latina no lo hacen.

«La realidad es que la mayoría de estudiantes estadounidenses son monolingües», me señaló Peggy Blumenthal, vicepresidenta de IIE. «La razón por la que muchos más estudiantes de Estados Unidos vayan a México que a otros países latinoamericanos es que las universidades mexicanas, como el Tecnológico de Monterrey, ofrecen buenos programas en inglés.»

MI OPINIÓN: Igual que, como escribimos hace algunas semanas, América Latina podría beneficiarse enormemente si lograra captar una parte de los cien millones de norteamericanos que se van a jubilar en las próximas tres décadas, los países de la región podrían beneficiarse mucho si obtuvieran una tajada mayor de los cientos de miles de estudiantes estadounidenses que estudiarán en el exterior en los próximos años. Es cierto que las noticias sobre violencia política y delincuencia callejera serán un obstáculo para atraer a muchos. Pero lo cierto es que Europa está teniendo su cuota de violencia terrorista, que no es menos peligrosa.

Con sus maravillas turísticas, precios relativamente bajos y un estilo de vida atractivo, América Latina se podría convertir en un destino favorito para los estudiantes estadounidenses. Eso no solo traería un beneficio económico para la región, sino que ayudaría a que ambas partes se entiendan mejor en el futuro.*

* Redactado en Miami: 20-11-06.

17.- Los fondos del muro fronterizo

S I EXISTÍA ALGUNA DUDA de que el planeado muro fronterizo en la frontera sur de Estados Unidos es una de las ideas más alocadas que jamás hayan salido de Washington, el nuevo estimado de que el proyecto costaría hasta 37 000 millones de dólares debería ser suficiente para que sea archivado de inmediato.

Como ustedes saben, el inspector general del Departamento de Seguridad Nacional, Richard L. Skinner, testificó recientemente que el muro virtual del monitoreo electrónico podría costar hasta treinta mil millones de dólares. Además, el muro físico de 700 millas a lo largo de las 2 000 millas de la frontera con México costaría hasta siete mil millones de dólares adicionales.

El total de 37 mil millones de dólares es más del doble de la inversión extranjera en México el año pasado, y no haría mucho para evitar que los mexicanos sigan cruzando la frontera. Mientras haya mexicanos y otros latinoamericanos que no encuentren empleos en sus lugares de origen, seguirán encontrando la manera de emigrar. Lo harán por Canadá, o por mar, o como lo están haciendo casi la mitad de los indocumentados actualmente: por avión, viajando con visas de turismo y quedándose en Estados Unidos.

¿Cúal sería una mejor forma de invertir este dinero? He aquí tres propuestas para ayudar a reducir el flujo de migrantes mejorando las condiciones de vida en México, en lugar de ayudar a que se enriquezcan Halliburton, Boeing y otros grandes contratistas del gobierno norteamericano.

En primer lugar, el Congreso norteamericano debería aprobar un proyecto de ley presentado por el senador John Cornyn (R-Texas) de crear un «Fondo de Inversiones de Norteamérica» para construir carreteras, puertos y líneas de banda ancha de Internet en el sur y centro de México, de donde salen la mayor parte de los migrantes.

La mitad de estos fondos vendrían de México, y la otra mitad de Estados Unidos y Canadá, condicionados a políticas económicas responsables de México.

Debido a que el Tratado de Libre Comercio de América del Norte de 1994 benefició mucho más al norte de México que al sur del país, hoy existen —más que nunca— dos Méxicos. La gente del sur de México se está yendo al norte de México a buscar mejores empleos, y luego —como ya están lejos de casa— siguen viaje a Estados Unidos.

La mayoría de los expertos coincide en que no hay más inversiones en el sur de México porque —aunque las empresas allí pueden pagar hasta tres veces menos que en el norte del país— no hay carreteras adecuadas para exportar productos a Estados Unidos. Todas las carreteras pasan por Ciudad de México, una de las áreas urbanas más congestionadas del mundo.

Robert Pastor, director del Centro de Estudios de Norteamérica de American University en Washington DC y uno los pioneros en estudios sobre cómo reducir la brecha de ingresos entre México y Estados Unidos, dice que el sur de México podría convertirse en un imán para las inversiones si tuviera la infraestructura adecuada, y mucha menos gente buscaría emigrar hacia el norte.

«Si se construyen carreteras, puertos y vías de comunicación en los estados del sur, la inversión extranjera va a venir», me dijo Pastor. «Lo más importante es abrir un nuevo corredor vial que evite la Ciudad de México y vaya directamente a la frontera con Estados Unidos, quizá pasando por Monterrey».

Segundo, si la opinión pública norteamericana se opone a dar ayuda externa a México, podría hacerse a través de préstamos con bajo interés. Después que el presidente Clinton rescatara la economía mexicana con un paquete de ayuda de cincuenta mil millones de dólares en 1995, México pagó su deuda, y antes del vencimiento de la misma.

Tercero, Estados Unidos, Canadá y México podrían firmar un Acuerdo de Servicios de Salud de América del Norte, que permitiría que hospitales mexicanos previamente certificados por los tres países puedan tratar a una parte de los cien millones de estadounidenses con seguros médicos que se van a jubilar en los próximos treinta años.

Eso podría ayudar a Washington a reducir su déficit, a los jubilados a recibir atención médica más personalizada, y a México a desarrollar sus servicios hospitalarios, el turismo y los bienes raíces, tal como se beneficia España con los jubilados alemanes y suecos.

MI CONCLUSIÓN: Cualquiera de estas ideas sería mas efectiva para reducir la migración ilegal que gastar treinta y siete mil millones de dólares en un muro que no solo está siendo condenado por todo el mundo, sino que serviría de muy poco.

Post Data: tengo una cuarta idea para utilizar estos fondos, que no he incluido en el cuerpo de esta columna en aras de los buenos modales. Sería pagarle al presentador de la CNN Lou Dobbs y a otros cruzados contra los inmigrantes hispanos un pasaje de ida a Australia. El costo sería de solo 1 650 dólares (clase económica).*

---

* Redactado en Miami: 24-11-06.

18.- La izquierda y la derecha en el siglo XXI

L A GENERALIZACIÓN MÁS FRECUENTE SOBRE AMÉRICA LATINA al cierre de 2006 será que la región profundizó su giro hacia la izquierda. Sin embargo, como frecuentemente ocurre, las generalizaciones pueden ser engañosas.

Lo cierto es que hubo nueve elecciones presidenciales en la región este año —en Chile, Costa Rica, Perú, Colombia, México, Brasil, Ecuador, Nicaragua y Venezuela— y que candidatos considerados como izquierdistas ganaron la mayoría de ellas. Chile, Perú, Brasil, Ecuador, Nicaragua y Venezuela eligieron candidatos de izquierda, lo que llevó al presidente de Venezuela, Hugo Chávez, a proclamar que una «ola» izquierdista se está expandiendo en la región.

Pero hay varias razones para tomar las aseveraciones de Chávez con pinzas. En México y en Colombia ganaron candidatos de centro-derecha, y en Chile, Perú, Costa Rica y Brasil ganaron candidatos centristas o de centro izquierda que tienen muy poco en común con Chávez.

En Brasil, el presidente Luiz Inácio Lula da Silva ganó fácilmente la reelección declarando en una oportunidad que no es un izquierdista, y aferrándose a las políticas promercado de su predecesor. En Perú, el presidente Alan García, un ex populista radical, ganó las elecciones presentándose como un candidato promercado y acusando a su rival Ollanta Humala de ser un títere de Chávez.

Incluso en Nicaragua, el presidente electo Daniel Ortega, un ex marxista revolucionario, se presentó como un abanderado de la Iglesia católica, adoptando una ley impulsada por la Iglesia contra el aborto terapéutico. Ortega también prometió mantener el acuerdo de libre comercio de Nicaragua con Washington.

Una nueva encuesta regional podría ayudar a entender lo que está sucediendo en América Latina. Entre los hallazgos de la encuesta Latinobarómetro, realizada entre más de 20 000 personas en 18 países latinoamericanos:

Preguntados dónde se ubicarían ideológicamente en una escala del 0 a 10, en que 0 es la izquierda y 10 es la derecha, la mayoría de latinoamericanos se ubicaron en un promedio de 5,4, o sea, ligeramente a la derecha del centro.

Sorprendentemente, el promedio ideológico de los venezolanos fue de 5,6, lo que sugiere que muchos venezolanos no izquierdistas probablemente votaron por Chávez en las últimas elecciones. En México, el promedio también fue de 5,6, y en Argentina de 5,3. Los únicos cuatro países en la región donde la mayoría de las personas se ubicaron a sí mismas a la izquierda del centro fueron en Chile (4,9), Bolivia (4,8), Uruguay (4,7) y Panamá (4,6).

«El promedio de la posición política en casi todos los países está del centro a la derecha», me dijo Marta Lagos, la directora de Latinobarómetro, en una entrevista telefónica desde Chile. «Los presidentes de izquierda que han ganado, han ganado con ayuda del centro.»

Cuando se les pidió a los encuestados calificar a los líderes latinoamericanos en una escala de cero a diez, el presidente más popular resultó ser el brasileño Lula, con una calificación de 5,8, seguido por Michelle Bachelet, de Chile (5,5), y Álvaro Uribe de Colombia (5,4).

Chávez, junto con el presidente de Estados Unidos George W. Bush, estuvieron entre los menos populares: ambos recibieron una calificación de 4,6. Y Fidel Castro, de Cuba, es el presidente menos popular entre los líderes del continente: recibió una calificación de 4,4 a nivel regional, más baja que la de Bush y Chávez.

Muchos analistas dicen que lo que está sucediendo en Venezuela, Bolivia y Ecuador no es un triunfo de la izquierda, sino un triunfo del petropopulismo. El populismo está creciendo en los paises que más se están beneficiando del auge de los precios de las materias primas, como Venezuela, Ecuador y Bolivia, donde la gente quiere una distribución inmediata de la bonanza de exportaciones, afirman.

MI OPINIÓN: En un mundo en que la China comunista está llevando a cabo la mayor revolución capitalista de la historia de la humanidad, y donde un gobierno de derecha en Estados Unidos está produciendo el mayor déficit presupuestario de la historia del país, los conceptos de «izquierda« y «derecha» han dejado de tener sentido. (La dicotomía en el siglo XXI, más bien, es entre los países globalizados, y los países aislacionistas.)

Pero incluso si aceptamos la premisa de que son válidos los conceptos de izquierda y derecha, la idea de un tsunami izquierdista en América Latina es frágil. Lo que hay en el continente son varios países con líderes de izquierda moderada, que están siguiendo los pasos de la exitosa apertura económica de Chile, y unos pocos países en que presidentes petro populistas están regalando dinero sin preocuparse en construir una base sólida para el crecimiento a largo plazo.

De manera que, resumiendo, uno podría decir que América Latina está girando hacia la izquierda, pero con el agregado de que en la mayoría de países la izquierda está girando hacia la derecha.*

* Redactado en Miami: 11-12-06.

Sección 2

2007. El despertar de los hispanos

1.- La jugada de España en Cuba

L A RECIENTE DECISIÓN DEL GOBIERNO ESPAÑOL de reactivar el diálogo con Cuba «está dando sus frutos», y el proceso continuará sin abandonar a los disidentes en la isla, según me dijo el Ministro de Asuntos Exteriores Miguel Ángel Moratinos.

Moratinos, que recibió fuertes críticas en España tras su visita de abril a Cuba por no haberse reunido allí con ningún disidente, todavía está en el centro de una aguerrida disputa política interna en su país sobre la decisión española de reanudar contactos de alto nivel con el régimen de la isla, que estaban congelados.

En un reciente debate parlamentario, el opositor Partido Popular cuestionó a Moratinos sobre por qué no se reunió con la oposición pacífica cubana, y por qué se quedó callado cuando en una conferencia de prensa conjunta, el canciller cubano Felipe Pérez Roque dijo que en Cuba no hay opositores pacíficos, sino solo «mercenarios».

«Es un tema que para nosotros no cesa», dice el diputado Gustavo de Arístegui, portavoz de Asuntos Exteriores del Partido Popular en el Congreso. «Los errores de este gobierno en Cuba y Venezuela son escandalosos.»

El viaje de Moratinos también ha sido criticado por algunos influyentes simpatizantes del Partido Socialista gobernante. El Partido Socialista ha tenido buenas relaciones con la oposición pacífica cubana desde la presidencia de Felipe Gonzalez, que gobernó entre 1982 y 1996.

¿Están ustedes siguiendo una política exterior «tercermundista», procubana, como lo asevera la oposición en España?, le pregunté al ministro.

«Yo creo que no», respondió Moratinos. «Lo que ha hecho este gobierno es recuperar la capacidad de influencia de España en un continente esencial para los intereses españoles.»

«Nosotros tenemos acuerdos de asociación estratégica con los países con los que consideramos tenemos que tener una relación privilegiada, y esos países son muy claros: México, Brasil, Argentina, Chile y queremos ahora añadir Colombia», señaló. «Y luego tenemos relaciones con todos, incluidos lógicamente Venezuela, Cuba y Bolivia, porque son lo que los distintos ciudadanos en Cuba, en Venezuela y en Bolivia han decidido.»

Preguntado sobre la controversia sobre su reciente viaje a Cuba, Moratinos recordó que un alto miembro de su delegación —el director de Asuntos Iberoamericanos de la cancillería, Javier Sandomingo— se reunió con los disidentes cubanos durante su viaje a Cuba, y que otros funcionarios españoles de más alto rango lo hacen a menudo.

«Tengo el apoyo de los ciudadanos españoles, de la mayoría de los ciudadanos españoles, que es lo principal, que no entendían por qué el gobierno de España no está más presente en Cuba en un momento histórico fundamental para el futuro de Cuba», dijo Moratinos. «Lo que hemos hecho es abrir una nueva vía, un nuevo mecanismo de diálogo que está dando sus frutos».

El ministro dijo que después de años sin diálogos de alto nivel, España y Cuba han iniciado un diálogo sin tabúes, que puede llevar a la reapertura del organizaciones no gubernamentales como el Centro Cultural Español en La Habana, que fue cerrado en el 2003, y a una reanudación de la ayuda para el desarrollo español a la isla.

El diálogo incluye el tema de derechos humanos, que beneficiará a los disidentes, aseguró.

La secretaria de Estado de Asuntos Iberoamericanos, Trinidad Jiménez, fue más explícita. Preguntada separadamente sobre la aseveración del canciller cubano de que quienes se oponen al régimen de la isla son «mercenarios», Jiménez dijo: «Si nosotros creyéramos que los disidentes son mercenarios, nunca nos hubiéramos entrevistado con uno solo. Para nosotros son personas a las que les tenemos un profundo respeto, a las que apoyamos y con las que nos solidarizamos».

Mi opinión: Quiero pensar que Moratinos incluyó sin querer a Cuba entre los países con cuyos gobiernos España debe tener buenas relaciones porque representan la decisión de sus pueblos. El pueblo cubano no ha podido decidir libremente ni siquiera una elección municipal en casi cinco décadas.

Pero la nueva política española de reactivar el diálogo con Cuba no debería ser condenada de entrada, a pesar de los errores cometidos durante el viaje de Moratinos. (El ministro debería haber cuanto menos enviado al segundo funcionario más alto de su delegacion, en lugar del tercero, a hablar con los disidentes, y debería haber respondido cuando el canciller cubano se refirió a todos quienes piensan diferente como «mercenarios».)

Si lo que hizo Moratinos fue una concesión táctica que resultará en una mayor presencia política y cultural española en Cuba, y en una voz más fuerte de apoyo a las libertades fundamentales, su viaje podría terminar valiendo la pena.

Pero si no es así, solo habrá contribuido a darle oxígeno a una dictadura decrépita, y habrá retrocedido en el apoyo de su propio Partido Socialista a los opositores pacíficos. Lo sabremos en los próximos meses.*

* Redactado en Madrid (España): 16-7-07.

2.- Los hispanos deben decir ¡Ya basta!

H E AQUÍ LO QUE DEBERÍA HACER EL CONSEJO NACIONAL DE LA RAZA —la organización hispana más grande de Estados Unidos— en su reunión anual en Miami esta semana: seguir el ejemplo de los afroamericanos y los judíoamericanos y lanzar una campaña masiva contra los prejuicios raciales antihispanos en los medios, la industria del entreteni- miento y la política.

El reciente debate migratorio en el Senado, que terminó con la derrota del proyecto de ley que hubiese permitido una vía a la ciudadanía a la mayoría de los doce millones de trabajadores indocumentados, ha dado lugar a la mayor explosión de sentimientos antihispanos que he visto desde que llegué a este país hace tres décadas.

La mayoría de los hispanos ve las cosas de la misma manera. Una encuesta nacional realizada por Bendixen y Asociados dice que el 76% de los hispanos en Estados Unidos está de acuerdo con la afirmación de que «el sentimiento antiinmigrante está creciendo en los Estados Unidos», y un 62% dice que este fenómeno los ha afectado directamente a ellos o a sus familias.

Pocos hispanos creen en las afirmaciones de los conductores de radio y televisión que se opusieron al proyecto de regularización de los indocumentados, en el sentido de que ellos solo se oponen a la «inmigración ilegal». Cuando la misma encuesta preguntó los motivos del actual sentimiento antiinmigrante en Estados Unidos, el 64% de los hispanos identificó «el racismo contra los inmigrantes latinoamericanos».

Efectivamente, en los últimos tiempos hemos escuchado muchas cosas en la radio y la televisión que van más allá de los límites del debate limpio, y una manipulación de datos que hace difícil creer en la buena voluntad de quienes lo hacen.

No se trata solo de conductores de televisión como Lou Dobbs, de CNN, o los comentaristas radiales Rush Limbaugh y Michael Savage, cuyos programas parecen culpar sistemáticamente a los hispanos de casi todos los males de Estados Unidos.

Incluso prominentes académicos, como el politicólogo de la Universidad de Harvard, Samuel Huntington, están haciendo afirmaciones como que «la avalancha de inmigración latina constituye una amenaza potencial a la integridad cultural y posiblemente política de los Estados Unidos».

Sin embargo, aunque los 44 millones de hispanos ya son la minoría más grande de Estados Unidos, no se ve de parte de los hispanos la clase de protestas masivas nacionales que uno vería si estas declaraciones estuviesen dirigidas hacia los afroamericanos o judíoamericanos.

Cuando uno visita la página de Internet de la Asociación Nacional de Personas de Color (NAACP), una de las primeras cosas que se ve es el titular de «Campaña ¡Stop!», que es un llamado a la acción contra del racismo hacia los afroamericanos en los medios de difusión.

La NAACP y otros grupos afroamericanos constantemente lanzan campañas para denunciar públicamente el racismo en los medios, y recientemente forzaron el despido del conductor de radio, Don Imus, por un comentario sobre las integrantes del equipo de basket femenino de la Universidad de Rutgers. De la misma manera, la Liga contra la Difamación (ADL) ha estado denunciando casos de racismo contra los judíos desde 1913.

Pero cuando uno visita la página de Internet del Consejo Nacional de la Raza, no encuentra el mismo énfasis en el combate contra el racismo en los medios. La consigna principal de La Raza es «!Ya es hora!», una cruzada nacional junto con la cadena de televisión Univision y varios otros grupos latinos para lograr que unos dos millones de hispanos se hagan ciudadanos y voten en las elecciones del 2008.

La presidenta de La Raza, Janet Murguía, admite que los hispanos necesitan hacer más para luchar en contra de la intolerancia en los medios.

«Necesitamos repensar nuestra estrategia, no hay duda de eso», me dijo Murguía en una entrevista. «Pero el cambio clave en el que nos debemos concentrar es poder influenciar el resultado de las elecciones. Enojarse más no necesariamente va a ayudarnos, pero hacer las cosas con inteligencia sí nos va a ayudar.»

MI OPINIÓN: El Consejo Nacional de La Raza y sus instituciones hermanas están haciendo lo correcto con su convocatoria «¡Ya es hora!» para lograr que más hispanos se hagan ciudadanos y voten. Pero deberían también lanzar una campaña paralela titulada «¡Ya basta!» para identificar y denunciar a aquellos que sistemáticamente critican a los hispanos en los medios.

Si se permite que siga creciendo el sentimiento antihispano, pronto existirá una subclase de doce millones de indocumentados que no solo se sentirá frustrada por no contar con un camino legal a la ciudadanía, sino que también se sentirá insultada a diario en los medios. Y la exclusión social mezclada con la frustración es un cóctel peligroso, como hemos visto en las protestas de los jóvenes musulmanes que incendiaron los suburbios de París en el verano de 2005. Es tiempo de decir «¡Ya basta!»*

* Redactado en Miami: 23-7-07.

3.- Un encuentro con Barack Obama

NO ME SORPRENDÍ DEMASIADO cuando el senador Barack Obama dijo en el debate presidencial demócrata del lunes que, de ser electo, se sentaría a hablar con Fidel Castro y Hugo Chávez. Obama me lo había dicho el día anterior —entre muchas otras cosas—, aunque con un matiz importante.

En una entrevista sobre temas internacionales, y América Latina en particular, el aspirante presidencial demócrata criticó la política exterior del presidente Bush como excesivamente «basada en la antipatía hacia Hugo Chávez», y me dijo que no solo se sentaría a hablar con el presidente de Venezuela «bajo ciertas condiciones», sino que también viajaría a Bolivia, el principal aliado de Venezuela en Sudamérica, al principio de su presidencia.

«Nuestra influencia ha disminuido en el mundo», me dijo Obama en la entrevista realizada en Miami el domingo. «Hemos visto una incapacidad de encontrar oportunidades constructivas con países que a lo mejor están inclinados hacia la izquierda, pero que están tratando de hacer lo correcto por su gente. Esa es una diferencia fundamental que pienso será reflejada en una presidencia de Obama.»

¿Qué haría, concretamente?, le pregunté. «El punto de partida sería reconstruir las alianzas que se han deshilvanado en años recientes, viajar desde el principio a países claves como Brasil, Argentina, Chile, pero también Bolivia, países en que hay una presunción de que no tenemos intereses comunes. Yo pienso que sí los tenemos.»

Al día siguiente, en el debate de los aspirantes demócratas organizado por CNN y You Tube, Obama fue blanco de críticas cuando respondió afirmativamente a la pregunta de si él estaría dispuesto a reunirse sin condiciones previas en el primer año de su presidencia con los jefes de Estado de Irán, Siria, Venezuela, Cuba y Corea del Norte.

Cuando se le preguntó en el mismo debate lo mismo a la senadora Hillary Clinton, la ex primera dama aprovechó la ocasión para diferenciarse de Obama, y pintarlo como un novato. Clinton dijo que ella no se reuniría de inmediato con estos presidentes, sino que haría que otros funcionarios tuvieran pláticas exploratorias antes, porque «no quiero ser utilizada con fines propagandísticos».

Obama había sido más cauto en nuestra entrevista del día anterior. Cuando le pregunté si se reuniría con Chávez, me dijo: «Bajo ciertas condiciones, yo siempre creo en la necesidad de dialogar. A veces es más importante hablar con tus enemigos que con tus amigos».

En otros temas, preguntado sobre si alguna vez visitó algún país latinoamericano, Obama me dijo que no. «Obviamente, yo solo he estado en el Senado de los Estados Unidos por tres años, así que la oportunidad de viajar [a la región] todavía no se ha presentado.»

¿Podría nombrar dos o tres líderes de América Latina que admira?, le pregunté. «Pienso que la actual presidenta de Chile está haciendo un trabajo extraordinario, y parece una persona muy solidaria», dijo, refiriéndose a la presidenta Michelle Bachelet. «Parte de lo que estoy viendo en ella y varios otros líderes latinoamericanos, y que ojalá veamos pronto en los Estados Unidos, es un menor énfasis en la ideología y un mayor énfasis en soluciones prácticas», agregó.

Preguntado sobre su voto en contra del Tratado de Libre Comercio con América Central y la República Dominicana, Obama dijo que «nuestras oportunidades de expandir el comercio con América Latina son extraordinarias, pero debemos estar seguros de que los acuerdos comerciales reflejen los intereses de nuestros trabajadores, y no solo el de las corporaciones». Agregó: «El Tratado de Libre Comercio con México es un buen ejemplo: indudablemente hizo aumentar las ganancias de las empresas de Estados Unidos y de las empresas de México, pero si miras las consecuencias para los agricultores mexicanos, no ha sido algo bueno para ellos».

MI OPINIÓN: Obama se equivoca sobre el libre comercio —el tratado comercial con México ha sido en líneas generales muy bueno para los mexicanos y para los estadounidenses—, y el candidato probablemente está demasiado amarrado a los sindicatos de trabajadores de Estados Unidos, cuyas preocupaciones por los trabajadores extranjeros son una excusa para proteger a sus miembros de la competencia extranjera.

Pero no creo que, de ser electo, Obama sería tan ingenuo como para reunirse con Chávez de inmediato, por el mero gusto de hacerlo, y arriesgarse a que el venezolano lo insulte públicamente —como suele hacer a diario— al minuto siguiente.

Lo mas probable es que Obama esté haciendo un juego político: en su calidad de número dos en las encuestas demócratas, Obama necesita proyectarse como el candidato del cambio —y dejar a Hillary como la candidata del sistema— y ganar el apoyo del ala más liberal de su partido, cuyo activismo será clave en las primarias del partido.

De manera que no estoy sorprendido por lo que dijo Obama en el debate, aunque le hubiera ido mucho mejor si hubiera matizado su afirmación, como lo había hecho el día anterior en la entrevista.*

* Redactado en Miami: 26-7-07.

4.- El boom del turismo médico

DESDE HACE BASTANTE TIEMPO estoy convencido de que el turismo médico se convertirá en una de las mayores industrias de América Latina en el siglo XXI. Ahora, en una visita a Panamá, pude ver los primeros síntomas de la bonanza que producirá este sector.

En los próximos treinta años llegarán a la edad de jubilación nada menos que cien millones de norteamerianos, y muchos de ellos no podrán pagar los costos cada vez más altos de los servicios de salud en Estados Unidos. Ya son cada vez más los estadounidenses que están viajando a Panamá, México, Costa Rica, Colombia, Argentina, Chile y otros países de la región para realizarse operaciones de corazón, cirugías plásticas o ir al dentista para pagar la mitad del precio y recibir atención más personalizada.

Antes de contarles lo que vi en Panamá, déjenme compartir con ustedes algunos datos de un nuevo libro, llamado *El turismo médico en los países en desarrollo*, de las autoras Milica y Karla Bookman.

El libro cita cifras de las Naciones Unidas según las cuales la industria de los viajes y el turismo ha llegado a los 4,4 trillones de dólares anuales, y se ha convertido en los últimos años en la más grande del mundo, aún más grande que las industrias de defensa, manufacturas, petróleo o agricultura. Y en muchos países, el turismo médico ya es una parte significativa de la industria turística.

«Hace varias décadas, cuando se inició el turismo a lugares exóticos, la atracción era: sol, arena y sexo», escriben las autoras. «Ahora, la atracción en los países en desarollo ha sido reemplazada por "sol, arena, y cirugía"». Tailandia recibe anualmente unos 400 000 turistas por motivos de salud, y Costa Rica unos 150 000. Y uno de los motivos por los cuales la economía de España está creciendo a tasas que casi duplican las de sus vecinos es que cientos de miles de jubilados alemanes, suecos e ingleses viven parte del año en España, gozando del sol, la buena vida y los servicios médicos más baratos.

La semana pasada, visité el nuevo hospital Punta Pácifica de Panamá, afiliado a la red de hospitales Johns Hopkins de Estados Unidos, para conocer este fenómeno más de cerca. El hospital ya cuenta con un 25% de pacientes extranjeros, la mayoría de ellos estadounidenses que no tienen seguro médico en Estados Unidos, o que quieren hacerse operaciones no cubiertas por sus seguros, o canadienses que no quieren esperar seis meses para una operación en el sistema de medicina estatal de su país.

El director del hospital, doctor Rolando Bissot, me dijo que una cirugía de corazón simple, que en Estados Unidos cuesta 60 000 dólares, se hace en su hospital por 30 000 dólares. Y una cirugía cosmética de implante de senos, que en Estados Unidos cuesta unos 12 000 dólares, se realiza aquí por 6 000 dólares. En Argentina, Brasil, Colombia y otros países de la región, los precios son aún más bajos.

Pero ¿van a confiar los estadounidenses en médicos panameños?, le pregunté. Ya lo están haciendo, respondió Bissot, señalando que muchos médicos en Estados Unidos son oriundos de otros países. En efecto, según el *New England Journal of Medicine*, 25% de los médicos en Estados Unidos estudiaron en el exterior, y el 60% de ellos lo hicieron en países en desarrollo.

El Hospital Punta Pacífica, de 65 camas, no solo es inspeccionado regularmente por la red Johns Hopkins, sino que cuenta con tres médicos cirujanos que realizan las mismas operaciones en hospitales de Miami y Nueva York, dijo Bissot.

Uno de ellos, el cirujano ortopédico de Miami doctor José Jaen, me dijo que muchas veces aconseja a pacientes de Estados Unidos, que no pueden pagar una operación, que la hagan en Panamá.

«Es el mismo médico, la misma operación y el mismo tratamiento ortopédico que el paciente recibiría en mi clínica de Miami, pero a mitad de precio», me dijo Jaen. «Y eso incluye el viaje en avión y el hotel.»

MI OPINIÓN: El gran desafío para los países latinoamericanos será que sus hospitales sean acreditados por la Joint Commission International

(JCI), el brazo internacional de la agencia que certifica los hospitales de Estados Unidos.

La JCI ya ha acreditado a varios hospitales en China, la India y varios otros países en desarrollo, pero en América Latina solo ha certificado hospitales en Brasil y Bermudas, según su pagina web. (Hospitales de México, Costa Rica y el Punta Pacífica de Panamá, entre otros, están en el proceso de lograr su acreditación).

Sin embargo, ya estamos viendo el nacimiento de una industria que se extenderá a comunidades de retiro que, como ocurrió en España, podría significar una enorme inyección de ingresos para los latinoamericanos. Y si la competencia obliga a que el sistema de salud de Estados Unidos reduzca sus precios, tanto mejor.*

* Redactado en Miami: 13-8-07.

5.- Chávez y el «maleta-gate»

DESPUÉS DE AÑOS DE ESPECULACIONES de que el presidente venezolano Hugo Chávez ha usado sus petrodólares para financiar a candidatos presidenciales y grupos de simpatizantes en toda América Latina, el nuevo escándalo político alrededor de la maleta con 800 000 dólares sin declarar confiscada en el aeropuerto de Buenos Aires es enormemente ilustrativo.

Ustedes recordarán que en las elecciones de Bolivia, Ecuador, Nicaragua y otros países de la región hubo fuertes denuncias —nunca probadas— de la oposición de que los candidatos chavistas estaban recibiendo maletas llenas de dinero provenientes del monopolio petrolero estatal venezolano PDVSA, cortesía del mandatario narcisista-leninista de Venezuela.

Los ganadores prochavistas de las elecciones han rechazado repetidamente estas denuncias, calificándolas de mentiras impulsadas por el imperio estadounidense.

Pero el caso de Guido Alejandro Antonini Wilson, el empresario venezolano detenido con el dinero cuando llegaba a Buenos Aires en un avión fletado por el gobierno argentino con una delegación de PDVSA el 4 de agosto, es el primero en que salen a la luz pública algunos de los manejos subterráneos mediante los cuales Chávez trata de infuenciar la política interna de otros países, y de cómo se está expandiendo la corrupción de Venezuela a otros países de la región.

Antonini, un venezolano que vive en Miami y está muy vinculado a la élite empresarial que se está llenando de dinero en la Venezuela chavista, fue detenido en el aeropuerto de Buenos Aires tras arribar en un avión fletado por ENARSA, la compañía estatal de petróleo y gas argentina creada por el presidente Néstor Kirchner hace tres años.

A bordo del avión, que llegó en la madrugada dos días antes de una visita oficial de Chávez al país, se encontraban varios funcionarios del gobierno argentino y de PDVSA, además de Daniel Uzcátegui, el hijo de un vicepresidente de PDVSA, y el propio Antonini.

Según reportó el periódico argentino *Clarín* y aseguran algunos ex funcionarios estadounidenses, había otro pasajero que no aparecía en los documentos del vuelo: el teniente coronel de la Guardia Nacional de Venezuela Julio César Avilán Díaz, un miembro del entorno de Chávez cuya esposa es un alta funcionaria del servicio de aduanas de Venezuela.

No está claro si Antonini era el hombre de la maleta, o si algún otro pasajero del avión fletado por ENARSA lo mandó al frente con la maleta de 800 000 dólares. Lo cierto es que Antonini se fue del aeropuerto sin reclamar el dinero, y voló a Uruguay el 7 de agosto. Un diplomático extranjero en Uruguay me dijo que, según fuentes de inteligencia uruguayas, Antonini dejó Uruguay ese mismo día a bordo del avión presidencial de Chávez, que pasó por Uruguay después de su visita a Argentina.

Lo que es más interesante, Antonini hizo al menos cinco viajes a Argentina desde Venezuela y Uruguay en el último año y medio, según el diario *La Nación*. El 28 de septiembre del 2006, Antonini llegó a Argentina como parte de una delegación venezolana encabezada por el gobernador chavista del estado de Cojedes, Johnny Yánez Rangel.

Antonini también visitó Uruguay en al menos cuatro ocasiones el año pasado, según Radio Espectador de Uruguay. En una visita reciente este año, Antonini fue acompañado por Uzcátegui, y las reservaciones de hotel de ambos fueron hechas por PDVSA, informó *La Nación*.

Tal como me dijo Norman Bailey, ex jefe de asuntos venezolanos y cubanos de la Oficina Nacional de Inteligencia de la Casa Blanca, Antonini «o estaba tomando lecciones de tango, o estaba llevando maletas».

Como era previsible, el canciller venezolano Nicolás Maduro salió del paso diciendo que todo era una conspiración del «imperialismo» y la CIA.

Mi conclusión: El dinero podría haber estado destinado a la campaña de la primera dama Cristina Kirchner o a grupos prochavistas en Argentina, o podría ser el pago de un soborno a funcionarios argentinos por algún negocio con el gobierno de Chávez. Sin embargo, si hubiera sido un negocio limpio, se hubiese hecho por transferencia bancaria.

Lo más probable es que los gobiernos de Argentina y Venezuela traten de minimizar el «maleta-gate» y de complicarlo hasta que la gente se aburra del mismo. Los funcionarios de aduanas argentinos ya han cometido suficientes errores —intencionales o no— en el expediente como para hacer muy difícil que Antonini sea encausado en Argentina o Estados Unidos.

Pero si había dudas de que Chávez ha usado a PDVSA para financiar campañas políticas en el extranjero, o a grupos chavistas en otros países, o para sobornar funcionarios extranjeros con maletas llenas de efectivo, el «maleta-gate» las ha despejado.

P. S.: No me sorprende que Chávez haya decidido anunciar el miércoles su plan para cambiar la Constitución y permitirle ser un presidente vitalicio. Aunque el anuncio era esperado desde hace tiempo, probablemente se anticipó para desviar la atención pública del «maleta-gate».*

* Redactado en Miami: 16-8-07.

6.- La desunión de América del Norte

Los presidentes de Estados Unidos, México y Canadá desmintieron la semana pasada rumores de sus críticos estadounidenses de que estarían planeando crear una «Unión de América del Norte». ¡Blandengues! En lugar de estar a la defensiva, tendrían que haber propuesto una mucho mayor integración económica.

En un conferencia de prensa conjunta el 21 de agosto, tras realizar una cumbre de dos días en Quebec, Canadá, el presidente Bush dijo que las acusaciones de grupos nacionalistas y populistas de Estados Unidos de que los tres líderes estarían planeando crear una «Unión de América del Norte» para 2010 eran «tácticas de intimidación política».

Refieriéndose a la Alianza para la Seguridad y Prosperidad de América del Norte (ASPAN), un esfuerzo iniciado en 2005 por los tres países para aumentar el comercio y combatir el terrorismo, el tráfico de drogas, las pandillas y las enfermedades contagiosas, Bush dijo que los creyentes en teorías conspirativas «inventan una conspiración y luego obligan a algunas personas a tratar de probar que no existe. Así es la forma en que operan».

El primer ministro canadiense, Stephen Harper, y el presidente mexicano, Felipe Calderón, se unieron a Bush en repudiar lo que Calderón describió como «mitos» sobre los planes de integración de los tres países.

Mientras tanto, el sitio de Internet del gobierno de Estados Unidos sobre ASPAN (www.spp.gov) publicó una página titulada *Mitos vs. Hechos* en la que se afirma que la ASPAN, iniciada el 23 de marzo del 2005, «no es un acuerdo, ni un tratado» sino «un diálogo» para aumentar la cooperación trilateral.

«De ninguna manera, perfil o forma puede ASPAN ser considerada como la creación de una estructura como la Unión Europea, o un proyecto para una moneda en común. ASPAN no busca modificar nuestra soberanía o moneda ni cambiar el sistema de gobierno de Estados Unidos», dice la página de Internet.

Una rara mezcla de ultraconservadores antiinmigrantes e izquierdistas antilibre comercio habían subido de tono sus campañas poco antes de la cumbre, lanzando voces de alarma a traves de Internet sobre el hecho de que los tres presidentes estaban por fusionar sus países en una «Unión de América del Norte», y de crear una sola moneda, el «Amero».

La página de Internet de la Sociedad John Birch había afirmado que «uno de los puntos (de la ASPAN) será una América del Norte sin fronteras, lo que constituirá el fin de la independencia de nuestra nación». La página de Internet www.StopNAU.org afirma que la ASPAN busca crear una «supernación» regional.

«Esto es, digan lo que digan, un desafío muy serio y sin precedentes a la soberanía de esta nación», dijo el conductor de CNN Lou Dobbs, el periodista favorito de los grupos antihispanos, en su programa del pasado 4 de abril.

Cuando le pregunté sobre esta histeria colectiva, el director del Centro para Estudios de América del Norte de la American University, Robert Pastor, me dijo: «Con su silencio y posturas defensivas, los tres presidentes han permitido que las relaciones entre sus países sean definidas por los grupos extremistas, que temen que cualquier iniciativa de cooperación lleve a una disolución de la soberanía. Los presidentes fueron demasiado tímidos».

MI OPINIÓN: Estoy de acuerdo. En lugar de defenderse de extremistas aislacionistas, Bush, Harper y Calderón deberían haber aprovechado la atención pública para enfatizar ante el pueblo de Estados Unidos las ventajas de una mayor integración.

Una marea en alza levanta todas las naves: cuanto más cooperación en seguridad entre los tres países, más seguros estarían contra las amenazas terroristas. Y reduciendo las barreras comerciales que quedan, no solo se permitiría aumentar los mercados de cada nación, sino que las compañías norteamericanas pudieran acceder a redes de abastecimiento más eficientes y cercanas, lo que las haría más competitivas en la economía global.

A menos que hagan eso, las compañías de los tres países encontrarán cada vez más difícil competir con la Unión Europea y con el bloque comercial del China y el Sureste Asiático.

Por el contrario, una marea en baja puede dejar a las naves varadas: si la economía de México se cae por el proteccionismo de Estados Unidos, el flujo de inmigrantes indocumentados aumentará (no importa cuántos muros se construyan en la frontera, pasarán por arriba, o por abajo), las exportaciones de los Estados Unidos a México se derrumbarán y habrá un aumento en el crimen y los problemas ambientales a lo largo de la frontera.

No creo que una «Unión de Norteamérica» sea plausible ahora, porque la brecha del ingreso per cápita entre Estados Unidos y México es demasiado grande. Pero para aumentar la seguridad y la competitividad, habría que hacer todo lo posible por reducir la brecha de ingresos. Y eso, como los tres presidentes deberían haber enfatizado la semana pasada, solo se logra con más cooperación y más integración económica.*

* Redactado en Miami: 27-8-07.

7.- Estados Unidos, inmigración y pobreza

S I LES ASOMBRÓ LA NUEVA REVELACIÓN del gobierno estadounidense de que hay 36,5 millones de personas viviendo en la pobreza en Estados Unidos, prepárense para más malas noticias: creo que la cifra aumentará en los próximos años.

Antes de que les diga por qué temo que la brecha entre ricos y pobres se incremente —gracias a una mayoría de republicanos y algunos demócratas en el Senado que recientemente votaron en contra de un proyecto de reforma migratoria que hubiese permitido la legalización de muchos de los doce millones de indocumentados—, veamos rápidamente los datos dados a conocer esta semana por la oficina del Censo de Estados Unidos:

—El porcentaje de personas que viven bajo el umbral de pobreza en Estados Unidos bajó ligeramente el último año. Sin embargo, el Centro para el Progreso Americano, un grupo que se autodefine como "progresista", señala que en números absolutos los 36,5 millones de pobres son casi cinco millones más que lo que había hace cinco años.

—La tasa de pobreza de Estados Unidos está en un 12,3% de la población, ligeramente menor a la del año pasado, pero más alta que hace cinco años, cuando estaba en un 11,3%.

—El número de estadounidenses sin cobertura médica ha alcanzado los 47 millones, un incremento de 8,5 millones en los últimos cinco años.

Una buena parte de la población que vive en la pobreza, o no tiene cobertura médica, son hispanos. Aunque la pobreza entre los hispanos bajó ligeramente el año pasado, un 21% de los hispanos continúan bajo la línea de pobreza. Comparativamente, solo el 8% de los blancos no hispanos y el 10% de los asiáticos viven en la pobreza. Los únicos que superan a los hispanos son los afroamericanos, con una tasa de pobreza del 24%.

Y los hispanos son la población con mayores porcentajes de personas sin seguro médico: un 34,1% de los hispanos de Estados Unidos carecen de cobertura médica, comparado con el 20,5% de negros y 14,9% de blancos no hispanos.

¿Por qué temo que la pobreza y la inequidad no se reducirán en el futuro próximo?

En primer lugar, la economía de los Estados Unidos se está estancando. Algunas proyecciones económicas —como la realizada por Merrill Lynch la semana pasada— ya están pronosticando un crecimiento de apenas un 1,5% para 2008. Eso significará menos consumo, menos inversión, y menos empleo.

En segundo lugar, la reciente derrota en el Senado de un proyecto de ley que hubiera permitido un camino hacia la residencia legal o ciudadanía a millones de indocumentados que aprendieran inglés y pagaran multas ha desatado una persecución contra los trabajadores sin documentos que seguramente resultará en un submundo de gente cada vez más marginada, y cada vez más pobre.

«Ahora, esas personas no solo seguirán viviendo escondidas, sino que además será menos probable que aprendan inglés», me dijo Michael Fix, del Instituto de Política Migratoria, un grupo no partidista. «Los indocumentados permanecerán en la pobreza por un mayor periodo de tiempo».

En tercer lugar, el gobierno del presidente Bush, que se ha rendido ante grupos extremistas antiinmigrantes, recientemente anunció que enviará cartas a los empleadores cuyos trabajadores tengan números de seguridad social que no concuerden con los registros del gobierno.

Bajo las nuevas reglas, los empleadores tendrán que despedir a los trabajadores indocumentados. Y los trabajadores despedidos no se van a regresar a sus países, ni van a dejar de tener hijos.

«La gente va estar moviéndose de una planta procesadora de pollo a otra, sus ingresos podrían reducirse, y quizá se queden algunos periodos sin ingresos», dice Cecilia Muñoz del Consejo Nacional de La Raza, un grupo de defensa de los derechos de los hispanos. «Todo esto hará menos probable que baje el nivel de pobreza».

Asimismo, algunos candidatos presidenciales, como el republicano Mitt Romney, están en una cruzada contra la «inmigración ilegal», contribuyendo —voluntariamente o no— a un clima de hostilidad que hace que cada vez más ciudades del país aprueben ordenanzas pera no permitir el acceso de los indocumentados a servicios básicos.

Mi opinión: La última vez que el gobierno de Estados Unidos aprobó leyes para legalizar a millones de inmigrantes, en 1986, los estudios posteriores mostraron que los nuevos ciudadanos legalizados pronto consiguieron mejores trabajos y mejor remuneración.

Esta vez, gracias a los republicanos en el Senado y a los demócratas que los siguieron, el fracaso del Congreso de los Estados Unidos en aprobar un camino a la legalización de los indocumentados tendrá el efecto opuesto: hará que millones de hispanos sean obligados a vivir aún más escondidos, incrementando la pobreza y la inequidad en los Estados Unidos.*

* Redactado en Miami: 30-8-07.

8.- ¿El despertar de los hispanos?

NO IMPORTA LO QUE PIENSE SOBRE EL DEBATE PRESIDENCIAL en español de la cadena Univisión —y hay cosas del mismo que me parecieron lamentables— se trató de la muestra más clara de la creciente influencia política hispana que está revolucionando la política de Estados Unidos.

No estoy exagerando: el debate entre los aspirantes presidenciales demócratas organizado por Univisión y la Universidad de Miami tuvo una audiencia promedio 2,2 millones de espectadores, una cifra extraordinaria para un debate dirigido a un grupo étnico que representa el 13 por ciento de la población. Comparativamente, el debate demócrata de CNN-Utube en inglés tuvo una audiencia promedio de 2,6 millones de espectadores.

Lo que es más, mientras el promedio de edad de los espectadores del debate de Univisión fue de 36 años, el promedio de edad de los espectadores de los debates en inglés en las cadenas ABC, CNN, Fox News y MSNBC fue de 61 años.

«Fue un punto de inflexión en la cultura política americana», me dijo Simon Rosenberg, presidente de la Red Nuevo Demócrata, un centro de estudios progresista que asesora a los candidatos demócratas. «Este debate sobrepasó las expectativas más optimistas de Univisión.»

Es cierto que la traducción simultánea fue tan desastrosa que la mayor parte de lo que dijeron los candidatos fue inentendible para quienes estábamos viendo el debate en nuestros hogares. Además de no entender lo que estaban diciendo, varios de los traductores tenían voces —como la del hombre que dobló al senador Christopher Dodd— que parecían sacadas del programa de dibujos animados Plaza Sésamo [Barrio Sésamo, en otras latitudes].

Las preguntas de los anfitriones de Univisión, Jorge Ramos y María Elena Salinas, fueron muy buenas. Pero la falta de repreguntas e intercambios verbales entre los candidatos acabó en una seguidilla de monólogos previsibles, que no produjo titulares.

(Personas que participaron en las negociaciones previas al debate me dicen que la senadora Hillary Clinton, que está arriba en las encuestas, había exigido que ningún candidato hablara en español, y que ninguno pudiera hablar directamente con otro. Una vocera de la campaña Clinton me señaló que la exigencia del inglés fue puesta por Univisión, y que Clinton solo solicitó un formato de «foro» que le permitiera a los candidatos exponer sus puntos de vista.)

Los candidatos republicanos, excepto el senador John McCain, han declinado hasta el momento la invitación de Univisión de realizar un debate similar. Aunque los principales candidatos republicanos lo niegan, es difícil no pensar que temen enfrentarse con una audiencia hóstil, debido a su línea dura contra los inmigrantes indocumentados.

Pero el hecho es que este primer debate en español sienta un precedente que va a ser difícil de ignorar por los republicanos, y para ambos partidos en futuras campañas presidenciales. Y se produce después de varios hechos que auguran una creciente influencia política hispana:

— El porcentaje de votantes hispanos subió del 6% de los votantes en Estados Unidos en 2002 a un 8% en 2006, y probablemente crecerá a un 10% en 2008, según Sergio Bendixen, un encuestador del Partido Demócrata.

— Las solicitudes de ciudadanía en Estados Unidos aumentaron en un 61% a nivel nacional durante los primeros cuatro meses del año, respecto del mismo período de 2006, y la mayoría de nuevos solicitantes es hispana, según el Servicio de Ciudadanía e Inmigración.

— Por primera vez, la campaña presidencial de 2008 va a incluir una elección preprimaria en Nevada el 19 de enero, un estado con un 13% de votantes hispanos. Será la segunda votación del proceso electoral, después de la asamblea en Iowa, y permitirá a los hispanos influir en la campaña nacional desde su inicio.

Y en cuanto a la cultura nacional, la creciente influencia de los hispanos se nota por todas partes. Univisión ya es la cadena de noticias número uno en Los Ángeles, Miami, Houston y San Francisco.

Lo que es aun más interesante, la cadena de televisión dirigida a los inmigrantes latinos fue vendida este año por 12 300 millones de dólares, más del doble de los 5 000 millones que se pagaron por la compra del *Wall Street Journal*, probablemente el periódico más influyente del mundo, leído por quienes manejan la economía global.

Mi OPINIÓN: Los principales candidatos republicanos están cometiendo un suicidio político al adoptar las posturas del ala más xenófoba de su partido. No veo cómo podrán ganar la elección del 2008 si le siguen dando la espalda al 40% del voto hispano con que ganaron en 2004.

El reciente debate de inmigración —y el clima antiinmigrante que trajo consigo— ha movilizado como nunca antes a los hispanos. La tendencia ya era evidente, y la audiencia del debate de Univisión no hizo más que confirmarla de una manera asombrosa.*

* Redactado en Miami: 13-9-07.

9.- Los ricos de América Latina deberían ser más generosos

E L MAGNATE MEXICANO CARLOS SLIM, que según algunos estimados es el hombre más rico del mundo, hizo titulares esta semana al donar 500 millones de dólares a un fondo de ayuda sanitaria para América Latina. Sin embargo, un nuevo estudio me hace dudar de que los magnates latinoamericanos sean todo lo generosos que debieran ser.

Según el *Reporte de Riqueza Mundial 2007*, un estudio sobre los inversionistas más ricos del mundo realizado por Capgemini y Merrill Lynch, los individuos más ricos de América Latina solo destinan el 3% de sus activos financieros a donaciones caritativas.

Comparativamente, los magnates asiáticos donan el 12% de su dinero, los de Oriente Medio el 8%, los estadounidenses el 8%, y los europeos el 5%.

La filantropía y la responsabilidad social corporativa en América Latina —o la falta de ellas— serán algunos de los temas clave que que se tratarán en la Conferencia de las Américas del *Miami Herald* que se realizará a partir de hoy en El Hotel Biltmore de Coral Gables, con la presencia de líderes políticos y empresariales de la región.

Recientes artículos según los cuales Slim se ha convertido en el hombre más rico del mundo —tendría más de 60 000 millones de dólares— han despertado inquietudes sobre la responsabilidad social de la élite empresarial latinoamericana. El magnate de las telecomunicaciones mexicano ha sido blanco de algunas criticas por presuntamente donar menos que Bill Gates.

Según el *Reporte de Riqueza Mundial 2007*, que no cita a ningun magnate por su nombre, el bajo nivel de las donaciones de los ricos latinoamericanos no se debe a que les está yendo mal.

«Los ricos latinoamericanos —definidos como la gente con más de un millón de dólares en activos financieros— vieron crecer su patrimonio en un 23,2% el año pasado, gracias a los precios récord del petróleo y otras materias primas de la región», dice el estudio. Comparativamente, los ricos de África vieron crecer su patrimonio en un 14%, en Asia un 10,5%, en el Medio Oriente un 11,7% y, a nivel mundial, en un promedio del 11,4%.

«Mientras la población mundial de gente rica creció en un 8,3% el año pasado, en América Latina creció en un 10,2%», añade.

«Solo el 3% de los ricos de América Latina solicitaron a sus bancos hacer inversiones socialmente responsables el año pasado. En Europa el porcentaje fue el 6%, en Estados Unidos el 8%, en Oriente Medio un 8%, y en Asia un 14%.»

En una entrevista telefónica, Ileana Van der Linde, una ejecutiva de Capgemini y coautora del informe, me dijo que el estudio fue hecho entre asesores financieros de más de una docena de instituciones financieras multinacionales, incluyendo Merrill Lynch.

Preguntada sobre el bajo nivel de filantropía en América Latina, señaló que «No creo que los clientes de América Latina sean menos generosos que otros». Según Van der Linde, los ricos en América Latina prefieren donar anónimamente, por miedo a ser blanco de secuestros o extorsiones.

Wojtek Sokolowski, un investigador del Centro de Estudios de la Sociedad Civil de la universidad Johns Hopkins, que compila una lista comparativa de donaciones en 36 países del mundo, señala que probablemente América Latina carezca de una cultura de la caridad.

«En los Estados Unidos, cuanto más donan los ricos, más estatus social tienen», me dijo Sokolowski. «En muchos países de América Latina, las donaciones no constituyen un símbolo de estatus social».

Otros expertos dicen que las leyes fiscales y de herencia de los Estados Unidos ofrecen más incentivos a la caridad. Asimismo, dicen que las familias de los ricos latinoamericanos tienden a ser más numerosas que en Estados Unidos, y eso lleva a mucha gente a dejar más dinero a sus hijos y menos a la caridad.

MI OPINIÓN: No hay duda de que los magnates latinoamericanos tienen buenas razones para no llamar la atención sobre su dinero cuando viven en la región del mundo con las mayores tasas de secuestros.   Y tampoco se los puede culpar de tratar de pasar desapercibidos en algunos países en que líderes megalómanos quieren confiscar sus empresas para financiar sus sueños totalitarios.

Sin embargo, el *Reporte de Riqueza Mundial 2007* plantea serios interrogantes sobre si las élites empresariales latinoamericanas están siendo socialmente responsables.

La solución no es castigar a los ricos —lo que solo haría que envíen una mayor parte de su dinero al exterior, y sus países se vuelvan cada vez más pobres—, sino crear una cultura de la caridad que aclame como héroes a los empresarios más generosos. Eso ayudaría a todos, incluyendo a los ricos.*

* Redactado en Miami: 20-9-07.

10.-¿Campeones de la «tramitología»?

¡QUÉ IRONÍA! CHINA Y VIETNAM, gobernadas por partidos comunistas, y los países del ex bloque soviético están avanzando mucho más rápido que América Latina en reducir la «tramitología» y desmantelar las regulaciones que desalientan las inversiones.

Según el nuevo informe del Banco Mundial *Haciendo negocios en el 2008*, que compara la facilidad de hacer negocios en 178 países del mundo, los países de Europa del Este, junto con China, la India y Egipto, son los que han realizado más reformas en el último año para facilitar la apertura de nuevas empresa y permitir el despido de trabajadores ineficientes.

Comparativamente, los países de América Latina y el Caribe estuvieron «en el fondo de la lista» de quienes más hicieron por facilitar los negocios, dice el informe. Con la excepción de Colombia, que realizó importantes reformas el año pasado, América Latina «está quedándose cada vez más atrás de otras regiones» en la creación de un buen clima para los negocios, señala.

Antes de analizar si esta evaluación es justa, o importante, veamos algunos de los datos del informe:

— Es mucho más fácil abrir una empresa —ya sea un pequeño taller o una fábrica— en países del ex bloque soviético que en la mayoría de los países latinoamericanos. Mientras que se necesita un solo trámite legal para registrar una empresa en Australia, cuatro trámites en Estados Unidos, y cinco en Estonia, Georgia o Letonia, se requieren ocho trámites burocráticos en México, nueve en Chile, diez en Perú, once en Colombia, catorce en Argentina, dieciséis en Venezuela y dieciocho en Brasil.

Si se calcula la cantidad de días que requieren estos trámites, hacen falta dos días para abrir una empresa en Australia, seis en Estados Unidos, alrededor de diez en la mayoría de los países de Europa del Este, y un promedio de 75 días en los países latinoamericanos y caribeños (27 días en México y Chile, 31 en Argentina, 42 en Colombia, 65 en Ecuador, 72 en Perú, 141 en Venezuela y 202 en Haití).

Registrar una empresa es tal pesadilla burocrática en América Latina que una gran parte de los pobres en la región operan en la economía informal, como vendedores callejeros o pequeños empresarios no registrados. Eso hace que los países no pue dan cobrar impuestos a gran parte de su población.

— Es más fácil para una empresa despedir a un trabajador ineficiente en China, Vietnam o India que en Argentina, Bolivia o Venezuela.

Mientras que un empleador puede despedir a un mal trabajador sin pagar un peso en Estados Unidos, Dinamarca o Nueva Zelanda, los empleadores deben pagar a un trabajador despedido unas 36 semanas de sueldo en Estonia, 52 semanas de sueldo en Chile, Perú y México, 56 semanas en India, 87 semanas en Vietnam, 91 semanas en China, y 139 semanas en Argentina. En Bolivia y Venezuela no se puede, por ley, despedir a un trabajador.

Por lo tanto, las empresas en la región son reacias a tomar nuevos empleados, dice el reporte.

Los autores del informe admiten que la falta de reformas para agilizar los negocios en Latinoamérica durante el año pasado probablemente se debió a que la región tuvo más de una docena de elecciones, y los gobiernos no realizan reformas proempresariales en tiempos electorales.

Sin embargo, si uno mira el ranking general de la facilidad de hacer negocios en todo el mundo —que mide la facilidad de hacer negocios en cada país, y no solo las reformas emprendidas el año pasado— el informe pone a los países del ex bloque soviético por encima de todos los países latinoamericanos.

Chile es el país latinoamericano con mejor clima de negocios, en el puesto 33 a nivel mundial, seguido por México, Perú, Panamá, Colombia y El Salvador. Por otro lado, China, Vietnam y Botswana le ponen menos obstáculos a los empresarios que Argentina, Brasil, Ecuador, Bolivia y Venezuela, según el informe.

Mi OPINIÓN: Es irónico que mientras los líderes latinoamericanos supuestamente amigos de los pobres, como el presidente narcisista- leninista venezolano Hugo Chávez, arremeten a diario contra el capitalismo y el libre mercado, los países del mundo que más están reduciendo la pobreza son los que más están cortejando las inversiones de los capitalistas.

Fíjense: Asia ha reducido la pobreza del 51% de su población en 1970 al 19% de su población hoy en día. Comparativamente, América Latina solo ha reducido la pobreza del 43% al 39% durante el mismo período, según cifras de Naciones Unidas.

Si reducir la «tramitología» y eliminar los obstáculos a las inversiones ha permitido reducir la pobreza en todo el resto del mundo, como así tambien en Chile, es hora de terminar con la demagogia y los disparates ideológicos y hacer lo mismo en América Latina.*

* Redactado en Miami: 27-9-07.

11.- ¿Qué busca Irán en América Latina?

AL PRESIDENTE IRANÍ MAHMOUD AHMADINEJAD le debe encantar el clima tropical: en los últimos doce meses se ha pasado más tiempo en América Latina que el presidente estadounidense George W. Bush. La visita de Ahmadinejad a Venezuela y Bolivia la semana pasada fue su tercer viaje a la región desde septiembre de 2006. Comparativamente, Bush solo ha hecho una visita a la región en el mismo periodo.

Lo que es más, Ahmadinejad —cuyo apoyo a grupos terroristas y promesas de «aniquilar» al estado de Israel han generado alarma en Estados Unidos y Europa en torno al programa nuclear de Irán— difícilmente podría estar firmando más acuerdos de cooperación con Venezuela, Bolivia, Ecuador y Nicaragua.

La semana pasada, horas después de que la presidenta de Alemania, Angela Merkel, comparara en las Naciones Unidas a Ahmadinejad con Adolfo Hitler, el presidente iraní recibió una bienvenida de héroe del presidente de Bolivia, Evo Morales, en La Paz, y prometió 1 100 millones de dólares en ayuda a Bolivia en los próximos cinco años. Poco después, en Venezuela, Ahmadinajed confirmó un reciente compromiso para crear un fondo de inversión conjunto de 2 000 millones de dólares.

Irán ya se ha convertido en el segundo mayor inversionista en Venezuela, después de Estados Unidos, y recientemente inauguró un vuelo comercial semanal de Iran Air entre Teherán y Caracas. Los vuelos están repletos de funcionarios gubernamentales y empresarios cercanos a ambos gobiernos, según reportes de prensa.

Además de abrir una embajada en Bolivia, Irán esta aumentando su personal diplomático en toda la región. Tras asistir a la toma de posesión del presidente nicaragüense Daniel Ortega y recibir dos medallas del nuevo mandatario en enero, Ahmadinejad destinó unos veinte funcionarios a su embajada en Nicaragua, que actualmente es una de las más grandes en ese país, según fuentes diplomáticas.

A principios de este año, asimismo, la Cancillería iraní organizó su «Primer Seminario Internacional sobre América Latina» en Teherán.

¿Qué está buscando Ahmadinejad en América Latina?

En primer lugar, está buscando apoyo para defenderse de las demandas de Estados Unidos y Europa de que Irán detenga su programa nuclear, o lo someta a observadores internacionales. Venezuela y Cuba fueron, junto con Siria, los únicos tres países que apoyaron el programa nuclear de Irán en un voto en el Organismo Internacional de Energía Atómica de las Naciones Unidas en febrero de 2006.

En segundo lugar, Ahmadinejad quiere contraatacar a Estados Unidos en su propio continente, financiando a grupos antiestadounidenses y amenazando con desestabilizar a gobiernos afines a Washington, para poder negociar con al Casa Blanca desde una posición de mayor fuerza. Tras la invasión de Estados Unidos a Iraq, el gobierno de Irán parece estar diciéndole a Washington: «Tú te metiste en mi vecindario, ahora yo me meto en el tuyo».

En tercer lugar, la popularidad de Ahmadinejad está cayendo en Irán, y probablemente necesite que la televisión de su país lo muestre siendo recibido como un héroe en otros países.

Thomas Shannon, el encargado de Relaciones con Latinoamérica del Departamento de Estado, me dijo en una reciente entrevista que Irán «quiere mostrar a sus propios ciudadanos que no es un país diplomáticamente aislado».

¿Hay preocupación en Washington por las visitas de Ahmadinejad a América Latina?, le pregunté. Shannon respondió que Estados Unidos está preocupado por los nexos de Irán con los terroristas de Hezbolá, que entre otras cosas fueron responsables del ataque a la mutual de la comunidad judía en Buenos Aires en 1994, que dejó 85 muertos y 300 heridos.

«Lo que nos preocupa es el historial de actividades de Irán en la región, y especialmente su lazos con el Hezbolá, y los ataques terroristas que se llevaron a cabo en Buenos Aires», dijo Shannon. «El pasado es prólogo.»

MI OPINIÓN: Si Ahmadinejad estuviera cooperando con Argentina en la investigación del ataque terrorista de 1994 en Buenos Aires, o no estuviera pidiendo la «aniquilación» de otros países, no habría nada de malo que países latinoamericanos acepten la ayuda económica de una petrodictadura teocrática, a pesar de su ideología fascista.

Pero la creciente presencia de presuntos diplomáticos y empresarios iraníes en Venezuela, Nicaragua y otros países de la región trae aparejado el peligro de que agentes iraníes respaldados por su gobierno empiecen a infiltrar otros países de la región para apoyar a grupos terroristas o totalitarios, como probablemente pasó en Argentina en 1994. La importación del conflicto de Oriente Medio o de la disputa iraní-estadounidense a territorio latinoamericano claramente beneficia a Irán, pero es un juego peligroso para los países latinoamericanos.

A menos que Irán pruebe que no estaba involucrado en el ataque terrorista de 1994 en Buenos Aires, como lo está pidiendo el gobierno argentino, los países de la región deberían mantener al régimen fascista iraní a una prudente distancia, antes de que sea demasiado tarde.*

* Redactado en Miami: 2-10-07.

12.- La histeria antiinmigrante

LA GENTE EN ESTA CIUDAD DEL NORTE DE MÉXICO todavía no sale de su asombro ante las declaraciones del secretario de Seguridad Nacional de Estados Unidos, Michael Chertoff, en el sentido de que los inmigrantes indocumentados están «degradando» el medioambiente en la frontera estadounidense. «¡Qué descaro!», afirman.

En una entrevista con The Associated Press la semana pasada, en la que defendió la construcción de un muro fronterizo de 670 millas a lo largo de la frontera de casi 2 000 millas, Chertoff aseveró que la barda fronteriza ayudará a preservar el medioambiente.

«Los inmigrantes ilegales realmente degradan el medioambiente. Yo he visto fotografías de deshechos humanos, basura, botellas tiradas y otros artefactos en áreas prístinas», dijo Chertoff. «Y, créanme, eso es lo peor que uno puede hacer al medioambiente».

¿En serio?, me pregunté cuando leí sus declaraciones, en momentos en que me preparaba para un viaje a México. ¿Realmente cree el secretario de Seguridad Nacional que los deshechos humanos y las botellas tiradas por los inmigrantes indocumentados en el desierto son una amenaza ecológica de tanta importancia?

¿Y qué hay de las decenas de millones de botellas, latas, baterías, llantas y artículos electrónicos que los residentes legales y ciudadanos de Estados Unidos tiran todos los años sin que sean reciclados? ¿Y qué hay de los gases tóxicos que enviamos a la atmósfera con nuestros carros sobredimensionados?

Según la Agencia de Protección del Medio Ambiente de Estados Unidos, los estadounidenses tiran a la basura aproximadamente cinco millones de toneladas de botellas de cerveza y gaseosas al año, y unas 800 000 toneladas de latas de las mismas bebidas, y 127 millones de toneladas de bolsas plásticas, sin contar con las que se reciclan.

Así y todo, vistas desde México, las afirmaciones de Chertoff suenan aún más rídiculas.

Los estados fronterizos del norte de México se vienen quejando desde hace mucho tiempo de la avalancha de llantas contrabandeadas desde Estados Unidos, que se están apilando en basurales del lado mexicano de la frontera.

Los estados fronterizos mexicanos también temen que el muro fronterizo dañará seriamente el ecosistema, amenazando especies como el berrendo (una especie de antílope), el oso negro y varios tipos de gatos salvajes.

El director de la Comisión de Medio Ambiente del estado de Sonora, César Salazar Platt, me dijo que apenas quedan unos quinientos berrendos en el mundo, y que casi todos están en la frontera entre Sonora y Arizona.

Según me dijo, el muro fronterizo obstruirá la capacidad de estos animales de buscar su alimento allí donde llueva, y su capacidad de aparearse y reproducirse en su hábitat natural.

«Si tú truncas la migración natural de estos animales, afectas su evolución, porque se empiezan a reproducir entre ellos», señaló. «Entonces se degenera la especie, se deja de tener esa fertilidad, se deja de reproducir.»

Mi opinión: Las declaraciones de Chertoff son apenas la más reciente capitulación del gobierno del presidente Bush a la histeria antiinmigrante que se está expandiendo en las cadenas de televisión por cable y los programas políticos radiales en Estados Unidos. El nivel de disparates que se están diciendo en el aire —y su aceptación cada vez mayor por parte de funcionarios del gobierno, y de la mayoría de los candidatos presidenciales republicanos— es alarmante.

Para que quede claro, no estoy en contra de los controles migratorios, ni aplaudo que los migrantes tiren basura en la frontera.

Sin embargo, hay que poner las cosas en su justa dimensión. La creciente propensión de la televisión por cable y las radios a culpar a los indocumentados de ser amenazas a la seguridad nacional (a pesar de que ninguno de los terroristas de 2001 entraron al país por la frontera de México), o amenazas al medioambiente (a pesar de que quienes vivimos legalmente en Estados Unidos somos los mayores contaminantes de la atmósfera) es rídicula.

El gobierno de Bush debería avergonzarse de sumarse a este coro de mercaderes del odio. Y debería saber que los miles de millones de dólares que se gastarán en el muro fronterizo serán una monumental pérdida de dinero, porque mientras la brecha de ingresos entre los estadounidenses y los latinoamericanos siga siendo tan amplia como ahora, los indocumentados seguirán encontrando la forma de cruzar la frontera.

La solución, por supuesto, está en una mayor integración económica con México y el resto de América Latina. Eso ayudará a que las economías latinoamericanas crezcan más, reduzcan la pobreza, aumenten sus clases medias, haya menos presión para emigrar y Estados Unidos se beneficie de mercados más grandes para sus exportaciones.

Chertoff la embarró. Y la gente del norte de México tiene razón en reaccionar ante sus declaraciones con una mezcla de incredulidad y enojo.*

* Redactado en Hermosillo (México): 8-10-07.

13.- El proyecto continental de Chávez

N O HAY NINGÚN MISTERIO SOBRE LAS ESPECULACIONES de que el presidente venezolano Hugo Chávez quiere desestabilizar los países latinoamericanos que tienen buenas relaciones con Washington: Chávez lo dice abiertamente en el sitio de Internet de su Ministerio de Comunicaciones.

Al principio, cuando un analista político venezolano me mostró, hace cosa de un mes atrás, un documento del Ministerio de Planificación venezolano que decía que Venezuela se propone apoyar a «movimientos alternativos» en América Latina, pensé que se trataba de uno de los tantos documentos internos del gobierno, cuya autenticidad y seriedad serían muy difíciles de probar. Por lo tanto, no publiqué una línea sobre el documento.

Sin embargo, mientras leía esta semana la página de Internet oficial del Ministerio de Comunicación del gobierno venezolano (www.minci.-gov.ve), me encontré con el mismo documento, llamado «Líneas generales del plan de desarrollo económico y social de la nación 2007-2013».

El documento incluye exactamente las mismas frases proponiendo el apoyo venezolano a grupos de oposición en países amigos de Washington.

El documento, de cincuenta y una páginas, y fechado en septiembre de 2007, contiene un subtítulo llamado «Áreas de Interés Geoestratégicas», que enumera los «objetivos» de Venezuela en América Latina, el Caribe y Estados Unidos en los próximos seis años. Entre ellos:

—«Fortalecer los movimientos alternativos en Centroamérica y México en la búsqueda del desprendimiento del dominio imperial».

—«Neutralizar la acción del imperio fortaleciendo la solidaridad y la opinión pública de los movimientos sociales organizados.»

—«Consolidación del eje de liderazgo Cuba-Venezuela-Bolivia para impulsar el ALBA (Alternativa Bolivariana de los Pueblos) como alternativa del ALCA (Acuerdo de Libre Comercio de las Américas) y los tratados de libre comercio».

—«Crear un nuevo orden comunicacional internacional» y «fomentar la red de cadenas informativas alternativas».

—«Incentivar la organización de grupos de solidaridad con la revolución bolivariana» en Estados Unidos.

Según líderes de oposición venezolanos, no hay nada nuevo en todo esto: se trata de las mismas cosas que Chávez viene diciendo en sus discursos de cinco horas de duración, solo que ahora están sistematizadas como un plan sexenal de gobierno.

Según Julio Borges, el presidente del partido opositor venezolano Primero Justicia, la publicación del documento en las páginas de Internet oficiales del gobierno no se debe a ningún descuido.

Por el contrario, se trata de un intento de anestesiar a la opinión pública venezolana, que no ve con buenos ojos el uso del dinero público para causas políticas fuera del país. Se trata de uno de los temas para los cuales Chávez tiene menos apoyo interno, y el gobierno está buscando institucionalizarlo como una política de Estado, y un hecho inamovible, señaló Borges.

«Ya Chávez ha dejado de ser el presidente de Venezuela, y cada día más es el presidente de la revolución continental», me dijo Borges en una entrevista telefónica desde Caracas. «El problema es que está utilizando el dinero venezolano para hacer cumplir su sueño personal.»

Según un estudio de Primero Justicia, Chávez ya ha gastado 37 000 millones de dólares en «regalos» a cuarenta países, la mayor parte en América Latina.

Y eso sin contar con la ayuda subterránea a políticos y grupos prochavistas en la región, como los 800 000 dólares recientemente confiscados en el aeropuerto de Buenos Aires a un empresario venezolano que viajaba en un avión privado con una delegación del monopolio estatal venezolano PDVSA.

«Lo que están haciendo es oficializar dentro del país que ya Venezuela no es el país de los venezolanos, sino que es el epicentro de un movimiento continental, y que aquellos de nostros que no estamos de acuerdo tenemos que irnos, o resignarnos», me dijo Borges.

Mi OPINIÓN: Chávez está siguiendo el libreto de Fidel Castro: crear conflictos artificiales con «enemigos» internos y construir una causa planetaria para arroparse en ella como excusa para afianzarse en el poder para siempre. La única diferencia es que, con los precios del petróleo a un récord de 87 dólares el barril, Chávez tiene toneladas de dinero.

Lo que más me molesta no es el proyecto narcisista-leninista de Chávez —siempre han existido los militares megalómanos y siempre los habrá—, sino el hecho de que Estados Unidos lo esté financiando.

Sí, leyeron bien: Estados Unidos —con su absurdo apego a carros gigantescos que consumen una cantidad de gasolina totalmente innecesaria— le está pagando a Chávez 34 000 millones de dólares anuales en compras de petróleo venezolano.

Mientras Estados Unidos siga pagándole esa fortuna a Venezuela, Chávez seguirá teniendo todo el dinero del mundo para financiar a los «movimientos alternativos» en países de la región que tengan buenas relaciones con Estados Unidos, tal como él mismo lo acaba de anunciar con bombos y platillos en la propia página de Internet de su gobierno.*

* Redactado en Miami: 18-10-07.

14.- Y ahora, ¿el modelo peruano?

CUANDO LE PREGUNTÉ A MARCELO M. GIUGALE, un importante economista del Banco Mundial, qué países serán las estrellas económicas de América Latina dentro de veinte años, me quedé sorprendido por su respuesta: el primer país que mencionó fue Perú.

¿Perú?, le pregunté algo incrédulo. Generalmente, cuando los economistas hablan de los países más exitosos de América Latina, el primer país que citan es Chile, que ha estado creciendo sostenidamente y ha reducido la pobreza de un 40% de su población hace dos décadas a un 15% actualmente, más que ningún otro país en la región.

Si uno pide otros ejemplos de países de la región que probablemente se destacarán en el futuro, generalmente citan a Brasil. Se trata de un gigante que se mueve hacia la modernidad a paso de caracol, pero —con más del 50% del producto bruto de Sudamérica— despierta grandes expectativas por el tamaño de su mercado, y su estabilidad económica.

Pero Perú, hasta ahora, había sido mencionado pocas veces como uno de los países del futuro. Más bien, ha sido asociado con escándalos políticos, desastres naturales e incertidumbre política.

Las elecciones del año pasado tuvieron como contendientes al ex presidente Alan García, cuyo irresponsable populismo arruinó al país durante su primer mandato, de 1985 a 1990, y Ollanta Humana, un ex oficial militar izquierdista que recibió el apoyo público del presidente narcisista-leninista de Venezuela, Hugo Chávez.

Cuando García ganó por un pequeño margen, la comunidad empresarial de Perú celebró su victoria como el menor de los males, pero sin gran entusiasmo.

«Es un poco arriesgado mirar hacia veinte años, pero yo pondría mis ojos en países como Perú», me dijo Giugale en una entrevista que saldrá proximamente en *Oppenheimer presenta*.

«Los países que van a tener éxito son los que van a lograr un balance entre eficiencia económica y solidaridad social», dijo Giugale. «Porque los que vayan por ese camino intermedio son los que van a poder tener más factibilidad política.»

Giugale, que citó a Colombia como otro de los países que quizás sorprendan para bien en el futuro, especialmente si logra que el Congreso de los Estados Unidos apruebe el acuerdo de libre comercio con ese país, agregó que Perú ya está mostrando cifras económicas muy saludables. En efecto, la macroeconomía peruana luce bien:

— Perú ha estado creciendo a un promedio del 6% anual en los últimos seis años, un periodo de crecimiento estable más largo que muchos países de la región. La Comisión Económica para América Latina de las Naciones Unidas está proyectando un crecimiento del 7,3% para 2007, y del 6% para 2008.

— La pobreza ha caído de 54% de la población en 2001 a cerca del 44% actualmente, de acuerdo a cifras oficiales.

— La inflación es de cerca del 2,8%, una de las tasas más bajas de la región.

— Las exportaciones han crecido a un tasa promedio anual del 24% desde el 2001, incluyendo un crecimiento del 18% anual en exportaciones no tradicionales, incluyendo productos agrícolas y textiles.

— La inversión directa extranjera se ha disparado de 810 millones de dólares en 2000 a 3 500 millones el año pasado.

MI OPINIÓN: Perú tiene mucho camino por andar, especialmente cuando se trata de competir en la economía global. Esta semana, sin más, el nuevo ranking del Foro Económico Mundial de las economías más competitivas del mundo coloca a Perú en el lugar 86 en una lista de 121 países, ocho puestos más abajo del lugar que ocupaba el año pasado.

Sin embargo, quienes son optimistas sobre Perú a largo plazo pueden estar en lo cierto. García ha tenido la sabiduría de continuar las políticas económicas de su antecesor, Alejandro Toledo, quien a pesar de su baja popularidad sentó las bases para un crecimiento duradero con reducción de las tasas de pobreza.

Este no es un dato menor en América Latina, que se ha caracterizado durante mucho tiempo por ciclos de auge y recesión, y en que muchos presidentes —como los actuales en Venezuela, Bolivia y Ecuador— se quieren convertir en padres de la patria y crean nuevos modelos económicos supuestamente «revolucionarios» que les ayudan a concentrar poderes absolutos, pero al costo de destruir las economía de sus países e incrementar la pobreza a largo plazo.

Chile, y más recientemente Brasil, han abierto un nuevo capítulo en la historia moderna de América Latina: son países gobernados por la izquierda que están llevando a cabo políticas económicas responsables, atrayendo inversiones, creando las bases para un crecimiento a largo plazo y reduciendo la pobreza.

Perú, con sus características propias, ya se ha sumado a ese grupo, y efectivamente no sería raro que se convierta en una estrella económica de la región en un futuro no muy lejano.*

---

* Redactado en Miami: 1-11-07.

15.- El peligro de la «intifada hispana»

L<small>A CRECIENTE HISTERIA ANTIINMIGRANTE</small> que se está dando en gran parte de Estados Unidos —impulsada por conductores de televisión irresponsables en búsqueda de mayores audiencias y por los principales aspirantes republicanos a la presidencia— es una tendencia peligrosa: podría resultar en una «intifada latina» en un futuro no muy distante.

¿Se acuerdan de la intifada palestina de principios de los noventa, cuando miles de jóvenes palestinos frustrados tomaron las calles y lanzaron piedras contra las tropas israelíes? ¿Se acuerdan de la intifada francesa del verano de 2005, en que jóvenes musulmanes marginados de la sociedad quemaron carros y tiendas en los suburbios de París?

Quizá veamos algo similar de parte de algunos de los trece millones de inmigrantes indocumentados en Estados Unidos, la mayoría de ellos hispanos, quienes se sienten cada vez más vilipendiados por los medios, cada vez más empujados hacia la economía subterránea por políticos timoratos y cada vez más denegadas oportunidades de legalizar su situación por un Congreso pusilánime, temeroso de las críticas de los sectores más xenófobos de la sociedad.

Lo que se está creando en Estados Unidos, al cerrarle las puertas de la legalización a los indocumentados, es un submundo de personas que no van a irse de este país y, en realidad, no pueden ser deportados. Ellos y sus niños están viviendo ahora sin posibilidades de ascenso social, no importa cuán duro trabajen para ello. Muchos de ellos estarán cada vez más frustrados, cada vez más enojados, y no sería extraño que algunos de ellos se vuelvan violentos.

Estaba pensando sobre todo esto al leer sobre el rechazo del Senado de los Estados Unidos del Dream Act, un proyecto de ley que ofrecería una vía hacia la legalización a los hijos menores de inmigrantes indocumentados que hayan sido traídos a Estados Unidos por sus padres a una edad muy temprana y que hayan obtenido un título universitario o hayan servido en el ejército.

El proyecto hubiera regularizado el estatus de jóvenes como Juan y Alex Gómez, los dos hermanos de Miami que nacieron en Colombia y fueron traídos al país cuando eran muy pequeños, se graduaron con las mejores calificaciones y ahora están luchando por no ser deportados a un país que ni siquiera recuerdan.

Hay unos 1,8 millones de niños en Estados Unidos que están creciendo como cualquier otro niño estadounidense, frecuentemente no hablan otro idioma que el inglés, pero no tienen documentos legales, según el Centro Hispano Pew. Estos jóvenes tarde o temprano serán lanzados a un mercado laboral donde, por ley, no podrán obtener empleos.

Más aún, el incremento de las redadas a los indocumentados en las fábricas, respaldadas por el gobierno del presidente Bush, el aumento de las ordenanzas municipales prohibiendo a la gente rentar departamentos a los inmigrantes indocumentados y la creciente xenofobia de los programas de radio y la televisión por cable dejarán su marca en estos y otros niños en comunidades inmigrantes.

Un nuevo estudio del Instituto Urbano y el Consejo Nacional de la Raza dice que hay cerca de cinco millones de niños con al menos un padre indocumentado. El estudio investigó el impacto familiar de las recientes redadas en Colorado, Nebraska y Massachusetts, donde cerca de novecientos trabajadores indocumentados fueron arrestados en sus lugares de trabajo, y sus niños —la mayoría de ellos pequeños— fueron repentinamente privados de sus padres o madres.

«La combinación del miedo, aislamiento, y necesidades económicas está produciendo problemas de salud mental tales como la depresión, la ansiedad de separación, el trastorno de estrés postraumático y pensamientos suicidas», dice el estudio.

MI OPINIÓN: Hay que detener esta histeria xenofóbica. Y por favor, estimados lectores de Estados Unidos que exigen medidas mas fuertes contra la inmigración, no me digan —como lo hacen siempre que escribo sobre este tema— que no estoy siendo sincero al no especificar que ustedes no están contra la inmigración legal, sino solo contra los «ilegales».

Vuestro razonamiento es tramposo. El incumplimiento de las reglas inmigratorias no debería demonizar a estos inmigrantes con la etiqueta de «ilegales».

Uno puede violar una norma legal, pero eso no lo convierte en una persona ilegal. Uno puede recibir una multa por exceso de velocidad, pero eso no lo hace un ser humano «ilegal», por más que el daño potencial de manejar imprudentemente podría ser mucho mayor al que pueden hacer la mayoría de los inmigrantes indocumentados que trabajan con abnegación en este país.

Las políticas inmigratorias limitadas a represión, el etiquetamiento de seres humanos como «ilegales» y la privación de cualquier esperanza de legalización y acsenso social a millones de personas —en lugar de procurar una mayor integración económica con América Latina para reducir las presiones migratorias— no solo son políticas equivocadas, sino peligrosas. Los millones de indocumentados en este país no se irán. Solo se pondrán cada vez más enojados.*

* Redactado en Miami: 5-11-07.

16.- La escalada represiva en Venezuela

L os críticos del presidente narcisista-leninista venezolano Hugo Chávez suelen bromear que en Venezuela hay libertad de expresión, pero no hay libertad después de la expresión. Los acontecimientos de los últimos días parecen darles la razón.

Doce estudiantes fueron heridos en la Universidad Central de Venezuela en momentos en que regresaban de una manifestación de unas ochenta mil personas enfrente al Tribunal Supremo de Justicia en Caracas.

La manifestación exigía que se postergue el referéndum convocado por Chávez para el 2 de diciembre para aprobar una nueva reforma constitucional que le daría al presidente poderes extraordinarios para suprimir derechos fundamentales y poder reelegirse indefinidamente.

Según testigos, los estudiantes habían vuelto de la manifestación cuando un grupo de motociclistas enmascarados y armados llegó al lugar y comenzó a dispararles. Fotógrafos de The Associated Press vieron por lo menos a cuatro enmascarados disparando contra los jóvenes.

Víctor Márquez, presidente de la Asociación de Profesores de la UCV, dijo luego a la prensa que los atacantes habían sido miembros de milicias urbanas chavistas. Concretamente, identificó a los agresores como miembros de tres grupos paramilitares: el Colectivo Alexis Vive, Los Carapaicas y Los Tupamaros.

En días recientes, se produjeron ataques similares en la Universidad de los Andes de Mérida, donde 75 estudiantes resultaron heridos, incluidos cinco con heridas de bala; en la Universidad Experimental de Táchira, y en la Universidad de Los Andes en San Cristóbal, Aragua.

Según activistas de derechos humanos, los incidentes de los últimos días forman parte de una estrategia gubernamental sistemática de intimidación. Aunque Chávez permite espacios de libertad de expresión para que su régimen sea considerado más tolerable por la comunidad internacional, su estrategia ha sido la de permitir algunas protestas, pero inmediatamente después reprimir a quienes participaron en ellas para enviar un mensaje intimidatorio al resto del país.

«Este último incidente es especialmente grave, porque todo indicaría que la Policía no solo se mantuvo impasible, sino que habría facilitado el ingreso a la Universidad Central de estos motorizados armados, que terminaron disparándole a un grupo de estudiantes de oposición», me señaló José Miguel Vivanco, director del Departamento de las Américas de Human Rights Watch en Washington DC «Eso es sumamente serio.»

Aunque ya hubo incidentes parecidos en el pasado, estos últimos ataques han aumentado significativamente desde el 2 de noviembre, cuando los estudiantes anunciaron una serie de protestas pacíficas para exigir la postergación del referéndum constitucional convocado por Chávez para el 2 de diciembre, dijo Vivanco.

Chávez, como es usual, acusó a Estados Unidos por la violencia. El viernes, Chávez dijo en la XVII Cumbre Iberoamericana en Santiago, Chile, que los estudiantes universitarios eran parte de una ofensiva «fascista» alentada por Washington y la oligarquía venezolana.

La escalada represiva en Venezuela se produce meses después de que Chávez revocó la licencia de RCTV, la cadena de televisión más antigua del país, que criticaba a su gobierno. Chávez permitió que la cadena estuviera en el aire hasta que terminó su licencia, y luego la sacó del aire para poner en su lugar un canal oficialista.

Quizá el mejor ejemplo de la estrategia chavista de primero permitir, y luego reprimir, se produjo en 2004, cuando los seguidores de Chávez divulgaron la «Lista Maisanta» de cerca de 3,4 millones de ciudadanos venezolanos que habían firmado la petición para realizar un referéndum revocatorio de la presidencia de Chávez.

La lista de quienes habían firmado la petición circuló en todas las reparticiones oficiales y fue utilizada para negarle contratos gubernamentales a empresarios que la habían firmado, despedir empleados públicos y discriminar contra todo aquel cuyo nombre aparecía en ella.

MI OPINIÓN: Venezuela está a punto de convertirse en una dictadura constitucional, con elecciones realizadas bajo reglas hechas a medida de las necesidades de Chávez.

Los cambios constitucionales propuestos por Chávez —y endulzados con un plan de reducir la jornada laboral de ocho a seis horas por día, que será difícil de resistir para millones de venezolanos— incluyen, además de permitir la reelección indefinida del presidente, proclamar al país un «estado socialista», terminar con la autonomía del Banco Central y autorizar estados de emergencia en que Chávez podrá suspender las libertades de expresión.

Es lamentable que los presidentes reunidos en la Cumbre Iberoamericana en Chile no expresaran su preocupación por todo esto, tal como lo hicieron los mandatarios latinoamericanos cuando el ex presidente peruano Alberto Fujimori quiso asumir casi todos los poderes en su país.

Las cumbres regionales solían convocar a la defensa colectiva de la democracia en la región. Ya no lo hacen. Me temo que muy pronto los venezolanos no tendrán libertad de expresión, ni libertad después de la expresión.*

* Redactado en Miami: 12-11-07.

17.- La inmigración, la televisión y la locura

E L 8 DE NOVIEMBRE tuve el honor de ser llamado repetidamente «un loco» en el aire por el conductor conservador de la cadena de televisión Fox News, Bill O'Reilly, a raíz de una columna que escribí pidiendo una solución integral para el problema de la inmigración en Estados Unidos. He aquí mi respuesta.

No voy a caer en la tentación de descalificar personalmente a O'Reilly —ni a su colega de la CNN Lou Dobbs, otro campeón de la cruzada contra la inmigración— acusándolo de ser un xenófobo antihispano. En lugar de utilizar la descalificación personal, como lo hizo O'Reilly conmigo, me enfocaré sobre lo absurdo de sus argumentos. Decidan ustedes quién tiene razón.

Primero, los hechos. En mi columna del 4 de noviembre, «El peligro de la "intifada hispana"», argumenté que el incremento de la histeria antiinmigrante en Estados Unidos es una tendencia preocupante. Señalé que la escalada antiinmigrante creará un submundo de casi trece millones de personas que no se irán de Estados Unidos, ni pueden ser ubicadas para su deportación, y que —si no se les da una oportunidad para ganarse la ciudadanía— se volverán cada vez más frustrados y más enojados.

Utilicé la palabra «intifada» para describir la situación más pesimista de lo que podría suceder si no se les da a los indocumentados absolutamente ninguna posibilidad de ascenso social. En ese contexto, cité el caso de las manifestaciones de los jóvenes palestinos en Israel en la década de los noventa, y las protestas de los jóvenes musulmanes en los suburbios de París en 2005.

Mi argumento se centraba en los 1,8 millones de jóvenes indocumentados que fueron traídos a este país siendo muy pequeños, que a menudo no hablan otro idioma que el inglés y que muchas veces ni siquiera recuerdan sus países de origen. Muy pronto, estos jóvenes serán lanzados a un mercado laboral en el que no tendrán ninguna posibilidad legal de conseguir un empleo.

¿Qué pasará con estos jóvenes? Muchos no podrán solicitar ingreso a una universidad, van a crecer en las calles, y muchos de ellos se van a unir a las pandillas que ya están aterrorizando a muchas ciudades de Estados Unidos.

Los jóvenes indocumentados, especialmente los más brillantes, necesitan que se les dé una oportunidad para ganar la ciudadanía de los Estados Unidos, como fue contemplado en el proyecto de ley Dream Act que fue recientemente derrotado en el Senado.

Apenas salió publicada mi columna, me inundaron de emails [correos electrónicos] de todo el país. Para el miércoles, había nada menos que 94 páginas de comentarios a la columna —cerca de 1000 comentarios— en el sitio miamiherald.com. Muchos de ellos eran abiertamente hostiles hacia los inmigrantes hispanos, y muchos aducían —equivocadamente— que mi columna llamaba a la violencia.

El 8 de noviembre, O'Reilly dijo en su programa de televisión, en una conversación con la analista de Fox News Laura Ingraham, que «hay un columnista loco en Miami, *Miami Herald*, que dice que los hispanos se van a rebelar».

Ingraham aseveró que yo había «sugerido algo semejante a iniciar una guerra de clases». O'Reilly respondió: «Es un chiflado. Es un chiflado, este tipo». Ingraham añadió que yo formaba parte de «un ala anarquista de extrema izquierda».

MI OPINIÓN: Para que a nadie le quepa duda, nunca hice un llamado a la violencia, ni lo haría. Sugerir que hice tal cosa, como se hizo en el programa de O'Reilly, es periodismo irresponsable.

Pero mucho más irresponsable es lo que están haciendo a diario en sus programas de televisión estos campeones de la cruzada antiinmigración, al incitar al pueblo estadounidense a alzarse contra los «ilegales» —la mayoría de ellos hispanos— sin ofrecer ninguna solución realista al problema inmigratorio.

Mientras la brecha de ingresos entre Estados Unidos y América Latina continúe siendo tan amplia como ahora, mientras los empleadores de Estados Unidos sigan contratando a inmigrantes indocumentados para hacer trabajos mal pagados que los estadounidenses no quieren hacer, y mientras los consumidores de Estados Unidos sigamos queriendo pagar menos por los servicios realizados por trabajadores indocumentados, el flujo inmigratorio continuará, no importa cuántos muros se construyan a lo largo de la frontera.

Si se quiere reducir la inmigración ilegal, hay que permitir una mayor inmigración legal, y al mismo tiempo aumentar la cooperación económica con los países latinoamericanos, para que los países de la región crezcan más, reduzcan más la pobreza y sus habitantes tengan menos necesidad de emigrar.

Y, sobre todo, hay que darles a los 1,8 millones de niños indocumentados que han crecido en Estados Unidos una vía para la legalización. De otra forma, estaremos creando una subclase de parias sociales, muchos de los cuales terminarán uniéndose a las pandillas callejeras. ¿Les parecen locos estos argumentos? ¿Son ideas anarquistas de extrema izquierda? Decidan ustedes.*

* Redactado en Miami: 15-11-07.

18.- Venezuela:
¿hacia una dictadura electa?

¿PODREMOS CALIFICAR A VENEZUELA como una democracia si se aprueban las reformas constitucionales que darían al presidente Hugo Chávez poderes casi absolutos en el referéndum del domingo? ¿Podremos todavía describir a Chávez como un presidente «electo»?

A principios de esta semana le hice estas preguntas a Tom Shannon, el funcionario más alto del Departamento de Estado a cargo de Asuntos Latinoamericanos. Tenía curiosidad por saber cuál sería su respuesta, porque hace unas semanas le había preguntado si a su juicio Venezuela todavía era una democracia, y me había respondido con un «Sí».

Según líderes opositores y activistas democráticos venezolanos, los cambios constitucionales propuestos por Chávez convertirían a Venezuela en una dictadura al estilo de Cuba, con instituciones puramente cosméticas.

«La reforma constitucional propuesta redefine el país como un estado socialista», me dijo la académica del Centro Carr de Derechos Humanos de la Universidad de Harvard, Ana Julia Jatar. «Eso, por sí mismo, significa que no habría espacio para otras ideologías.»

El artículo 158 de la reforma propuesta por Chávez, dice que «El Estado promoverá como política nacional, la participación protagónica del pueblo [...] para la construcción de una democracia socialista».

Entre otros cambios propuestos en la reforma constitucional de Chávez:

—La reforma aboliría la independencia del Banco Central, y dejaría a Chávez con el control de los poderes ejecutivo, legislativo, judicial, el tribunal electoral, el Banco Central, el ejército y la mayoría de los medios de comunicación.

—Autorizaría a Chávez a cambiar el mapa de la nación mediante la creación de «comunas» y «Regiones Estratégicas de Defensa», o nuevas provincias, que le permitirían gobernar por encima de gobernadores provinciales o dirigentes municipales de oposición.

—Le daría a Chávez el poder de decretar estados de emergencia en los cuales podría suspender la libertad de expresión y arrestar a personas sin necesidad de presentar cargos.

—Extendería el periodo presidencial a siete años, y le permitiría a Chávez ser reelecto cuantas veces quiera.

—Definiría las elecciones como un proceso destinado a la «construcción del socialismo».

El ex ministro de Defensa Raúl Isaías Baduel, que hasta hace cuatro meses era el general de mayor confianza de Chávez, ha llamado a la reforma constitucional chavista «un golpe de Estado» destinado a darle a Chávez poderes ilimitados. Según varias de las mismas empresas encuestadoras que en el pasado pronosticaron acertadamente los triunfos electorales de Chávez, muchos de sus simpatizantes podrían votar en contra de las reformas propuestas.

En respuesta a la pregunta sobre si seguiría considerando a Venezuela una democracia si los cambios constitucionales son aprobados, Shannon me dijo que preferiría no contestar preguntas hipotéticas.

Cuando le repliqué que no hay nada de hipotético en la pregunta, porque las reformas constitucionales propuestas han sido publicadas por el gobierno venezolano y están a la vista de todo el mundo, Shannon señaló: «Tenemos nuestras propias opiniones y preocupaciones sobre esas reformas constitucionales, y son compartidos por muchos otros demócratas en la región que han expresado sus preocupaciones sobre la centralización de poderes».

Agregó, que «sin embargo, estaría mal anticiparnos al voto del domingo: esta es una decisión que tiene que ser hecha por el pueblo de Venezuela, según sus propios criterios e intereses».

MI OPINIÓN: Si uno cree que la democracia es solamente realizar elecciones, Venezuela seguirá siendo una democracia aun si Chávez logra aprobar su reforma constitucional mediante el uso masivo de recursos gubernamentales, la intimidación a los votantes de oposición, y obstáculos gubernamentales que hicieron que la Organización de Estados Americanos y la Unión Europea desistieran de enviar observadores internacionales al referendo del domingo.

Si vamos al caso, Cuba también realiza elecciones, y se autodenomina un país democrático, como también lo hacían la Italia de Benito Mussolini y tantas otras dictaduras.

Pero si ustedes creen, como yo, que la democracia implica la separación de poderes y la tolerancia a los partidos opositores, la propia definición constitucional de Venezuela como un «estado socialista» excluiría la posibilidad de que el pueblo venezolano decida qué clase de gobiernos quiere en el futuro.

Para que quede claro, no tengo nada en contra del «socialismo»: hay gobiernos socialistas en España, Chile y muchos otros países, que en muchos casos son excelentes, pero sus constituciones les permiten a sus ciudadanos elegir a presidentes de cualquier ideología.

Y aunque hay otros, como la India, que mantienen referencias al socialismo en sus constituciones, sus presidentes —a diferencia de Chávez— no tienen a Cuba como su modelo.

Después de este domingo, si Chávez logra aprobar —por las buenas o las malas— su nueva reforma constitucional, Venezuela debería ser llamada una «democracia cosmética», o una «dictadura electa», cualquier cosa menos una democracia a secas.*

* Redactado en Miami: 29-11-07.

19.- La oleada autoritaria

MIENTRAS TODO EL MUNDO estaba pendiente del referéndum que le podría dar poderes absolutos al presidente venezolano Hugo Chávez, los presidentes respaldados por Chávez en Bolivia, Ecuador y Nicaragua tomaron medidas que muchos en sus países calificaron de golpes institucionales.

¿Se trató de una acción coordinada? ¿Hay algo en el aire —además de los petrodólares venezolanos— que está alimentando las tentaciones totalitarias de estos y otros líderes latinoamericanos?

¿O es el colapso del ejercicio de la defensa colectiva de la democracia, por la cual los países latinoamericanos defendían celosamente las instituciones democráticas en toda la región tras las dictaduras militares de derecha de los años setenta?

En los últimos días, el presidente boliviano Evo Morales y el presidente de Ecuador, Rafael Correa, hicieron que sus asambleas constituyentes aprobaran medidas que les permitirán acumular cada vez más poderes, reelegirse cuantas veces quieran y quitarle gran parte de su espacio político a la oposición.

En Nicaragua, donde me encuentro al escribir estas líneas, el presidente sandinista Daniel Ortega anunció el viernes por la noche la constitución de los Consejos del Poder Ciudadano (CPC), organizaciones que el jefe de estado describió como mecanismos para una «democracia directa».

Los CPC estarán al mando de la cada vez más poderosa primera dama Rosario Murillo y serán conducidos por el gobierno —todavía no está muy claro cómo— a pesar de un voto de la Asamblea Nacional que le prohibió al presidente utilizar los CPC como una estructura de poder paralela con la que podría gobernar por encima de los líderes provinciales y alcaldes.

«Hay un claro intento por tomar control a la fuerza de las instituciones y romper el orden constitucional y el estado de derecho», me dijo Eduardo Montealegre, el ex candidato de centro derecha que compitió con Ortega en las elecciones del 2006 y actual diputado nacional.

Edmundo Jarquín, el candidato del sandinismo disidente, de centro izquierda, en las elecciones del 2006, me dijo que Ortega había llevado a cabo «un golpe institucional» al desconocer el mandato del Congreso.

Sin embargo, Jarquín y otros políticos de todas las tendencias con los que hablé coincidieron en que a Ortega le será mucho más difícil que a Chávez, Morales o Correa ejercer poderes absolutos, aunque tratará de hacerlo. Entre otros motivos:

—Primero, a diferencia de Chávez, Ortega no tiene petróleo. Nicaragua es uno de los países más pobres de América Latina, y Ortega no tiene recursos para una campaña que pueda lograr un apoyo general para un proyecto dictatorial.

—Segundo, a diferencia de Chávez, Ortega tiene un gobierno de minoría, en que la oposición controla la Asamblea Nacional. Ortega ganó la presidencia con apenas el 38% del voto, gracias a una división entre los partidos antisandinistas, y una reciente encuesta de M&R Consultores muestra que solo el 22% de los habitantes de Managua tienen una buena imagen de él.

—Tercero, Ortega no tiene un control absoluto del ejército, y tiene a gran parte de los medios en contra. De hecho, periódicamente acusa a los periodistas de ser lacayos de la «oligarquía» e «hijos de (el jefe de propaganda nazi Joseph) Goebbels».

—Cuarto, la creciente delegación de poderes en la primera dama está creando descontento en las filas sandinistas.

En una prolongada entrevista, le pregunté al general retirado Humberto Ortega, el hermano del presidente y ex comandante de las fuerzas armadas durante el régimen sandinista de 1970-1990, si la creación de los CPC no constituye un intento de gobernar por encima de las instituciones democráticas.

El ex comandante revolucionario, que se ha movido hacia el centro del espectro político pero se mantiene cercano a su hermano, me dijo que la creación de los CPC «podría ser un abuso de poder, pero no son un intento de quebrar la institucionalidad de este país».

Agregó que «en mis pláticas con Daniel Ortega, jamás he percibido que va en la dirección de quebrar el estado de derecho».

MI OPINIÓN: Puede que Daniel Ortega se haya extralimitado para consolidar su propia base izquierdista, o puede que esté tratando de burlar las instituciones y convertirse en un presidente vitalicio. Por el momento, todo parece indicar que está tentado de hacer esto último, pero que —a menos de que exista un mucho mayor compromiso financiero de Chávez— no podrá hacerlo.

Al terminar de escribir estas líneas, mientras llegan noticias de crecientes tensiones politicas en Venezuela, Bolivia y Ecuador, no puedo dejar de pensar en algo que acaba de decir la ex esposa de Chávez, María Isabel Rodríguez, en una entrevista con Radio Caracol de Colombia. Refiriéndose a la «revolución bolivariana» de Chávez, dijo que «lo que empezó como una batalla contra la pobreza, terminó como una batalla contra todos los que piensan diferente». Lo dice todo.*

* Redactado en Miami: 3-12-07.

20.- El primer traspié de Cristina

La NUEVA PRESIDENTA DE ARGENTINA, Cristina Fernández de Kirchner, empezó su primera semana en el poder con el pie izquierdo —se acercó innecesariamente al presidente venezolano Hugo Chávez y se alejó de Estados Unidos.

A juzgar por lo que escuché de fuentes de todo el espectro político en Washington, la reacción visceral de Fernández a una mención en una corte federal de Miami según la cual el gobierno venezolano habría contribuido con dinero a una campaña presidencial en las recientes elecciones argentinas de 2007 fue un caso típico de inexperiencia política, mal asesoramiento, vínculos más profundos de los que se creía con el gobierno petropopulista de Venezuela, o todas las opciones anteriores juntas.

En lugar de aplaudir la investigación del Departamento de Justicia estadounidense y resaltar que la acusación en ningún momento sugiere que ella o alguno de sus colaboradores cercanos estaba al tanto de las contribuciones venezolanas, Fernández respondió —en tándem con el gobierno de Chávez— que se trataba de una conspiración de Estados Unidos contra su país.

La nueva presidenta, una ex primera dama y senadora que ha sido descrita por sus colaboradores como «la Hillary argentina», dijo que la acusación de la justicia estadounidense era una operación de inteligencia y una «basura« para envenenar las relaciones de Argentina con Venezuela, añadiendo que ella no va a permitir ser presionada por el gobierno de Estados Unidos.

El Departamento de Estado de Estados Unidos respondió que la acusación no tiene nada que ver con la política exterior de Estados Unidos, y que resultó de una investigación independiente del Departamento de Justicia y el FBI. Funcionarios argentinos me señalaron en privado que parte de la ira de Fernández se debió a que no fue alertada por funcionarios estadounidenses.

Según fuentes diplomáticas, el Departamento de Estado fue notificado a último momento, o fue tomado por sorpresa, porque los fiscales manejaron todo bajo el máximo secreto para evitar que se fugaran los sospechosos.

El caso se inició en agosto, cuando el empresario venezolano-estadounidense Guido Antonini Wilson llegó al aeropuerto de Buenos Aires con casi 800 000 dólares en efectivo a bordo de un avión fletado por el gobierno argentino que llevaba una delegación de la empresa petrolera estatal venezolana PDVSA. El avión llegó poco antes de una visita de Chávez a Argentina.

Cuando los inspectores de aduanas encontraron el dinero, Antonini dejó el efectivo en el aeropuerto y se fue del país. Durante meses, su paradero y los pormenores del caso fueron un misterio.

Luego, a comienzos de esta semana, los fiscales federales en Miami arrestaron a tres venezolanos y un uruguayo, y los acusaron de ser agentes no registrados del gobierno venezolano que estaban coerciendo a un ciudadano estadounidense —Antonini— para que fabricara documentos que ocultaran el origen del dinero.

Antonini había hecho varios viajes a Argentina en los meses previos a que le incautaran el dinero en efectivo.

¿Cuál debió haber sido la reacción de la nueva presidenta?

—Primero, debió haber hecho notar que aunque un fiscal señaló en argumentos orales que —según uno de los acusados— el dinero estaba destinado a su campaña presidencial, la acusación formal solo habla de una «campaña», y en ningún momento sugiere que la presidenta o sus colaboradores sabían de las maletas con efectivo.

—Segundo, Fernández debería haber ofrecido la cooperación argentina en la investigación estadounidense, y de paso podría haber exigido que Estados Unidos coopere con la investigación de su país. Argentina ya había solicitado la extradición de Antonini a Estados Unidos.

—Tercero, Fernández —o sus asesores— tendrían que haber sabido que el sistema de justicia de Estados Unidos opera con mayor independencia que en muchos países, y que el FBI tiene grabaciones de las conversaciones de Antonini con los arrestados.

Mi CONCLUSIÓN: No descarto que Fernández termine siendo una mejor presidenta que su marido. La conocí en una oportunidad y me dio la impresión de ser más consciente que el ex presidente de la necesidad de que su país se inserte más en la economía global y reciba más inversiones para reducir la pobreza.

Pero en lugar de reaccionar como una estadista, reaccionó como una agitadora barrial, sacando la carta del antiamericanismo y ganándose enemigos gratuitos entre los republicanos y demócratas en Washington. Podría haber respondido con altura, sin necesidad de dañar los lazos de Argentina con Venezuela, que le ha comprado a Argentina más de 4 500 millones de dólares en bonos de su deuda externa.

Y aun si se comprueba que el dinero fue para su campaña, la «Hillary argentina» podría haber hecho lo que hizo la verdadera Hillary Clinton recientemente, cuando se supo que el empresario chino-americano Norman Hsu, que tenía causas con la justicia, había donado 800 000 dólares a su campaña: devolvió el dinero inmediatamente, y dijo que nunca debió ser aceptado. En lugar de eso, Fernández se compró una pelea gratuita con Estados Unidos.*

* Redactado en Miami: 7-12-07.

Sección 3

2008. La crisis que nadie quiso ver

1.- Una entrevista con Obama

E L PROBABLE CANDIDATO PRESIDENCIAL DEMÓCRATA Barack Obama, quien nunca ha viajado a Latinoamérica, ha hecho sus deberes.

Cuando lo entrevisté por primera vez sobre las relaciones de Estados Unidos con América Latina el año pasado, Obama no pudo mencionar el nombre de ningún jefe de Estado latinoamericano, y me miró desconcertado cuando le pregunté sobre las noticias más importantes del momento en la región.

Pero cuando volví a entrevistarlo la semana pasada en Miami, poco antes de pronunciar su primer discurso dedicado a América Latina, Obama habló con soltura sobre los temas regionales, e incluso mencionó a dos presidentes latinoamericanos por su nombre.

Obama sabe que tiene que conquistar a los hispanos —quienes han votado mayoritariamente por la senadora Hillary Clinton en las primarias—, y ha empezado a prestarle atención al continente.

En la entrevista, Obama dijo que el gobierno de Bush ha sido «negligente» con respecto a la región, e instó a «una nueva alianza de Latinoamérica». Cuando le pedí detalles concretos sobre qué haría, mencionó entre otras cosas:

—«Tendríamos que nombrar un enviado especial a Latinoamérica, para trabajar activamente con todos los líderes de la región, y con acceso directo a mí», señaló. Dicho cargo existía durante el gobierno de Clinton, pero fue suprimido por el presidente Bush.

— «Deberíamos realizar una cumbre anual con todos los líderes de Latinoamérica, para hablar de nuestros objetivos e intereses comunes», dijo. Actualmente, la Cumbre de Latinoamérica se realiza cada tres o cuatro años.

— Dijo que crearía una Alianza Energética de Latinoamérica, para aprender de la experiencia de Brasil en la producción de etanol, y explorar las oportunidades de producción de energía nuclear con México, Brasil, Argentina y Chile.

—Dijo que aumentaría sustancialmente la ayuda externa a Latinoamérica. «Es muy importante que no solo nos concentremos en el comercio, sino también en la ayuda», dijo. «El hecho de que nuestra ayuda total a Latinoamérica en este año equivalga a una semana de lo que gastamos en Irak da una idea clara de cuáles son nuestras prioridades».

—Dijo también que se abocaría a lograr «una reforma inmigratoria integral», que incluya fronteras seguras, una vía de legalización para millones de trabajadores indocumentados y esfuerzos destinados a promover el desarrollo económico en México y América Central.

Cuando le pregunté qué haría respecto de los 37 000 archivos de computadora de la guerrilla colombiana FARC certificados como auténticos por Interpol, y que revelan el activo apoyo del presidente venezolano Hugo Chávez y el presidente ecuatoriano Rafael Correa al grupo armado colombiano, Obama fue más duro que el gobierno de Bush.

«Creo que la Organización de Estados Americanos (OEA) y la comunidad internacional deberían iniciar inmediatamente una investigación de esta situación. Venezuela debe hacerse responsable si verdaderamente está propiciando actividades terroristas más allá de sus fronteras», dijo Obama. «Si Venezuela ha violado esas reglas, deberíamos movilizar a todos los países para que impongan sanciones a ese país y hacerle saber que su conducta es inaceptable».

Hasta el momento, la OEA no ha actuado con respecto a los archivos de computadora de las FARC.

Mi opinión: Resulta interesante que Obama, que proviene del ala izquierda del partido demócrata, haya escogido una audiencia cubanoamericana en Miami para pronunciar su primer discurso sobre su política hacia Latinoamérica. Y me sorprendió tambien que exigiera tan contundentemente que la OEA investigue los archivos de las FARC.

En cambio, no me resultó novedosa su idea de crear «una nueva Alianza de Latinoamérica». Todos los recientes presidentes de Estados Unidos han lanzado iniciativas continentales con nombres igualmente ambiciosos, que apenas tuvieron algún impacto. Y tampoco me conmovió su promesa de aumentar la ayuda externa, que puede ser la manera en que pretende compensar su oposición a los acuerdos de libre comercio de Estados Unidos con Colombia y América Central, que implicarían una ayuda mucho más sustancial para la región que un potencial incremento de la ayuda externa.

Pero me gustan las propuestas de Obama de designar a un enviado especial a Latinoamérica, y de llevar a cabo cumbres anuales con los países de la región, porque esas son medidas que obligarían a prestarle atención a la región a un nuevo presidente sin una historia personal de interés en Latinoamérica.

Y también me gusta su postura sobre la inmigración, especialmente el hecho de que entienda que no se trata solamente de un tema de muros fronterizos, sino también un tema de desarrollo regional: mientras a Latinoamérica no le vaya mejor, su gente seguirá emigrando hacia el norte.

Sobre todo, es una buena noticia que Obama haya hecho sus deberes sobre América Latina. Ahora, el desafío será mantenerlo interesado en la región.*

* Redactado en Miami: 26-5-08.

2.- Obama y el desafío latino

UNO DE LOS MAYORES DESAFÍOS que le esperan al candidato presidencial demócrata Barack Obama será conquistar el voto hispano, porque en las elecciones primarias no le fue muy bien con los latinos, y no podrá llegar a la Casa Blanca sin un apoyo masivo de este grupo étnico.

No le será fácil. Si bien los hispanos han votado históricamente por los demócratas y lo hicieron en aún mayores procentajes en las recientes elecciones primarias de ese partido —en parte por la creciente retórica antiinmigrante del Partido Republicano—, gran parte del voto latino fue para la entonces rival de Obama para la candidatura del partido, Hillary Clinton.

La senadora Clinton derrotó a Obama entre los votantes hispanos por un 73 al 27% en Nueva York, un 69 contra un 30% en California, un 68 contra un 32% en Texas, un 70 contra un 30% en Nueva Jersey, y un 61 contra un 35% en Florida. Obama derrotó a Clinton entre los hispanos en Illinois, su estado, y otros, pero muy pocos.

Obama es particularmente débil entre los hispanos nacidos en el extranjero, que representan casi la mitad de los 13 millones de latinos registrados para votar.

Todo esto implica un enorme desafío para Obama. Para ganar en noviembre, no solo necesita conquistar el voto hispano en los estados indecisos, que serán clave en esta elección —como Florida, Nuevo México y Colorado—, sino que deberá hacerlo con un margen de ventaja más amplio del habitual.

«En las elecciones de este año el voto latino será más importante que nunca», afirma el encuestador demócrata Sergio Bendixen. «Es posible que la elección nacional se defina en Florida, Nuevo México, Colorado y Nevada, donde el voto hispano será decisivo para determinar al ganador de esos estados.»

Según Bendixen, Obama necesita ganar el voto hispano con un margen de más del 55% en Florida y más del 65% en Nuevo México, Colorado y Nevada. Y si el candidato republicano, senador John McCain, les da pelea a los demócratas en Nueva Jersey, California y Pennsylvania, el margen de victoria de Obama en estos últimos estados tendría que ser aún mayor.

¿Lo logrará Obama? Una encuesta realizada la semana pasada por el grupo Carville-Greenberg muestra que Obama está ganándole a McCain entre los hispanos a nivel nacional por un 60% a un 34%. Otra encuesta difundida en estos días por Gallup revela que Obama tiene un 62% de intención de voto entre los hispanos a nivel nacional, contra un 29% para McCain.

Muchos estrategas demócratas citan estas encuestas como un buen augurio para Obama. Un nuevo estudio del New Democrat Network señala que el número de votantes hispanos en las elecciones primarias de este año se triplicó respecto de las primarias del 2004, y que el Partido Demócrata ha aumentado su intención de voto entre los hispanos en un 66% en los últimos cuatro años.

«Las últimas encuestas nacionales indican que la candidatura de Obama está muy fuerte entre los latinos, especialmente considerando la debilidad que mostró en ese grupo en las primarias», dice el presidente de la NDN, Simon Rosenberg. «El electorado hispano tiene una nueva dinámica: estamos viendo un nivel muy alto de participación cívica y un decidido vuelco hacia los candidatos demócratas.»

Los republicanos, a su vez, dicen que McCain solo necesita acercarse al 38 ó 40% del voto hispano que logró el presidente Bush en las dos elecciones anteriores, y que no está tan lejos de conseguirlo.

«Esta carrera recién ha comenzado, y todavía tenemos cinco meses para recordarle a los hispanos que John McCain siempre nos ha acompañado y se ha arriesgado políticamente por nuestra comunidad, mientras que los vínculos de Obama con la comunidad hispana son escasos o nulos», dice Ana Navarro, codirectora del Consejo de Asesores Hispanos de McCain. «Las últimas encuestas son positivas para McCain, y un buen punto de partida sobre el que construir la victoria.»

Mi opinión: Obama tratará de conquistar el voto hispano centrando su discurso en las cuestiones que más los afectan, como la economía, el seguro universal de salud y la guerra con Iraq. Es muy probable que McCain trate de no discutir esta agenda, sino que haga una campaña negativa contra Obama, recalcando su falta de experiencia y pintándolo como un hombre débil en seguridad nacional en un mundo cada vez más peligroso.

Obama no tiene más remedio que poner todo su empeño en ganar el voto hispano por un margen abrumador. En una reciente entrevista, el virtual candidato demócrata, que nunca ha visitado América Latina, me dijo que está planeando viajar a México antes de las elecciones de noviembre. Buenísimo. Pero tendrá que hacer mucho más que eso.*

* Redactado en Miami: 9-6-08.

3.- Chávez, de mediador a observador

EL GRAN PERDEDOR DEL CINEMATOGRÁFICO rescate de quince rehenes, que estaban en manos de la guerrilla colombiana FARC en Ecuador, fue el presidente narcisista-leninista de Venezuela, Hugo Chávez.

A juzgar por las declaraciones públicas del propio Chávez y por los contenidos de miles de documentos encontrados en las computadoras de las FARC capturadas por el ejército colombiano el 1.º de marzo en un ataque a un campamento guerrillero colombiano en Ecuador, el mandatario venezolano esperaba usar la crisis de los rehenes para convertirse en el máximo mediador del conflicto armado colombiano y en el líder indiscutible de Sudamérica.

Chávez, seguido por el presidente de Ecuador, Rafael Correa, había reclamado abiertamente el reconocimiento diplomático internacional de las FARC como una «fuerza beligerante». Eso le hubiera dado a la guerrilla colombiana un muy necesario oxígeno político en momentos en que estaba sufriendo una serie de aplastantes derrotas en el campo de batalla.

En un discurso a principios de año, Chávez dijo que las FARC y el ELN «no son organizaciones terroristas», sino «verdaderos ejércitos que ocupan espacio en Colombia, y hay que darles reconocimiento. Son fuerzas insurgentes que tienen un proyecto político, un proyecto bolivariano que aquí es respetado».

El presidente colombiano Álvaro Uribe rechazó vehementemente la idea de concederle estatus diplomático a las FARC. Estados Unidos y los 27 miembros de la Unión Europea consideran a las FARC como un grupo terrorista, por su uso indiscriminado de la violencia contra civiles.

¿Cuál era la estrategia conjunta de Chávez y las FARC? Según miles de documentos y emails [cibercorreos] hallados en las computadoras del comandante rebelde de la FARC Raúl Reyes, que de acuerdo con un examen de expertos independientes de Interpol no fueron alterados por el gobierno colombiano, Chávez y las FARC estaban desarrollando una estrategia de dos carriles.

Por un lado, estaban explorando la posibilidad de una liberación negociada de los rehenes que le brindara a Chávez una victoria propagandística internacional —los seguidores de Chávez ya estaban hablando de un Premio Nobel de la Paz para el presidente venezolano— a cambio de la promesa del presidente venezolano de obtener el reconocimiento diplomático de «fuerza beligerante» para las FARC.

Por otro lado, ambas partes estaban usando sus «contactos humanitarios» sobre los rehenes como pretexto para justificar reuniones en las que hablaban de consolidar una alianza política y militar.

Docenas de cibermensajes encontrados en las computadoras de Reyes demuestran que las FARC y Chávez estaban construyendo lo que definían como una «relación estratégica» destinada a fortalecer el «proyecto bolivariano» en Latinoamérica.

Los documentos de las computadoras de las FARC contienen al menos ocho referencias a unos 300 millones de dólares de asistencia financiera que Chávez había prometido a la guerrilla colombiana. Asimismo, las FARC estaban ofreciendo entrenamiento militar en combate irregular al ejército venezolano, y los guerrilleros colombianos incluso tenían una «oficina» en Fuerte Tiuna, el comando militar del ejército venezolano en Caracas.

«La idea de ellos era crear un grupo de mediación internacional como el Grupo Contadora, que medió en el conflicto centroamericano en la década de 1980, pero con el fin de apuntalar el liderazgo internacional de Chávez, y usar su creciente influencia para conseguir un estatus diplomático internacional para las FARC», me dijo la semana pasada un alto funcionario colombiano.

Sin embargo, el plan de Chávez y las FARC se malogró por una serie de reveses en el campo de batalla. El ataque del ejército colombiano del 1.º de marzo contra un campamento de las FARC en Ecuador, que resultó en la muerte de Reyes y en el secuestro de sus computadoras, la subsiguiente muerte del comandante supremo de las FARC, Manuel «Tirofijo» Marulanda, y la reciente liberación de los rehenes más famosos de las FARC —incluyendo a la ex candidata presidencial Ingrid

Betancourt y a tres contratistas militares estadounidenses— cambiaron drásticamente la relación de fuerzas.

Aunque aún quedan en manos de las FARC cientos de rehenes, ahora el ejército colombiano parece cerca de derrotar militarmente a las guerrillas, y es el gobierno colombiano —y no Chávez— quien se ve con las mayores posibilidades de lograr la liberación de los rehenes. De pronto, Chávez se ha vuelto irrelevante.

Mi OPINIÓN: Chávez está golpeado, pero no está fuera de juego. Con el precio del petróleo a 145 dólares el barril, podrá seguir comprando lealtades en la región con sus petrodólares. Tal como decimos frecuentemente en esta columna, sus ambiciones de poder no cesarán mientras Estados Unidos —en lugar de reducir su absurdo consumo de petróleo— siga comprándole 34 000 millones de dólares anuales en importaciones de petróleo.

Pero, por el momento, la estrategia regional de Chávez ha sufrido un duro golpe, y el comandante venezolano deberá concentrarse en fortalecer su apoyo interno y evitar una derrota en las elecciones regionales de noviembre en su país.*

* Redactado en Miami: 7-7-08.

4.- Obama y la enseñanza del español

E L RECIENTE COMENTARIO DEL CANDIDATO presidencial demócrata, Barack Obama, de que los estadounidenses deberían hacer estudiar español o alguna otra lengua extranjera a sus hijos ha provocado una avalancha de críticas de los defensores del inglés como idioma único y de los adalides de las campañas contra los inmigrantes en la televisión por cable.

Pero Obama está en lo cierto. Ya se trate del español o de cualquier otra lengua extranjera, los estadounidenses están muy por detrás del resto del mundo industrializado en lo que hace al dominio de otras lenguas.

En su discurso en Georgia del 8 de julio, Obama dijo, respondiendo a una pregunta sobre bilingüismo: «Vivimos en una economía global. Y yo no entiendo a la gente que vive preocupada diciendo "Debemos hablar solo en inglés". Quieren aprobar una ley que diga: "Queremos solo hablar inglés". Ahora bien, estoy de acuerdo en que los inmigrantes deben aprender inglés. Estoy de acuerdo. Pero es importante que se entienda esto: en vez de preocuparse porque los inmigrantes puedan aprender el inglés —que lo aprenderán—, es necesario asegurarse de que sus hijos sepan hablar español. Deberían pensar cómo hacer para que sus hijos sean bilingües. Todos los niños deberían hablar más de un idioma».

Obama agregó: «Es vergonzoso cuando los europeos vienen aquí... todos hablan inglés, hablan francés, hablan alemán. Y cuando nosotros vamos a Europa, todo lo que podemos decir es "Merci beaucoup". ¿No es cierto?»

De inmediato, los abanderados de la causa antiinmigración se volvieron locos. Lou Dobbs, de CNN, y otros presentadores de televisión por cable que suelen ser alérgicos a todo lo que suene hispano adujeron que Obama estaba instando a los estadounidenses a aprender solo español, en lugar de cualquier otra segunda lengua. La sola idea de que haya más gente en Estados Unidos que hable español los sacó de sus casillas.

Pero el hecho es que el porcentaje de estadounidenses que dominan una lengua extranjera es patético comparado con el de otros países ricos. Según el Departamento de Educación, de cada cien cursos universitarias escogidos por los estudiantes estadounidenses, solo 8,6 están dedicados al estudio de una lengua extranjera.

«En cifras totales, ahora hay más estudiantes universitarios que nunca estudiando lenguas extranjeras», me dijo Rosemary Feal, directora ejecutiva de la Asociación de Lenguas Modernas (MLA), una organización con sede en Nueva York integrada por más de 30 000 académicos dedicados a promover la enseñanza de lenguas extranjeras. «Pero como porcentaje del número total de estudiantes universitarios, el número de los que cursan lenguas extranjeras ha disminuido desde la década de 1970.»

Por comparación, una encuesta reciente realizada por el Eurobarómetro en los veintisiete países de la Unión Europea reveló que el 56% de los europeos habla al menos una lengua además de su lengua natal, lo que significa un aumento respecto del 53% registrado hace cinco años.

En Luxemburgo —uno de los países más ricos del mundo—, el 99% de la población habla una segunda lengua, mientras el 97% de los eslovacos y el 95% de los letones dominan un segundo idioma.

Alrededor del 28% de los europeos hablan dos lenguas extranjeras, un aumento respecto del 26% registrado hace cinco años, según la encuesta.

Feal, del MLA, es optimista sobre que los estadounidenses revertirán la tendencia descendente del estudio de lenguas extranjeras en el país.

«Los ataques del 11 de septiembre han creado conciencia de la necesidad de saber más sobre el resto del mundo, y la mejor manera de hacerlo es aprendiendo las lenguas del resto del mundo», dijo Feal. «Y los padres ya reconocen las ventajas de aprender una lengua extranjera bien temprano en la vida. Eso aumenta la inteligencia de los niños: los estudios demuestran que un cerebro bilingüe aprende todo mejor.»

Mi OPINIÓN: Obama tiene razón, aunque hubiera sido lindo que él mismo hablara español, o algún otro idioma.

No hay duda de que los estadounidenses, y especialmente los inmigrantes, deberían mejorar su manejo del inglés. Por supuesto que deberían hacerlo. Pero tal como los europeos y —cada vez más— los asiáticos lo están demostrando, no hay nada en el cerebro humano que impida que un niño aprenda una lengua extranjera y al mismo tiempo domine a la perfección su lengua materna.

Estudiar una segunda lengua no solo mejoraría las posibilidades laborales de las futuras generaciones de estadounidenses, sino que ayudaría a Estados Unidos a ser mucho más competitivo en la economía mundial, a estar más alerta sobre lo que está ocurriendo en el resto del planeta y, en última instancia, a ser un país más seguro.*

* Redactado en Miami: 17-7-08.

5.- ¿Quién paga impuestos en América Latina?

Y A ES OFICIAL: los latinoamericanos pagan menos impuestos que los habitantes de casi todas las demás regiones del mundo.

Dos nuevos estudios de la Comisión Económica para América Latina y el Caribe (CEPAL) de las Naciones Unidas dicen que la recaudación impositiva de los gobiernos latinoamericanos no solo está por debajo de la de los treinta países más industrializados del mundo, sino que también es inferior a la del sudeste asiático y África.

Muy bien, ya sé, muchos de ustedes estarán esbozando una sonrisa en este momento y pensando: «Oppenheimer, ¡descubriste el agua tibia! ¿No sabes que la evasión de impuestos ha sido uno de los deportes favoritos en la región desde hace siglos? ¿Nunca te preguntaste de dónde salió el dinero para la compra de esas torres de apartamentos de lujo de Miami?».

Es cierto, hace mucho que los economistas han señalado los bajos niveles de recaudación impositiva en Latinoamérica. Lo han atribuido, en general, al trato preferencial que han obtenido empresarios cortesanos amigos del gobierno de turno, a la evasión impositiva generalizada (basada en la idea de que «para qué pagar impuestos, si igual se los van a robar funcionarios corruptos»), y a una enorme economía clandestina —el 43% de la economía latinoamericana, según la CEPAL— que por definición no paga impuestos.

Pero estos nuevos estudios tienen varios datos interesantes. De ellos se desprende que en una región con uno de los mayores niveles de inequidad del mundo —donde conviven los pobres con uno de los tres hombres más ricos del mundo, el magnate de las telecomunicaciones mexicano Carlos Slim—, los pobres están pagando una parte exageradamente alta de la recaudación impositiva.

Esto ocurre porque la mayoría de los países de la región recaudan tan poco en impuestos directos a la renta y a la propiedad, que los gobiernos recurren a impuestos indirectos, como el impuesto al valor agregado sobre bienes de consumo. Estos impuestos, proporcionalmente, les pegan en el bolsillo mucho más a los pobres que a los ricos, dicen los estudios.

Entre los puntos mas interesantes de los estudios de la CEPAL:

—Mientras los países europeos recaudan un promedio del 16,4% de su producto bruto interno en los impuestos a la renta y a la propiedad, Estados Unidos recauda 17% de su producto bruto con estos impuestos, los países del sudeste asiático un 7%, los países africanos un 6,3% y los países latinoamericanos solo un 5,6%.

—Mientras que los impuestos a la propiedad contribuyen en más del 4% al producto bruto interno de Francia, y el 3% al de Estados Unidos, aportan tan solo el 0,8% del producto bruto latinoamericano. (Argentina y Brasil recaudan alrededor del 3% de su producto bruto en impuestos a la propiedad, pero México, Perú y Ecuador recaudan tan solo el 0,3%, y El Salvador apenas un 0,1%).

—Mientras los 30 países más industrializados del mundo recaudan más del 70% de sus impuestos a la renta y a la propiedad de individuos, y el 29% de las corporaciones, en Latinoamérica ocurre exactamente lo contrario. El 65% de los impuestos a la renta en América Latina es recaudado de las empresas, y solo el 35% de los individuos.

«Muchas empresas trasladan eso a los precios y lo convierten en un impuesto al consumo, que termina pagando el consumidor», me señaló el economista de la CEPAL Juan Pablo Jiménez.

La CEPAL recomienda, además de tratar de reducir la evasión fiscal, recaudar un mayor porcentaje de impuestos de las personas, en lugar de las empresas. Eso incrementaría la recaudación impositiva, señala.

Mi opinión: Estoy de acuerdo. Pero la prioridad de la región debería ser aumentar el número de gente que trabaje en la economía formal, pagando impuestos directos. Actualmente, más de la mitad de los latinoamericanos trabajan en la economía clandestina, en gran medida porque la actuales leyes laborales hacen que las empresas no quieran contratar nuevos empleados.

Según el Banco Mundial, en Venezuela y Bolivia las empresas no pueden por ley despedir a un empleado —algo que ni siquiera pasa en la China comunista— por más que el trabajador se las pase durmiendo la siesta. Argentina exige a las empresas que le paguen 139 semanas de salario a un empleado despedido, aun cuando las empresas puedan demostrar que el trabajador no cumplió con su deber. Comparativamente, Estados Unidos, Dinamarca y Nueva Zelanda permiten despedir a un empleado incompetente sin pagarle un centavo, para incentivar el aumento del empleo.

Mientras gran parte de la economía latinoamericana siga en el sector informal, no se podrá elevar mucho la recaudación impositiva, y no será un misterio que los países no sean más exitosos en mejorar sus niveles de educación, salud y desarrollo económico.*

* Redactado en Miami: 31-7-08.

6.- La farsa de los derechos humanos en la ONU

Hace tiempo que no escuchaba algo tan ridículo: el flamante Comité Asesor del Consejo de Derechos Humanos de las Naciones Unidas celebró su primera sesión esta semana en Ginebra, Suiza, y —por increíble que parezca— eligió a un funcionario cubano como su presidente.

Como si los burócratas de derechos humanos de la ONU y sus jefes en sus respectivas cancillerías no tuvieran suficiente sentido del ridículo al designar al representante de una dictadura que prohíbe la libertad de expresión y de reunión como su presidente, además eligieron a representantes de Egipto y Rusia —que no son precisamente campeones de los derechos humanos— para ocupar dos de las tres vicepresidencias, junto a Corea del Sur.

El jurista cubano Miguel Alfonso Martínez, ex vocero del Ministerio de Relaciones Exteriores cubano, fue elegido presidente del Comité Asesor en la sesión inaugural del grupo de dieciocho países el 4 de agosto.

La emisora del régimen cubano Radio Rebelde dijo en su sitio web que Martínez fue nominado por el gobierno cubano, pero que, según las reglas del Consejo, se «espera que trabaje de manera independiente». (Nota del columnista: ¡Sí, seguramente!)

El Comité Asesor tiene como función actuar como fuente de ideas e investigaciones requeridas por el Consejo de Derechos Humanos, que tiene dos años de existencia y que reemplazó a la desacreditada Comisión de Derechos Humanos de la ONU. La extinta Comisión se había convertido en un club de protección mutua de los peores violadores internacionales de los derechos humanos.

Tal vez muchos de ustedes recuerden que una de las mayores preocupaciones de los países democráticos en el momento en que la Asamblea General de la ONU creó el Consejo en el 2006 fue que el nuevo comité de derechos humanos no siguiera los pasos de su antecesor. En el pasado, países violadores de los derechos humanos como Cuba, China y Arabia Saudita intercambiaban sus cargos en otros comités de la ONU con otros países, para asegurarse una banca en el Consejo de derechos humanos y protegerse de las críticas del resto del mundo.

Para evitar eso, la Asamblea General de la ONU le pidió al nuevo Consejo de Derechos Humanos hace dos años que creara un Comité Asesor independiente. Los funcionarios de la ONU dijeron que el Comité Asesor adoptaría decisiones de manera independiente, para proteger al Consejo de las presiones políticas.

Según un comunicado de prensa de la ONU tras la apertura de la sesión inaugural del Comité, Martínez dijo en su discurso que «ser el primer presidente de este nuevo organismo en la hipersensible área de derechos humanos fue un gran privilegio para él. Es la experiencia emocional más conmovedora que le ha tocado vivir».

De hecho, es probable que el propio Martínez no haya podido creerlo, teniendo en cuenta que los organismos independientes de derechos humanos internacionales consideran a Cuba uno de los países más represivos del mundo. Aunque Cuba firmó este año el estatuto de la ONU sobre Derechos Civiles y Políticos, nada ha cambiado demasiado en la isla en el campo de los derechos humanos.

Recientemente, Amnistía Internacional pidió al gobierno cubano que liberara a 58 disidentes encarcelados hace cinco años en una redada que el grupo internacional llama «la mayor campaña que se haya llevado a cabo en Cuba contra los opositores políticos».

«El único delito cometido por esos 58 individuos fue el pacífico ejercicio de sus libertades fundamentales», dijo el grupo. «Amnistía Internacional los considera prisioneros de conciencia.»

Según un informe de este año emitido por Human Rights Watch, Cuba sigue reprimiendo «casi todas las formas de disenso político. Los ciudadanos cubanos han sido privados sistemáticamente de sus derechos fundamentales de libre expresión, privacidad, asociación, movimiento y del derecho a la defensa legal».

¿Puede ser que Martínez actúe como un «experto independiente», como lo aseguran los funcionarios de la ONU y de Cuba?, le pregunté a Amnistía Internacional.

«No es posible que pueda cumplir con esa parte de su mandato», me dijo Holly Ackerman, una especialista en Cuba de Amnistía Internacional en Estados Unidos. «Las exigencias de un régimen comunista son que uno sea solidario con el gobierno, que uno esté "integrado". Uno representa a la revolución, y no a sí mismo».

MI OPINIÓN: Estoy de acuerdo. El Consejo de Derechos Humanos de la ONU ha resultado ser tan politizado como el desacreditado organismo que lo precedió. Algunos de sus miembros más activos son Cuba, China, Arabia Saudita y Rusia, y eso se nota en sus decisiones.

La mayor esperanza de que el Consejo de Derechos Humanos fuera diferente a su antecesor era tener un Comité Asesor verdaderamente independiente, que le impidiera proteger a los transgresores de los derechos humanos. Sin embargo, ahora que el Comité Asesor será presidido por funcionarios propuestos por Cuba, Rusia y Egipto, esa esperanza se ha desvanecido.*

* Redactado en Miami: 7-8-08.

7.- El juego político de Chávez

DESPUÉS DE MÁS DE DIEZ AÑOS de observar al presidente venezolano Hugo Chávez, es notable hasta qué punto su comportamiento se ha vuelto previsible: siempre da un paso atrás después de sufrir un revés político, y dos pasos hacia adelante en el preciso instante en que el mundo empieza a mirar hacia otro lado.

No hay muchas dudas sobre la dirección en que está marchando ahora. Tras perder el referéndum del 2 de diciembre, que le hubiera permitido permanecer indefinidamente en el poder, Chávez se pasó seis meses jugando al *buen tipo*, solo para empezar a violar, en las últimas semanas, las reglas democráticas más básicas para garantizarse la victoria en las cruciales elecciones del 23 de noviembre en las que se deciden los cargos de gobernadores y alcaldes.

Me quedé pensando en la rutina política de Chávez de dar un paso atrás y dos hacia adelante hace días mientras entrevistaba a Leopoldo López, uno de los mas prominentes políticos proscritos en Venezuela, que fue oficialmente despojado esta semana de su derecho a presentarse como candidato a la intendencia de Caracas.

López, de 37 años, intendente del municipio caraqueño de Chacao, estaba bien arriba en las encuestas. El lunes, el Tribunal Supremo de Justicia, dominado por Chávez, decretó que procedía la «ley de inhabilitación» contra López y otros 270 candidatos, de los cuales el 90% es de la oposición.

Los políticos inhabilitados y la mayoría de los expertos legales independientes coinciden en que la decisión del gobierno es inconstitucional, porque según lo establece la propia constitución chavista de 1999, solo los candidatos con una condena en firme de un tribunal pueden ser proscritos de una candidatura a un cargo público. En el caso de López y de muchos otros opositores, fueron acusados por la Controlaría General y otras dependencias estatales, pero nunca fueron juzgados ni condenados por una corte de justicia.

En otra movida violatoria de todas las reglas del juego limpio, el 31 de julio —el último día que gozaba de los «poderes especiales» que le había otorgado la Asamblea Nacional de abrumadora mayoría chavista— Chávez firmó ventiséis decretos destinados a poner en vigencia varias de las medidas «revolucionarias» rechazadas por el pueblo venezolano en el referéndum del 2 de diciembre pasado.

López me confirmó que Chávez, después de mantener un perfil relativamente bajo tras una serie de reveses políticos —incluyendo el referéndum, la demanda pública del rey de España cuando le preguntó «¿Por qué no te callas?» en una cumbre de presidentes y el descubrimiento de los archivos de computadora de las FARC que demuestran el activo apoyo de Chávez a la guerrilla colombiana—, está ahora en plena ofensiva.

«Después de la derrota del 2 de diciembre, va a hacer cualquier cosa para evitar una segunda derrota», dijo López. «Nunca en la historia de la República de Venezuela había pasado esto, ni siquiera en 1998, cuando un grupo de oposición trató de inhabilitarlo. La Corte Suprema de entonces dijo que, a pesar de que había cometido un golpe de Estado, violado la Constitución y que el golpe había resultado en más de cien muertos, podía ser candidato porque no había una sentencia firme de un tribunal en su contra.»

López dijo que la nueva estrategia de Chávez de escoger a sus opositores políticos mediante la inhabilitación de sus adversarios más populares sigue la misma línea de los que están haciendo en sus propios países algunos aliados claves del presidente venezolano: los presidentes de Irán, Bielorrusia y Zimbabwe. No es casual que todos ellos hayan recibido altas condecoraciones de Chávez, agregó.

«Yo tenía más de un 60% de aprobación en Caracas», dijo López. «Le estaba ganando tanto al presidente Chávez como a sus candidatos en los barrios más pobres de la ciudad».

Ante la pregunta de qué hará de ahora en adelante, López respondió que respaldará los esfuerzos destinados a construir un bloque unificado opositor que presentará candidatos para las elecciones de noviembre, y que hará campaña por el candidato que el bloque decida nominar para la intendencia de Caracas.

«Creo que podemos ganar», dijo López. «El gobierno está reconociendo que ya no tiene capacidad para ganar elecciones, sino que tiene que sacar a sus mejores contendores para poder ganarlas.»

Mi opinión: En momentos como este, en los que Chávez saca a relucir su perfil más autoritario, no puedo evitar recordar el manifiesto político que Chávez escribió en la prisión de Yare tras su intento golpista de 1992. En su manifiesto *¿Y cómo salir de este laberinto?*, Chávez escribió que una vez en el poder, su gobierno «cívico-militar» tendría que estar veinte años en el poder para producir una «revolución» en Venezuela.

En la mente del presidente narcisista-leninista de Venezuela, todavía estamos en ese periodo de incubación, y de eso trata su juego político, de dar un paso atrás y dos hacia adelante.*

---

* Redactado en Miami: 14-8-08.

8.- La concentración de riqueza en América Latina

¡QUÉ NOTABLE! Los ricos en América Latina se están enriqueciendo más rapidamente que sus pares en todas las demás regiones del mundo, y ya han acumulado 623 000 millones de dólares en valores financieros, sin contar sus casas ni sus colecciones de arte.

Según el Informe Mundial de la Riqueza 2008, un estudio realizado por Capgemini y Merril Lynch, en el transcurso de los últimos tres años los individuos más acaudalados de Latinoamérica incrementaron su fortuna en un 20,4%. Comparativamente, los ricos de los países petroleros del Oriente Medio vieron aumentar sus cuentas bancarias en un 17,5% en el mismo período, en África un 15%, en Asia un 12.5%, en Europa de un 5,3% y en Estados Unidos y Canadá en un 4,4%.

El estudio, basado en información confidencial de varias empresas internacionales de administración de valores, dice que el aumento de la riqueza de los individuos más acaudalados de Latinoamérica se debe en gran medida al aumento de los precios de las materias primas.

Ileana Van der Linde, vocera de Capgemini, me dijo en una entrevista que los ricos latinoamericanos que más vieron crecer sus fortunas el año pasado fueron los de Brasil, Venezuela y Chile.

Entre otros hallazgos del estudio:

—La riqueza total de los ricos latinoamericanos, definidos como las personas que tienen más de un millón de dólares en ahorros líquidos, excluyendo bienes coleccionables y residencias primarias, aumentó de 420 000 millones de dólares en 2005 a 620 000 millones de dólares en 2007.

—La riqueza de los ricos latinoamericanos seguirá aumentando en los próximos años, para alcanzar la cifra de 10,3 billones* de dólares en el 2012. Esto implica que el total de la riqueza de los ricos de la región crecerá en un 10.8% anual, comparado con la tasa mundial de 7,7%.

—Con respecto a los "ultra ricos", definidos como las personas que tienen más de 30 millones en ahorros disponibles, sin contar colecciones de arte ni residencias primarias, Latinoamérica es la región de mayor concentración de riqueza del mundo. Alrededor del 2,5% de los ricos de la región son "ultra ricos", comparado con el 2% en África y el 1,1% en el Oriente Medio.

A diferencia del año pasado, cuando el Informe Mundial de la Riqueza reveló que los ricos latinoamericanos son los menos generosos de su clase en todo el mundo, el estudio de este año no hace referencia a las donaciones con fines benéficos. El informe del 2007 decía que mientras los ricos latinoamericanos destinan solo el 3% de sus valores financieros a las obras de caridad, los ricos en el Oriente Medio donan el 8% de su riqueza, y los estadounidenses el 12%.

En aquel momento, señalamos en esta columna que si bien esas cifras tal vez no sean totalmente fiables —muchos magnates latinoamericanos hacen donaciones en forma confidencial, porque temen que la publicidad los haga víctimas de secuestros o extorsiones—, de todas maneras generan serias dudas sobre la generosidad de los ricos de la región. Van der Linde me dijo que el informe toca temas diferentes cada año, y que el del 2008 se centra en las inversiones ecológicas.

El estudio Capgemini Merril-Lynch sale a la luz poco después de que la Comisión Económica para América Latina y el Caribe de la ONU (CEPAL) publicara un estudio según el cual la clase media latinoamericana es proporcionalmente más pequeña que el promedio mundial. Representa el 57% del ingreso latinoamericano, comparado con un promedio del 62% de la clase media a escala mundial.

«Es claramente preocupante», afirma el economista de la CEPAL Andrés Solimano. «En muchos países puede crearse un pequeña clase con un poder político desproporcionado, lo que atenta contra la filosofía de un sistema democrático en que cada persona cuenta igual».

MI OPINIÓN: La creciente concentración de la riqueza en Latinoamérica debería hacer sonar campanas de alerta. Indica que los cinco últimos años de crecimiento económico de la región no se han traducido en la creación de una nueva clase media de decenas de millones de pequeños emprendedores, sino que más bien sirvieron para que los muy ricos se enriquezcan aún más.

¿Qué hacer al respecto? Encolerizarse y culpar a los ricos de la pobreza de la región no serviría de nada y solo empeoraría las cosas: los más ricos pondrían aún más dinero en bancos extranjeros e invertirían menos en sus países, lo cual aumentaría el desempleo y la pobreza.

Pero resulta claro que no se ha hecho lo suficiente para promover la creación de pequeñas empresas y expandir la clase media. En vez de ostentar el récord de concentración de riqueza, la región debería esforzarse por tener un mayor número de individuos moderadamente ricos y mucho menos pobres.*

---

* Redactado en Miami: 18-8-08.

9.- La burocracia en América Latina

U N NUEVO ESTUDIO SUGIERE QUE LOS INVERSIONISTAS que piensan abrir una empresa en Latinoamérica deben armarse de paciencia: en muchos países de la región lleva veinte veces más tiempo registrar una empresa que en Estados Unidos, Singapur o Nueva Zelanda.

Según el nuevo informe de la Corporación Financiera Internacional del Banco Mundial, varios países latinoamericanos siguen estando entre los campeones mundiales de la burocracia, mientras que los países del este de Europa, Asia y África están actuando con mayor rapidez para reducir el papeleo burocrático gubernamental y facilitar así el establecimiento de nuevas empresas.

El estudio, titulado *Haciendo Negocios 2009*, es el sexto informe anual sobre la burocracia en el mundo realizado por la CFI, y evalúa diez áreas de la legislación en cada país que determinan la facilidad o dificultad para hacer negocios. Mientras Colombia, República Dominicana y Uruguay hicieron algunos avances el año pasado en la reducción de los trámites burocráticos, casi todos los otros países de la región perdieron terreno respecto del resto del mundo en 2007, según consigna el informe.

Entre los resultados del estudio están:

—Lleva 694 días abrir una empresa —aunque se trate de un pequeño negocio familiar— en Surinam, 195 días en Haití, 152 días en Brasil y 141 días en Venezuela. Comparativamente, lleva 1 día abrir una nueva empresa en Nueva Zelanda, 2 días en Australia, 4 días en Bélgica o Singapur y 6 días en Estados Unidos.

—Parte de la razón de esas demoras en Latinoamérica es el número de trámites burocráticos requeridos para abrir una empresa. Hay que realizar 18 trámites burocráticos para abrir un negocio en Brasil, 16 en Venezuela y 15 en Argentina, comparados con 6 trámites requeridos en Estados Unidos, y uno solo en Canadá o Nueva Zelanda.

—Para conseguir un permiso de construcción hacen falta 34 autorizaciones en El Salvador, 28 en Argentina y 12 en México. Comparativamente, se necesitan 6 permisos en Dinamarca, 15 en Burkina Faso y 19 en Estados Unidos.

—En lo referente a las dificultades que enfrentan los empleadores para despedir a un trabajador de pésimo desempeño —una traba que hace que las empresas sean mucho más cautas a la hora de emplear más trabajadores—, Venezuela y Bolivia son los campeones mundiales: sus leyes simplemente lo prohíben.

Los empresarios de Ecuador tienen que pagar el equivalente a 135 semanas de salario para despedir a un empleado ineficaz, en Argentina 95 semanas, en México 52 semanas y en Brasil 37 semanas. Comparativamente, los empleadores de Estados Unidos y Dinamarca pueden despedir a un empleado ineficaz sin pagarle nada.

—En materia de los trámites requeridos para exportar un producto, se necesita llenar 9 formularios en Argentina y Paraguay, 8 en Venezuela y 7 en Perú. Comparativamente, se deben llenar 2 formularios en Francia y 4 en Estados Unidos.

En un ranking que mide la facilidad de hacer negocios en los 181 países incluidos en el estudio, que mide todos estos factores, los países latinoamericanos que salen mejor parados son Chile (en el puesto 40 a nivel mundial), Antigua y Barbuda (42), Colombia (53), México (56) y Perú (62). Salvo Colombia, los demás países latinoamericanos recién mencionados perdieron posiciones respecto del año pasado.

¿A qué se debe que la mayoría de los países latinoamericanos se están quedando atrás en el ránking del Banco Mundial de los países con menos trabas burocráticas para hacer negocios?, le pregunté a Sylvia Solf, una de las autoras del informe. Me respondió que no es porque los países latinoamericanos se estén resistiendo a reducir los trámites burocráticos, sino que China y otros países asiáticos, del Este de Europa y África están eliminando la burocracia mucho más rápido.

«Tal vez la presión de la competencia no se percibe tanto en Latinoamérica como en otras regiones», agregó Solf. «En otras regiones se ha producido un efecto de "bola de nieve", en que los países tratan de aprender de sus vecinos y superarlos. En Latinoamérica, con la excepción de América Central, eso no ha ocurrido tanto.»

Mi OPINIÓN: Estoy de acuerdo. Muchos países de la región sufren de ceguera periférica: gastan demasiada energía debatiendo su pasado y sus proyectos de desarrollo actuales, en vez de ver qué pueden aprender de otros países del mundo que han logrado atraer inversiones, crear empleos y reducir la pobreza.

De manera que no debería sorprendernos que casi la mitad de la población adulta de Latinoamérica trabaje en la economía informal, sin pagar impuestos y sin acceso a préstamos bancarios que permitirían el crecimiento de pequeñas empresas y el aumento del empleo. Cuando los gobiernos le hacen difícil a la gente hacer negocios, las personas comienzan a operar en la economía «negra», crece la corrupción y el progreso de los países se hace mucho más lento.*

---

* Redactado en Miami: 11-9-08.

10.- ¿Llegó el fin del Primer Mundo?

C UANDO LLEGUÉ A LA ARGENTINA la semana pasada en medio de la crisis financiera de Estados Unidos, pensé que encontraría al gobierno de la presidenta Cristina Fernández de Kirchner profundamente preocupado por el posible impacto del caos reinante en los mercados mundiales. ¡Me equivoqué de cabo a rabo!

Al igual que el presidente venezolano Hugo Chávez, la presidenta Fernández y sus seguidores —que, por cierto, son más difíciles de encontrar ahora que la última vez que estuve aquí en enero— reaccionaron con poca disimulada satisfacción ante lo que consideran el colapso de Estados Unidos, y como una reivindicación de su decisión de rechazar las políticas de libre mercado recomendadas por el gobierno estadounidense.

«Estamos viendo cómo ese primer mundo, que nos habían pintado en algún momento como una Meca a la que debíamos llegar, se derrumba como una burbuja (sic)», dijo la presidenta Fernández. «Nosotros con nuestro proyecto de construir con nuestros propios esfuerzos aquí estamos en medio de la marejada, firmes, reconstruídos y dispuestos a enfrentar el presente y el futuro».

Más tarde, esa misma semana, Fernández sugirió que, contrariamente a lo que alegan quienes afirman que Argentina debe insertarse en la economía global, el estatus del país como paria de los mercados financieros internacionales era en realidad algo positivo, que lo protegerá de los *shocks* financieros [colapsos] externos. Argentina entró en *default* [impago] de su deuda externa en 2001, y depende de Chávez para obtener préstamos a una tasa de interés más alta que la usual.

Fernández citó informes de prensa estadounidenses sobre la masiva intervención estatal de las instituciones financieras como prueba de que Argentina había estado en lo correcto con sus recientes nacionalizaciones. Y en un exabrupto de orgullo nacionalista —o megalomanía pueblerina— sostuvo que Walt Disney había copiado Disneylandia de La Ciudad de los Niños, un parque de diversiones de la ciudad de La Plata, insinuando que Argentina ha estado muchas veces a la vanguardia de Estados Unidos y el resto del mundo.

En la misma tónica, el periódico oficialista *Página 12* encabezó su portada del 18 de septiembre con el título: «La decadencia del imperio americano».

Aunque muchos argentinos creen genuinamente que Estados Unidos ha colapsado como potencia mundial, algunos de los principales columnistas argentinos criticaron de inmediato los comentarios de la Presidenta.

Joaquín Morales Sola, del diario *La Nación*, escribió que la afirmación hecha por Fernández respecto al desmoronamiento del primer mundo y la supuesta fortaleza de Argentina era prematura y errónea. A la Argentina le resultará más difícil acceder a préstamos bancarios a medida que los inversores se marchen en busca de mercados más seguros, y el precio de la soja —la principal exportación del país— probablemente caiga en medio de una recesión económica mundial, señaló.

Eduardo van der Kooy, del diario *Clarín*, calificó de frívolas las declaraciones de la Presidenta.

Otros analistas políticos me dijeron que la retórica de Fernández puede ser un intento de tapar los crecientes problemas que enfrenta su gobierno. La economía se está desacelerando, un juicio en Miami está produciendo revelaciones diarias sobre el envío del gobierno de Chávez de, por lo menos, 800 000 dólares en efectivo a la Argentina que según algunos testigos estaban destinados a la campaña presidencial de Fernández, y los diarios informan que la mandataria y su esposo han registrado recientemente una nueva empresa —una consultora financiera llamada El Chapel— que es la última adición de lo que, según afirman, es ya una cuantiosa fortuna familiar. No resulta sorprendente que la popularidad de Fernández se haya desmoronado en los últimos meses.

Mi opinión: No creo que Estados Unidos se «derrumbe como una burbuja», para usar la confusa metáfora de la presidenta. En algún momento ocurrirá eso, como ha ocurrido con todas las superpotencias de la historia, pero no creo que ocurra ahora.

En primer lugar, el sistema bancario estadounidense está más regulado que otros, y muchos bancos europeos y asiáticos simplemente están postergando el sinceramiento que han hecho los bancos de Wall Street.

Segundo, tal como me dijo Bill Gates en una entrevista reciente, las universidades estadounidenses todavía están produciendo las innovaciones más redituables del mundo, y lo seguirán haciendo al menos durante dos décadas. Así como las universidades estadounidenses importaron las mejores mentes europeas en la época de la Segunda Guerra Mundial, ahora están atrayendo los mayores talentos de China y de la India.

En tercer lugar, y más importante, es probable que Estados Unidos siga siendo un refugio seguro para los inversores de todo el mundo.

En medio del tsunami financiero de Wall Street la semana pasada, los argentinos no salieron corriendo a comprar bolívares venezolanos, ni yuanes chinos, y ni siquiera euros. Corrieron a comprar dólares estadounidenses, llevando el cambio del mercado negro de 3,10 pesos a 3,25 pesos. Eso resulta muy revelador.*

* Redactado en Buenos Aires (Argentina): 22-9-08.

11.- El vicepresidente rebelde de Argentina

L A PRESIDENTA CRISTINA FERNÁNDEZ DE KIRCHNER enfrenta un desafío peculiar: su propio vicepresidente, Julio Cobos, se ha vuelto en contra de su gobierno, y eso lo está convirtiendo en el político más popular del país.

Cobos, 53 años, un ex gobernador provincial perteneciente a un partido de oposición, fue elegido por Fernández como compañero de fórmula en las elecciones de 2007, en un esfuerzo por presentar su candidatura como una coalición de distintos partidos políticos. Pero hace dos meses, Cobos emitió en el Senado un voto decisivo en contra de una ley del gobierno destinada a aumentar las retenciones de las exportaciones agrícolas, y se convirtió instantáneamente en una celebridad.

Cuando lo entrevisté la semana pasada en su oficina del Senado, Cobos —quien tiene previsto hablar en la Conferencia de las Américas del *Miami Herald* el 3 de octubre en Miami— se veía tranquilo y entusiasta, como un hombre que sabe que su estrella política está en ascenso. A todos los sitios donde va es seguido por una multitud de fotógrafos y sus frecuentes reuniones con críticos del gobierno son interpretadas por los medios argentinos como golpes directos asestados a la presidenta.

Esta semana, como la presidenta viajó a Nueva York para la Asamblea General de las Naciones Unidas, Cobos asumió como presidente interino y acaparó los titulares por su reunión con el líder de la Federación Agraria Argentina Eduardo Buzzi, un líder de las protestas contra las políticas del gobierno hacia el agro.

¿Cómo es su relación con la presidenta?, le pregunté a Cobos. ¿Habla con ella? Cobos dijo que no ha hablado con la presidenta desde una reunión que ambos mantuvieron pocos días después de que él emitiera su famoso voto del 17 de julio, en su carácter de presidente del Senado, que derrotó el proyecto gubernamental de aumentar las retenciones a las exportaciones de productos agrícolas.

«No sé si estaba enojada, pero bueno, contenta no estaba», me dijo Cobos, refiriéndose al ánimo de la presidenta en esa reunión. «Dijo que a partir de ese momento nuestra relación debía limitarse a lo institucional.»

¿Cómo ve su voto en contra del gobierno ahora, dos meses después? Los funcionarios del gobierno dicen que usted es un traidor, le señalé: primero le dio la espalda a su partido integrando la fórmula con Fernández y después le volvió la espalda a la presidenta.

«Creo no haberme equivocado», dijo Cobos, refiriéndose a su ya famoso voto en el Senado. «Creo que era un tema de ponerle un límite a un poder [presidencial] que la ciudadanía consideraba excesivo».

El vicepresidente agregó que, desde entonces, los argentinos han recuperado su confianza en el Congreso. «Los empleados que trabajan aquí [en el Congreso] me decían: "Antes me daba vergüenza decir que trabajaba aquí. Venía en taxi y le decía al taxista que me dejara dos cuadras antes". Ahora, dicen "Voy al Congreso", y lo dicen orgullosos.»

¿Qué debería hacer el gobierno para mejorar el estándar de vida de Argentina?, le pregunté.

«Hay que trabajar en planes de largo plazo», dijo Cobos. «Un país tiene que tener un rumbo. Me parece que eso es en lo que tenemos que trabajar: una Argentina más a largo plazo, más previsible, más creíble, más protegida, con más garantías de seguridad jurídica... como lo está haciendo Chile.»

El vicepresidente, ingeniero civil de profesión, agregó que «acá ideologizamos todo. Hay que ser más pragmáticos».

¿Argentina se ha acercado demasiado a Venezuela?, le pregunté. «A lo mejor se concentró demasiado [en Venezuela]», respondió Cobos. «Me parece que la relación tiene que ser radial y buscar una relación mejor con todos los países. No hay que concentrarse solo en Venezuela.»

¿Se presentará como candidato a la presidencia?

«Eso me lo preguntan todos los días», dijo, riéndose. Por el momento, ha lanzado un nuevo movimiento, «Consenso federal», y establecido un centro de estudios, «Idear», con la intención de reunir a varios partidos de la oposición y elaborar nuevas propuestas económicas, sociales y educativas. «Después veremos lo que ocurrirá conmigo», dijo.

Pero lo que no hará es renunciar a la vicepresidencia, por más que el gobierno se lo pida, me dijo Cobos. «Eso sería decepcionar a la gente. La gente votó por otra cosa. Que me hagan juicio político: sería la única forma [de sacarme]», señaló.

Mi opinión: Los vientos políticos están cambiando en Argentina. La retórica populista y confrontacional de Fernández y de su esposo, el ex presidente Néstor Kirchner, empiezan a sonarle cada vez menos creíble a la mayoría de los argentinos en medio de las noticias periodísticas que denuncian una masiva corrupción gubernamental.

Si Cobos cultiva su perfil de político pragmático que busca consensos, será un problema cada vez mayor para el gobierno, y uno de los candidatos con más posibilidades de convertirse en el próximo presidente de Argentina. Esta pelea recién está empezando.*

* Redactado en Buenos Aires (Argentina): 25-9-08.

12.- La ola populista en Estados Unidos

¡QUÉ TRAGEDIA! Justo cuando Estados Unidos necesita desesperadamente abrir nuevos mercados de exportación para enfrentar lo que puede convertirse en su peor crisis económica desde la depresión de 1929, una nueva encuesta que se hará pública en la Conferencia de las Américas de Miami revela que los estadounidenses se están volviendo cada vez más aislacionistas.

Ante la pregunta de qué habría que hacer con el acuerdo de libre comercio de Estados Unidos con México y Canadá, el 42% de los estadounidenses dijeron que debería ser revisado, el 17% dijo que Washington debería retirarse, y el 21% dijo que habría que dejarlo como está, según la encuesta realizada por Zogby International.

Ante la pregunta de si el Congreso debería ratificar el acuerdo de libre comercio con Colombia, el 18% de los estadounidenses dijeron que debería ser ratificado, el 14% dijo que debía ser rechazado y el 30% que debería ser ratificado con condiciones adicionales referidas a derechos humanos, algo que de hecho forzaría una nueva negociación del acuerdo.

Preguntados sobre el muro construido por Estados Unidos en la frontera con México, el 58% dijo que apoya una expansión del muro, y el 34% que se opone a extenderlo, según la encuesta. (Los resultados completos de la encuesta, que incluye temas sobre inmigración, Cuba y Venezuela, se pueden encontrar en www.miamiherald.com).

«En Estados Unidos, cada vez que se vive un momento de tensión económica como la de ahora, se produce este tipo de reacción colectiva: una reacción contra los de afuera, contra las economías de afuera, contra la gente de afuera», dijo John Zogby, el autor de la encuesta copatrocinada por el grupo Diálogo Interamericano de Washington DC.

«Pero también puede ser un reflejo del rechazo de la gente a las políticas de Washington. Hay una grave crisis de confianza en nuestras instituciones gubernamentales», agregó Zogby. Señaló que esta y otras encuestas demuestran que, en general, los estadounidenses aún apoyan el libre comercio y un trato humano de los inmigrantes indocumentados, especialmente de los niños traídos por sus padres a Estados Unidos.

Cuando le leí los resultados de esta encuesta a Marcelo Giugale, director de las políticas económicas para Latinoamérica del Banco Mundial, su reacción fue: «Estas cifras me asustan».

«La encuesta dice que Estados Unidos está dejando de confiar en el resto del mundo», dijo Giugale. «Ahí hay un problema de comunicación enorme. Los beneficios para el país, especialmente en un momento como este, de integrarse comercialmente con el mundo no se le han explicado suficientemente bien a la gente.»

Mi opinión: Estoy de acuerdo. Hay varias razones por las cuales los estadounidenses deberían buscar una mayor integración con Latinoamérica y el resto del mundo, ahora más que nunca.

Económicamente, aun si se logra la aprobación de un nuevo acuerdo de rescate financiero en el Congreso próximamente, la actual parálisis crediticia paralizará la economía y disminuirá el crecimiento económico estadounidense y del mundo. Agradezcan a los 133 congresistas republicanos conservadores y los 95 demócratas liberales que votaron en contra del paquete de rescate por las inmensas pérdidas económicas que agravaron con su irresponsabilidad.

En los últimos meses, las exportaciones han sido una de las pocas cosas —si no la única— que han andado bien en la economía estadounidense y que han ayudado al país a compensar su cada vez mayor endeudamiento. Estados Unidos necesita más acuerdos de libre comercio y debería profundizar los que tiene, para poder exportar más y crear nuevos empleos.

En el plano financiero, Estados Unidos depende en gran medida de otros países que compran sus bonos del Tesoro y otros instrumentos de deuda, algo que ha permitido que el gobierno de George W. Bush siguiera gastando alegremente mucho más de lo que entra en las arcas del país. Si la irresponsabilidad de los congresistas republicanos lleva a una recesión profunda y los países dejan de confiar en Estados Unidos y comienzan a invertir en otra parte, los estadounidenses dispondrán de menos dinero para mantener su estándar de vida.

En lo político, si el Congreso no aprueba un paquete de rescate financiero, el caos financiero de Wall Street tendrá un efecto inevitable sobre la imagen de Estados Unidos como un país que funciona. Al próximo presidente le costará predicar la democracia y la libertad económica. El mundo será aún menos civilizado que hoy.

Es fácil ser populista y culpar a otros en momentos como este. Sin embargo, es irresponsable y —como lo demostró la vertiginosa caída de la bolsa el lunes— nos hará a todos más pobres. Lo que se necesita ahora son líderes que arremetan contra el populismo, y expliquen a los estadounidenses que solo una mayor integración económica les permitirá vender más al resto del mundo, y evitar la pérdida de millones de empleos amenazados por el clima aislacionista reinante en el país.*

* Redactado en Miami: 3-10-08.

13.- Se vienen años de vacas flacas

NO SE ENGAÑEN CON EL UNIVERSAL SUSPIRO DE ALIVIO que se oyó el viernes cuando el Congreso de Estados Unidos aprobó un paquete de rescate de setecientos mil millones de dólares para salvar al sistema bancario del país. La medida contribuirá a evitar un colapso financiero, pero la economía estadounidense seguirá en baja, y Latinoamérica recibirá un golpe más grande que el que muchos suponen.

Es cierto, la crisis de Wall Street que sacudió a los mercados mundiales durante las últimas semanas no significará «la debacle del capitalismo», tal como el presidente venezolano Hugo Chávez proclamó triunfalmente, ni significa que el Primer Mundo «se derrumba como una burbuja (sic)», como dijo la presidenta argentina Cristina Fernández de Kirchner.

Eso no ocurrirá. Lo más probable es que signifique un movimiento pendular, desde una economía de libre mercado excesivamente desregulada durante el gobierno de Bush hacia una economía más regulada, como ha ocurrido muchas veces en Estados Unidos después de ciclos de gastos excesivos e impuestos insuficientes.

Pero a juzgar por lo que escuché de boca de varios presidentes latinoamericanos, ministros de economía y economistas durante la Conferencia de las Américas del *Miami Herald* horas después de la aprobación del rescate financiero, la crisis crediticia de Estados Unidos nos afectará a todos durante el resto de este año y en el curso de todo 2009, si no más tiempo. Se vienen años de vacas flacas.

«El golpe ha sido tan grande que a los consumidores estadounidenses les llevará cierto tiempo empezar a comprar otra vez, o a pedir créditos», me dijo Mustafá Mohatarem, jefe de economistas de General Motors. «El gasto de consumo se reducirá durante un periodo de por lo menos dos años.»

Eso significará una desaceleración del crecimiento económico estadounidense, que es el motor de la economía mundial y la principal fuente de comercio, turismo e inversión de muchos países latinoamericanos. Mientras que antes de esta crisis los economistas pronosticaban un crecimiento anual de 3% en Estados Unidos durante los próximos años, ahora se calcula que la economía crecerá un 1% el año próximo, o que no crecerá en absoluto.

Como resultado, los países latinoamericanos verán caer sus exportaciones al mercado más grande del mundo, y recibirán menos turistas estadounidenses y menos remesas familiares de Estados Unidos. Esto perjudicará especialmente a México y Centroamérica, cuyas economías están estrechamente vinculadas al mercado estadounidense.

Pero también Sudamérica se verá afectada por una reducción de los precios de las materias primas, porque el menor crecimiento de la economía mundial resultará en una menor demanda de petróleo, soja y otras materias primas que han sido la base del crecimiento de Venezuela, Argentina y otros países de la región.

«La burbuja de los *commodities* [materias primas], aunque no ha estallado, se está desinflando considerablemente», dijo Mohatarem.

En el plano financiero, Latinoamérica tendrá mayores dificultades para acceder a préstamos externos para pagar sus proyectos de infraestructura o cumplir con los pagos de la deuda externa. Además, la crisis financiera se produce en un momento en el que muchos países ya están haciendo frente a mayores gastos por sus importaciones de petróleo y de alimentos.

«Hay cuatro crisis simultáneas que están afectando a nuestros países», dijo el presidente de la República Dominicana, Leonel Fernández. «La crisis financiera, la crisis energética, la crisis de alimentos y la crisis climática. Esto va a tener una incidencia directa en lo inmediato».

Augusto de la Torre, director del departamento latinoamericano del Banco Mundial, me dijo horas después del rescate bancario que la economía latinoamericana probablemente crecerá entre un 2,5% y un 3,5% en 2009. Antes de la crisis, el Banco Mundial y la mayoría de las instituciones financieras internacionales estaban proyectando un crecimiento de alrededor de más de 4,5% el año próximo para la región.

MI OPINIÓN: El rescate financiero es una buena noticia, pero no será suficiente. No reactivará el crecimiento mundial si Washington no empieza a reducir su deuda de más de 11 billones de dólares y la gente vuelve a confiar en la economía. El próximo presidente estadounidense debería imponer un paquete de austeridad, no muy diferente a los que se prescribían a los países latinoamericanos durante sus crisis financieras de los años ochenta y de los noventa.

En cuanto a qué países latinoamericanos resultarán más perjudicados, paradójicamente la lista probablemente incluya a varios de los que han celebrado la crisis financiera de Estados Unidos como un presunto «colapso» del capitalismo, y que ya tienen poco acceso al crédito internacional.

La caída del precio de las materias primas reducirá los ingresos y puede aumentar las tensiones políticas en Venezuela, Argentina, Ecuador y otros países exportadores de materias primas que han estado gastando más de lo que deberían. Sus políticas populistas estaban cimentadas en los estratosféricos precios de las materias primas, y es posible que ahora estén entre las principales víctimas de la desaceleración de la economía global.*

* Redactado en Miami: 6-10-08.

14.- Estados Unidos debe tomar su propia medicina

E L PRESIDENTE GEORGE W. BUSH está usando una buena parte de su tiempo en consultas con líderes europeos sobre cómo poner fin a la crisis financiera global. Pero debería también pedirle consejo a México y a otros países latinoamericanos que lograron recobrarse de sus debacles financieras.

Varios economistas internacionales dicen que Estados Unidos podría aprender algunas lecciones de la crisis financiera mexicana de 1994, que sacudió a los mercados mundiales y que terminó con un enorme paquete de rescate de Estados Unidos y el Fondo Monetario Internacional.

Claudio Loser, que era director del departamento latinoamericano del FMI durante la crisis mexicana, y que ahora se desempeña como consultor privado en Washington DC, escribió esta semana en el boletín informativo electrónico *Latin American Advisor* que un informe del FMI del 2005, sobre las crisis bancarias latinoamericanas, nos demuestra cómo la historia se repite.

Si tomamos las palabras «México» y «1994» en ese informe del FMI y las reemplazamos por «Estados Unidos» y «2008», las similitudes son notables.

«La oleada de quiebras bancarias en México en diciembre de 1994 se produjo luego de un periodo de liberalización financiera y de proliferacion de créditos bancarios, y en ausencia de adecuada regulación y supervisión bancaria», decía el FMI en 2005. «Cuando la mala calidad de las carteras de préstamos de los bancos mexicanos se hizo evidente, las cotizaciones de la moneda, las acciones y los precios inmobiliarios cayeron en picada, reduciendo todos los valores y provocando grandes pérdidas a los bancos.»

Para detener la hemorragia financiera mexicana, el entonces presidente Bill Clinton y el FMI rescataron la economía mexicana con un plan de salvamento de 38 000 millones de dólares, es decir alrededor del 10% del producto bruto mexicano de ese momento. Eso no fue demasiado diferente, en términos proporcionales a la economía nacional, del reciente plan de rescate de 700 000 millones de dólares aprobado por el Congreso de Estados Unidos, sumado a otros paquetes de estímulo aprobados por el gobierno estadounidense, según dice Loser.

Una vez que Washington y el FMI desembolsaron el dinero, México mejoró la supervisión del sector financiero con nuevas regulaciones. Eso produjo el colapso de varios bancos y la fusión de otros, tal como está ocurriendo en Estados Unidos hoy. Aunque el rescate bancario mexicano estuvo acompañado de serias acusaciones de corrupción, México se recuperó y pagó su deuda a Estados Unidos y al FMI a principios de 1997, dos años antes de su vencimiento, con una ganancia neta para el Tesoro de Estados Unidos.

¿Que lección tendría que aprender Washington de México?, le pregunto a Loser esta semana.

«La principal lección es que los paquetes de rescate financiero y las nuevas regulaciones no son suficientes si no se adopta un plan de austeridad con recortes del gasto público para poner la casa en orden», me dijo Loser. «México lo hizo y ahora lo tiene que hacer EE UU».

Loser señala que hacer estas cosas de inmediato podría empeorar la actual parálisis económica, pero Washington tendrá que adoptar estas medidas en los próximos meses. Entre otras cosas, Washington tendrá que pensar en reducir excepciones impositivas a grandes corporaciones, disminuir los programas de ayuda social y aumentar los impuestos.

MI OPINIÓN: Estoy de acuerdo. Washington debe aplicar el mismo remedio que prescribió a los países latinoamericanos durante sus respectivas crisis financieras y adoptar un plan de austeridad con reducciones del gasto del gobierno (yo empezaría por los subsidios agrícolas). Si no se aplica un paquete de austeridad, el rescate actual no mitigará los temores de Wall Street y el resto del mundo.

Lo que me preocupó al ver el debate presidencial del martes es que el senador Barack Obama y el senador John McCain continuaron haciendo grandes promesas como si en el mundo no hubiera pasado nada y como si no estuviéramos sufriendo la peor crisis financiera desde la gran depresión de 1929.

¿Acaso McCain realmente cree que podrá darles a las familias un crédito impositivo de 5 000 dólares para cubrir los costos de servicios médicos en el nuevo clima económico? ¿Acaso Obama realmente cree que el próximo gobierno podrá lograr asistencia médica para 45 millones de estadounidenses que no tienen seguro de salud?

Se están engañando y nos están engañando a nosotros. El tercer debate presidencial debería cancelarse para ser reemplazado por una prueba con un detector de mentiras en la que Obama y McCain deberían contestar si creen realmente que podrán cumplir sus respectivas promesas económicas. Probablemente saldrían reprobados.

Mientras tanto, deberían empezar a pensar en un plan de austeridad de largo plazo y llamar por teléfono a México para pedir consejos sobre cómo implementarlo.*

* Redactado en Miami: 9-10-08.

15.- ¿Se acabó la petrofiesta chavista?

E L COLAPSO FINANCIERO DE 2008 no perdona ninguna ideología: ha pulverizado la escuela del capitalismo sin regulaciones del gobierno de Bush y arruinará también el populismo de izquierda del presidente venezolano Hugo Chávez, basado en los altos precios del petróleo.

Casi todos los economistas coinciden en que Venezuela será el país latinoamericano más golpeado por la recesión mundial que se viene.

Eso se debe a que Venezuela obtiene el 94% de sus ingresos extranjeros del petróleo, y los precios del petróleo han bajado desde un récord de 146 dólares el barril en el mes de julio a alrededor de 75 dólares el barril el miércoles.

En una recesión mundial, los países industrializados comprarán menos petróleo. El banco Goldman Sachs estimó esta semana que los precios del crudo caerán a un promedio de 70 dólares el barril para fin de año, y que pueden bajar hasta 50 dólares el barril si la recesión mundial se profundiza.

Con estos precios, Chávez tendrá problemas para mantener los planes sociales en su país, lo que podría agravar las tensiones sociales. Y las grandiosas promesas de ayuda económica que Chávez hace diariamente a otros países serán aún más difíciles de cumplir.

PFC Energy, una empresa consultora con sede en Washington, dice que Venezuela necesitará que el precio del petróleo se sitúe a 97 dólares el barril para poder equilibrar su balanza de pagos externa en el 2009, una cifra muy superior a los precios actuales. Rose Anne Franco, una de las autoras del informe de PFC, me dijo que esa estimación no incluye miles de millones de dólares prometidos por Chávez a otros países, que aún no han sido oficializados.

Los funcionarios venezolanos dicen que el presupuesto de 2009 fue calculado a 60 dólares el barril, pero economistas independientes coinciden en que eso no dice mucho porque los presidentes venezolanos siempre han presupuestado el petróleo a precios bajos para poder gastar a su discreción los excedentes que proyectan para el futuro, y Chávez ha hecho esto más que nadie.

«En Latinoamérica, Venezuela sería sin lugar a dudas el principal perdedor si los precios del petróleo siguen bajos, por la inmensa importancia del petróleo en la economía», dice Augusto de la Torre, el principal economista para Latinoamérica del Banco Mundial. «La cosa puede hacerse muy difícil, porque hay un ritmo de gasto público muy elevado y no va a ser fácil políticamente reducir el gasto público para ajustarlo a un menor nivel de ingresos.»

El mayor problema de Venezuela es que, aunque los precios del petróleo se han quintuplicado en los últimos seis años, el gasto público ha crecido proporcionalmente. Para empeorar las cosas, el gobierno de Chávez no ha incrementado suficientemente las reservas extranjeras del país para poder afrontar años de vacas flacas y no puede aumentar la producción de petróleo para compensar la caída de precios porque muchas de las instalaciones del monopolio estatal PDVSA no se han mantenido adecuadamente.

«Se acabó la fiesta, y se viene un ajuste muy importante», dice Ramón Espinasa, asesor de energía del Banco Interamericano de Desarrollo y ex jefe de economistas de PDVSA. «Va a ser un choque fuerte respecto de la inercia del aumento del gasto público de los últimos seis años.»

Venecomy, un boletín informativo venezolano, dice que el país podría estar «en el umbral de una de las peores crisis económicas de su historia».

Con el precio del petróleo al nivel actual, es probable que el gobierno devalúe la moneda antes de fin de año, o que aumente el impuesto al valor agregado, o que anuncie un recorte drástico del gasto público, o haga una combinación de todas estas cosas, dice la publicación. También empezará «a buscar chivos expiatorios, y si Bush ya no está disponible, tal vez escoja al sector privado venezolano», especula el informe.

MI OPINIÓN: La caída del precio del petróleo no le impedirá a Chávez seguir gastando muy por encima de sus posibilidades durante las próximas semanas, porque la primera prioridad del presidente narcisista-leninista de Venezuela será ganar las elecciones estatales de fines de noviembre.

Y tampoco es probable que la recesión provoque la caída de Chávez del poder. Ahora controla las reservas del Banco Central, que puede usar para absorber un poco el impacto de la crisis. Y siempre puede culpar al «imperio» estadounidense por el inevitable ajuste del cinturón al que deberá someterse Venezuela.

Pero, con los actuales precios del petróleo, el petropopulismo chavista se quedará sin combustible (perdonen el juego de palabras, pero está mandado a hacer). La megalomanía del presidente venezolano siempre ha sido proporcional a la subida de los precios del petróleo.

Y con esos precios en baja, prepárense para ver a un Chávez menos locuaz, o a un Chávez que seguirá hablando hasta por los codos, pero con menos gente que le preste atención.*

* Redactado en Miami: 16-10-08.

16.- Memo al presidente electo Barack Obama

F ELICITACIONES POR SU HISTÓRICA VICTORIA ELECTORAL, presidente electo Barack Obama. Ahora que ya está armando su gabinete y estudiando cómo resolver la crisis económica, permítame hacerle algunas sugerencias en un área que requerirá su atención mucho antes de lo que usted se imagina: Latinoamérica y el Caribe.

Está claro que, ante la enormidad de desafíos que hay en el plano interno, América Latina no estará en su lista de prioridades.

Pero una de las primeras cumbres internacionales a las que deberá asistir será la Cumbre de las Américas, de 34 países, que se celebrará entre el 17 y 19 de abril en Trinidad y Tobago. No tendrá más remedio que prepararse con tiempo para el encuentro y llegar a la cumbre con una nueva agenda de Estados Unidos para la región.

Y también está claro que Latinoamérica nunca ha sido su punto fuerte. Como me dijo usted mismo la primera vez que lo entrevisté, en 2007, nunca ha visitado la región. Y cuando le pregunté en esa entrevista cuáles eran los tres presidentes latinoamericanos que más respetaba, se quedó petrificado, y no pudo recordar el nombre de ninguno de ellos. (Para ser justo, debo agregar que cuando lo entrevisté más recientemente usted mencionó a varios mandatarios regionales por su nombre.)

Así que permítame darle algunas sugerencias que pueden ayudarlo a cumplir su promesa electoral de renovar el liderazgo de Estados Unidos en Latinoamérica.

En primer lugar, sea usted mismo. No pose para los fotógrafos con un sombrero mexicano, como sus predecesores. Tiene usted una oportunidad tremenda para ganarse la simpatía de la región por el hecho de ser el primer presidente negro del país, por haber crecido en parte en el extranjero y —quizá lo más importante de todo— por haberse opuesto a la guerra de Iraq desde el primer día.

Por extraño que pueda parecerle, varios países latinoamericanos están entre los más antiestadounidenses del mundo, no por algo que Washington haya hecho recientemente contra la región, sino a causa de la guerra en Iraq. Los latinoamericanos no han olvidado la historia de las intervenciones militares de Estados Unidos en el continente, y la invasión a Iraq tocó una fibra sensible en la región.

Usted llega a la presidencia sin ningún lastre político. A los demagogos, como el presidente venezolano Hugo Chávez, les costará mucho pintarlo a usted como un imperialista. Saque ventaja de su virginidad en materia de política internacional para relanzar las relaciones de Estados Unidos con la región. Estas son algunas de las propuestas que podría llevar a la cumbre de Trinidad:

—Convierta la Cumbre de las Américas en un evento anual, en vez de trienal y cuatrienal, como usted mismo me dijo durante la campaña. Se trata de la única reunión del presidente de Estados Unidos con los presidentes latinoamericanos, y eso lo obligaría a concentrarse en los asuntos hemisféricos a pesar de todos los temas acuciantes en el resto del mundo. Eso mandaría una señal potente a la región.

—Resucite el cargo de Enviado Especial para Latinoamérica, pero con rango ministerial o nombrando a una personalidad de alto perfil en el puesto. Sea audaz: ofrézcale el cargo al ex presidente Bill Clinton, como parte de un paquete más grande de misiones diplomáticas.

—Comprométase a proponer en los próximos dos años una ley de reforma inmigratoria integral, que permita la legalización de los más de 11 millones de trabajadores indocumentados. Las economías de México y América Central dependen en buena medida de las remesas de dinero que hacen esos trabajadores a sus familias y de las exportaciones al mercado estadounidense, y ambas están cayendo peligrosamente.

—Olvídese de Hugo Chávez. El presidente narcisista-leninista de Venezuela hará todo tipo de piruetas para captar su atención y tratar de posicionarse como un líder mundial. Simplemente ignórelo, y concentre sus energías en mejorar los vínculos de Washington con países más serios, como México, Brasil, Colombia, Chile y Perú.

—Amplíe los planes de cooperación energética con Brasil, América Central y el Caribe para producir etanol de caña de azúcar, que es más barato y menos contaminante que el etanol de maíz que se produce en Estados Unidos. Eso ayudaría a Estados Unidos a reducir su dependencia petrolera del Oriente Medio y ayudaría a América latina.

—Proponga un acuerdo de integración regional de servicios de salud, por el cual millones de estadounidenses podrían usar sus seguros de salud en América Latina y conseguir atención médica más personalizada y a mucho menor costo en hospitales certificados por Estados Unidos en varios países de la región.

Estas son apenas algunas ideas para empezar. ¡Buena suerte! Aunque sus vínculos personales más directos sean con África, tiene usted una oportunidad única de abrir un nuevo capítulo en las relaciones de Estados Unidos con Latinoamérica.*

* Redactado en Miami: 10-11-08.

17.- El terror de las pandillas

U NO DE LOS PRIMEROS TEMAS que tendrá que abordar el equipo de transición del presidente electo Barack Obama cuando empiece a planear sus políticas hacia Latinoamérica será la oleada de violencia que está azotando a gran parte de la región y que se está extendiendo a las principales ciudades estadounidenses.

Según un nuevo estudio del economista del Programa de Desarrollo de las Naciones Unidas (PNUD), Carlos Acevedo, Centroamérica ya es la subregión con más elevados índices de homicidios del mundo, y varios países del Caribe y Sudamérica no se quedan muy atrás.

La tasa de homicidios de El Salvador es de 68 crímenes anuales por cada 100 000 habitantes, la más alta del mundo después de Iraq. Guatemala tiene 45 homicidios por 100 000 habitantes, Colombia y Honduras, 43, y Venezuela, 41. Comparativamente, la tasa de homicidios en Estados Unidos es de 6 personas por 100 000 habitantes, según el estudio.

Y según me dijeron expertos internacionales y funcionarios oficiales durante una visita a El Salvador la semana pasada, el fenómeno se está complicando aún más por el aumento de las deportaciones de inmigrantes indocumentados de Estados Unidos. Los deportados incluyen a muchos criminales, que están haciendo aumentar las tasas de delitos en América Central.

«Una amiga mía fue asaltada a punta de pistola tres veces en la misma semana en el autobús que toma para ir a trabajar» me dijo Acevedo. «Yo tuve más suerte: solo fui asaltado una vez, también a punta de pistola, cuando detuve mi automóvil ante una luz roja.»

Más de 17 500 salvadoreños —incluyendo 5 500 con antecedentes criminales— han sido deportados de Estados Unidos a este país desde principios de año, lo que representa un aumento de 10% respecto del año pasado, según cifras oficiales. Muchos de ellos son miembros de pandillas, y al poco tiempo regresan —ilegalmente— a Estados Unidos.

«Van y vienen», me señaló René Figueroa, el ministro de Seguridad y Justicia de El Salvador. «Cuando llegan a El Salvador, recogen dinero a través de robos y secuestros, y después vuelven a Estados Unidos para reunirse allí con sus maras [pandillas]. Allí se dedican a vender drogas, robar vehículos, y ya hemos tenido algunos casos de secuestros.»

El problema tiende a agravarse, dicen los expertos. Ya hay más de 300 000 miembros de pandillas en Centroamérica, y en algunos países sus números ya superan al de las fuerzas policiales. Algunos pandilleros de apenas 15 años ya tienen diez muertes en su haber, como parte de los ritos de iniciación de sus maras.

En septiembre, las fuerzas de seguridad salvadoreñas encontraron un misil antitanque, rifles M-16 y AK-47 y una ametralladora UZI en poder de una pandilla de los suburbios de San Salvador, la capital del país. Los pandilleros pertenecían a la mara Salvatrucha, un grupo que se originó en Los Ángeles y que opera en esa y varios otras ciudades estadounidenses.

«Estas bandas trabajan para quien les pague, como los traficantes de drogas», dice Figueroa. «El peligro es que un grupo pandillero termine siendo contratado para cometer otros crímenes, incluyendo ataques terroristas.»

Y según el estudio del economista del PNUD, la violencia le cuesta a América Central mas de 6 500 millones de dólares anuales en propiedades, gastos de salud y medidas de seguridad, y crea un clima de inseguridad que empuja a cada vez más salvadoreños a tratar de emigrar a Estados Unidos.

¿Qué debería hacer la administración Obama?, le pregunté a varios expertos de seguridad. Casi todos coincidieron en que América Central recibe una tajada demasiado pequeña de los cuatrocientos millones de dólares del paquete de ayuda de la Iniciativa Mérida, que Estados Unidos ha destinado para contribuir a combatir la violencia en México y América Central. Asimismo, casi toda la ayuda estadounidense se concentra en equipamiento antidrogas, como lanchas patrulleras, en vez de destinarse a la prevención del delito.

La manera más efectiva de combatir a las pandillas es a través de la educación y la prevención, estimulando actividades como juegos deportivos nocturnos que mantienen a los jóvenes fuera de las calles, según dijeron casi todos los consultados.

MI OPINIÓN: Obama señaló correctamente en un discurso de campaña, el 23 de mayo, que «La Iniciativa de Mérida no invierte lo suficiente en América Central, donde se origina gran parte de la actividad de las pandillas y el tráfico de drogas».

Eso es cierto. Pero también habría que aumentar la coordinación multinacional para combatir las pandillas, tomar medidas más enérgicas para impedir el tráfico de armas compradas en Estados Unidos, y cambiar la orientación de la lucha contra las maras para ponerle más recursos a los programas educativos y de prevención del delito. La ola de violencia en Centroamérica es también —y cada vez más— un problema de Estados Unidos.*

* Redactado en Miami: 17-11-08.

18.- Las llamadas de Barack Obama

S I USTEDES QUIEREN SABER cómo el presidente electo Barack Obama y su equipo de transición ven el resto del mundo, he aquí una manera poco científica pero muy interesante de averiguarlo: observar el orden de las llamadas telefónicas de Obama a los líderes extranjeros tras las elecciones del 4 de noviembre.

En base a lo que pude establecer examinando los comunicados de prensa del sitio web de Obama, www.change.gov, y a entrevistas que realicé con miembros del equipo de transición de Obama, el presidente electo ha estado llamando a líderes extranjeros desde el 6 de noviembre. Los asistentes de Obama solo me dieron los países a cuyos mandatarios llamó Obama por orden alfabético, señalando que no siempre se puede leer algo en el orden en el que fueron llamados los mandatarios.

Sin embargo, si ustedes coinciden conmigo en que Obama probablemente respondió los llamados de felicitación de los líderes extranjeros en orden de importancia, vemos que emerge un cuadro interesante:

— El 6 de noviembre, Obama llamó a nueve líderes extranjeros: los de Canadá, México, el Reino Unido, Israel, Francia, Alemania, Japón, Corea del Sur y Australia (no he respetado el orden alfabético de la lista que me dio el equipo de Obama, porque algo me dice que Australia no fue el primer país que llamó el presidente electo después de ganar las elecciones).

— Entre el 7 y el 10 de noviembre, Obama llamó a los líderes de China, Rusia, Arabia Saudita, Pakistán, Egipto, Italia, España, Ucrania y al comandante de la OTAN. (Nuevamente, no he seguido el orden alfabético de la lista oficial de este grupo, ya que tengo problemas en creer que Obama llamó a Ucrania antes que a China, o Rusia).

— El 11 de noviembre llamó al papa Benedicto XVI y a los líderes de Kenya, la India, Brasil y Jordania.

— El 17 de noviembrellamó a los líderes de Georgia, Filipinas y Turquía.

— El 18 de noviembre llamó a los líderes de Irlanda, Chile, Argentina, la Autoridad Palestina y Kazajistán.

— El 19 de noviembre llamó a los líderes de Nigeria, Senegal, Sudáfrica, Colombia y al Secretario General de las Naciones Unidas.

— Entre el 20 y el 24 de noviembre llamó a los presidentes de Afganistán, Indonesia, Haití y al presidente de la Comisión Europea.

— A partir del 24 de noviembre ha estado llamando a los líderes de países y organizaciones internacionales más pequeños, incluyendo una llamada del 26 de noviembre al líder de los Emiratos Árabes Unidos.

Cuando le pregunté sobre la lista, un miembro del equipo de transición de Obama me dijo: «Hubo ocasiones en las que el orden en que se devolvieron las llamadas estuvo determinado por conflictos de agenda, ya que tuvimos que encontrar un momento adecuado para el líder al que llamábamos y para el presidente electo».

Sin embargo, el cuadro general que emerge de las llamadas telefónicas de Obama indica que empezó llamando a los vecinos inmediatos de Estados Unidos, a sus aliados más estrechos. Además de Canadá y México, algunas de las primeras llamadas que hizo fueron a Inglaterra, Alemania, Japón y Corea del Sur.

Inmediatamente después llamó a los mayores rivales de Washington y algunos de los países de mayor importancia estratégica del mundo, incluyendo a China, Rusia, Arabia Saudita y Pakistán. Después llamó a las potencias emergentes, como la India y Brasil, y luego al resto del mundo.

¿Qué fue lo que más me sorprendió de la cronología de los llamados? Entre otras cosas, que no haya llamado aún al presidente de Iraq, y que se haya tomado más de dos semanas y por lo menos 33 otros llamados a líderes extranjeros antes de llamar a Colombia, un aliado clave de Estados Unidos en el hemisferio.

Mi opinión: A juzgar por el orden de sus llamadas a líderes extranjeros, Obama confirma lo que ya sabemos a partir de los nombramientos para su gabinete: su administración cambiará la política exterior del gobierno de Bush, pero no implicará un cambio radical de la diplomacia tradicional de Estados Unidos.

Lo que me preocupa un poco es la baja prioridad que le dio a Latinoamérica, una región que debería ser considerada más importante para Washington que ninguna otra en lo que hace a temas que afectan la vida cotidiana de los estadounidenses, incluyendo el comercio, el tráfico de drogas, la inmigración, el medioambiente y el petróleo (efectivamente, Estados Unidos importa más petróleo del continente americano que del Oriente Medio).

Vamos hacia una economía global regionalizada, en la que el mundo estará dividido en tres bloques: Latinoamérica, Asia y Europa. Para seguir siendo competitivo y expandir sus mercados, Estados Unidos tendrá que promover relaciones económicas más estrechas con sus vecinos del sur, y viceversa.

Por favor téngalo en cuenta, señor presidente electo. Estamos entusiasmados con su elección, y por los nombramientos que ha hecho hasta ahora, pero estaríamos aun más contentos si colocara a sus vecinos latinoamericanos en un lugar un poco más alto de su lista.*

---

* Redactado en Miami: 1-12-08.

19.- La marca país latinoamericana

H E AQUÍ UNA BUENA NOTICIA PARA LATINOAMÉRICA: una nueva encuesta mundial revela que Brasil, Argentina y México tienen mejor imagen en el exterior que la India, China, Sudáfrica y casi todos los países de Europa Central.

Sin embargo, la mala noticia para Latinoamérica es que mientras algunos países de la región tienen una imagen relativamente positiva en el exterior, sus productos no. El Ranking Anholt-GFK Roper de Marca País del 2008, una encuesta realizada a 20 000 personas de todo el mundo que mide la imagen externa de cincuenta naciones, revela que los productos latinoamericanos todavía son recibidos con aprensión en gran parte del mundo.

«Los países latinoamericanos son considerados muy pintorescos, cálidos, coloridos, y vibrantes, pero no competentes», me señaló Simon Anholt, el consultor del gobierno británico que realizó el informe, en una entrevista telefónica. «Ese es su principal problema.»

El ranking general de la imagen externa de los países está encabezado por veinte países industrializados. Alemania, Francia e Inglaterra ocupan los tres primeros lugares, en ese orden, y Estados Unidos está en séptimo lugar.

Más abajo en la lista, Brasil ocupa el lugar número 21, Argentina el 24, México el 26, la India el 27, China el 28, Polonia el 30, Chile el 38, Ecuador y Cuba comparten el puesto 46. Pero cuando se les preguntó específicamente cómo valoraban los productos de todos los países del mundo, los encuestados colocaron a los países latinoamericanos mucho más abajo en la lista.

El ranking de percepción de calidad de las exportaciones de la encuesta está encabezado por Japón, Estados Unidos y Alemania, en ese orden, mientras Corea del Sur ocupa el puesto número 18, Nueva

Zelanda el 20, China el 21, India el 26, Brasil el 27, Argentina el 31, Chile el 40, Cuba el 46 y Ecuador el 48.

Anholt, quien realiza este ranking todos los años, me dijo que la encuesta sobre exportaciones es más importante que la de la imagen general de los países, porque tiene un impacto más directo sobre la economía.

«Si uno tiene que elegir entre dos marcas completamente desconocidas de aparatos de DVD, y una dice "Made in Japan" y la otra "Made in Guatemala", la gente seguramente comprará la japonesa», dice Anholt. «Cientos de millones de personas de todo el mundo toman esa clase de decisiones diariamente.»

Anholt recomienda que los países gasten menos dinero en campañas de promoción del turismo o de las exportaciones, y que se concentren más en elaborar un proyecto integral de marca país.

«Deben crear una organización que abarque el gobierno, los empresarios y la sociedad civil, para que todos ellos se pongan de acuerdo en cuál es la imagen actual del país, cuál es la que se quiere proyectar, y qué se va a hacer colectiva e individualmente para mejorar la imagen nacional», explicó.

La clave para generar una buena marca país para las exportaciones es la innovación, me dijo Anholt. Cito el ejemplo de Nueva Zelanda, un país que hasta hace dos décadas era virtualmente desconocido en el resto del mundo. Nueva Zelanda adoptó una estrategia integral para promover su industria turística y sus exportaciones de kiwi, de cordero y de mantequilla, con un lema común: «Cien por cien puro».

«Eso era más que un eslogan: era realmente la verdad sobre el país», dice Anholt. «Transmite el mensaje de que es un país no contaminado, lo que resulta muy atractivo para el turismo, pero también para sus productos alimenticios.»

Mi opinión: La nueva encuesta revela que Brasil, Argentina y México tienen una imagen relativamente positiva en el exterior, en gran parte gracias a sus atractivos turísticos, su comida, su música, su cultura y sus logros deportivos. Pero el hecho de que ningún país latinoamericano esté por encima de la India en lo que hace a la imagen de sus productos, es un síntoma de cuánto necesitan hacer para mejorar sus marcas país.

Cuando visité la India el año pasado, me sorprendió la disparidad entre la imagen internacional del país como superpotencia emergente y el destartalado aeropuerto, los caminos ruinosos y la inmensa pobreza que vi a mi llegada. En comparación, cualquiera de las grandes capitales latinoamericanas parece mucho más moderna que Nueva Delhi.

Sin embargo, después me enteré de que la India ha creado la Fundación Marca País India, una organización público-privada con un fondo fiduciario de 50 millones de dólares, que ha estado promoviendo el país en el exterior durante más de una década como «la democracia de libre mercado de mayor crecimiento del mundo».

Eligieron un tema exclusivo, lo promovieron conjuntamente, y eso ayudó a mejorar su imagen en el exterior, incluyendo sus exportaciones.

No pude evitar pensar que si la India —con todas sus imágenes de extrema pobreza— logró promocionar sus productos exitosamente en el mundo, no hay motivo para que los países latinoamericanos no puedan hacer lo mismo, o aún más.*

* Redactado en Miami: 8-12-08.

20.- ¿Hay hipocresía en la defensa de la democracia?

LA DECISIÓN DE LA UNIÓN EUROPEA Y ESTADOS UNIDOS de suspender la ayuda exterior a Nicaragua por el aparente fraude gubernamental en las recientes elecciones municipales es una buena noticia, pero plantea una pregunta espinosa: si los países ricos no se están ensañando con la diminuta Nicaragua mientras se hacen los distraídos cuando Venezuela y otros países más grandes cometen atropellos contra las libertades democráticas.

El embajador estadounidense en Nicaragua, Robert Callaghan, anunció esta semana que Washington suspenderá unos 175 millones de dólares de ayuda externa a Nicaragua bajo la Corporación Cuenta del Milenio (CCM) si el presidente Daniel Ortega no resuelve la disputa con los partidos de oposición respecto de los resultados de las elecciones municipales del 9 de noviembre. El gobierno izquierdista de Ortega alega haber ganado en la capital, Managua, y en casi todas las otras ciudades, pero la oposición, la Iglesia católica y organizaciones internacionales —incluyendo el Centro Carter— tienen serias dudas sobre los resultados oficiales.

Anteriormente, la Unión Europea había suspendido alrededor de 31,7 millones de dólares en ayuda a Nicaragua, tras las denuncias de fraude en las elecciones municipales. Para Nicaragua, uno de los países más pobres del continente, la ayuda externa equivale a la mitad de los ingresos por exportaciones y es crucial para financiar los planes contra la pobreza.

Los políticos venezolanos de oposición mueven la cabeza con desconcierto cuando leen sobre las medidas económicas de la Unión Europea y Estados Unidos contra Nicaragua.

¿Por qué los países ricos no hicieron nada cuando el presidente venezolano Hugo Chávez prohibió a casi trescientos políticos de la oposición —incluyendo a algunos de los más populares— presentarse en las elecciones regionales del 23 de noviembre en Venezuela?, se preguntan. ¿O cuando el gobierno de Chávez cerró la cadena de televisión independiente RCTV?, se interrogan.

«Hay una alta dosis de hipocresía en la manera en que Estados Unidos y Europa hacen estas cosas, que perjudica su imagen», dijo Oswaldo Álvarez Páez, un ex candidato presidencial venezolano, en una entrevista telefónica desde Caracas. «Si Europa y Estados Unidos actúan por principios, deberían aplicarlos en todas las circunstancias similares».

Los países ricos deberían usar sus compras de petróleo venezolano como herramienta para presionar a Chávez para que respete las libertades fundamentales, de la misma manera en que Chávez usa sus exportaciones de petróleo como arma política en Latinoamérica, agregó. Si la oposición venezolana gana algunas elecciones, es porque a veces puede superar la enorme maquinaria de fraude del gobierno, concluyó.

En Bolivia, los políticos de la oposición denuncian que el gobierno del presidente Evo Morales cometió fraude en el referéndum nacional del 10 de agosto, y que Morales habitualmente pasa por alto las leyes en su intento de permanecer indefinidamente en el poder.

El gobierno de Bush recientemente suspendió algunas preferencias comerciales a Bolivia tras la expulsión de su embajador allí, pero Washington mantiene otros programas de ayuda en el país.

«En Bolivia hay fraude electoral», dice Manfred Reyes Villa, ex prefecto de Cochabamba y posible candidato presidencial el año próximo. «¿Por qué Washington toma medidas contra Nicaragua y no contra Bolivia?»

Manuel Orozco, un experto centroamericano del instituto de investigación centrista Inter-American Dialogue, con sede en Washington, afirma que Nicaragua ha sido el país latinoamericano en el que más se deterioró la democracia en el 2008, seguido por Bolivia. «En Venezuela por lo menos los resultados de las elecciones fueron más creíbles», señaló.

Funcionarios del gobierno estadounidense dicen que el caso de Nicaragua es diferente al de Bolivia o Venezuela.

«De los países que usted menciona, Nicaragua es el único que firmó un contrato con la Corporación Cuenta del Milenio por el cual el país se compromete a actuar en diecisiete áreas concretas, incluyendo el respeto a las libertades políticas», me dijo Heide Bronke Fulton, una vocera del Departamento de Estado.

Mi opinión: En un momento en el que la mayoría de los presidentes latinoamericanos le están dando la espalda a la defensa colectiva de la democracia —apenas esta semana le dieron una bienvenida de rey en la cumbre celebrada en Brasil al gobernante militar cubano Raúl Castro, que no ha permitido una elección libre en cinco décadas—, resulta difícil no apoyar medidas para presionar a Nicaragua para que realice un recuento de votos transparente.

Pero me pregunto si Washington y los países europeos no están exigiendo elecciones limpias en países chicos, mientras que aceptan «fraudes tolerables» en países más grandes.

Espero que el gobierno de Barack Obama logre inspirar a la región para que vuelva a abrazar la defensa colectiva de la democracia, bajo los términos de la Carta Interamericana del 2001, sin excepciones, y en el marco de organizaciones internacionales. Si Estados Unidos y Europa son vistos como potencias que solo exigen la democracia a los países más chiquitos, nadie los tomará muy en serio.*

* Redactado en Miami: 18-12-08.

Sección 4

2009. ¿Una luz al final del túnel?

1.- La primera victoria de Obama

E L PRESIDENTE BARACK OBAMA ya ha logrado su primera victoria contra los demagogos antiestadounidenses de todo el mundo: los ha puesto a la defensiva, gracias a que en muchos casos tiene una imagen más positiva que ellos en sus propios países.

Ya antes de que se sentara por primera vez en su despacho de la Casa Blanca el miércoles, la buena imagen de Obama en Latinoamérica y otras partes del mundo le ha dado una ventaja inicial sobre quienes describió en su discurso inaugural como «aquellos líderes de todo el mundo que tratan de crear conflictos, o de culpar a Occidente de los problemas de sus propias sociedades».

La buena imagen de Obama en el resto del mundo ha colocado a muchos líderes antiestadounidenses —incluyendo el presidente narcisista-leninista venezolano Hugo Chávez— en la incómoda posición de tener que escoger entre bajar el tono de sus insultos cotidianos contra Washington o quedar descolocados ante sus propios pueblos.

Aunque hay que esperar unos días para ver qué dicen las encuestas sobre la popularidad de Obama en el exterior después de su asunción al cargo, hay indicios de que es bastante grande. Consideren los siguientes datos:

—Una encuesta de la BBC, realizada entre 17 356 personas de dieciséis países y publicada el día de la asunción presidencial de Obama, revela que una mayoría del 67% se mostró optimista de que el nuevo presidente mejorará las relaciones estadounidenses con el resto del mundo. Esa cifra implica un aumento de 21% sobre quienes pensaban así cuando se realizó la misma encuesta hace seis meses.

«Cuanto más familiarizada está la gente con Obama, más parece aumentar el optimismo», dijo Steven Kull, director del Programa de Actitudes Políticas Internacionales (PIPA), que realizó la encuesta.

—En México, el 76% de los encuestados por el periódico *Excelsior* pocos días atrás cree que las cosas serán mejores con Obama. La encuesta telefónica realizada por la empresa encuestadora BGC reveló que el 78% de los encuestados considera que Obama es una persona «confiable», el 75% lo describió como «cercano al pueblo», el 74% lo calificó de «admirable», y el 86% de «inteligente».

—Aunque no hay encuestas recientes sobre la popularidad de Obama en Venezuela, los encuestadores venezolanos dicen que podría ser mayor que la de Chávez.

Oscar Shemel, director de la encuestadora Hinterlaces, me dijo en una entrevista telefónica desde Caracas que «si nos remitimos a lo que la gente en las encuestas considera como el líder ideal, Obama encaja perfecto».

Señaló que «la gente está buscando a alguien conciliador, que venga de abajo, y que le tienda la mano a todos, que una a la gente». Y agregó: «Chávez tiene un 47% de valoración positiva. No me extrañaría para nada que Obama logre lo mismo, o más».

De manera que no es del todo sorprendente que Chávez, a pesar de que Obama lo criticó en una reciente entrevista, mostró una inusual mesura a la hora de responderle al nuevo presidente estadounidense.

Advirtiendo que «nadie se haga aquí ilusiones, pues se trata del imperio norteamericano», Chávez, de todas maneras, expresó su esperanza de que la llegada de Obama a la presidencia «marque un cambio de verdad en las relaciones de Estados Unidos con los países del Tercer Mundo».

El presidente de Bolivia, Evo Morales, un seguidor de Chávez que recientemente expulsó al embajador estadounidense y suele culpar a Washington por todos los males del mundo, dijo que, por primera vez en Estados Unidos, «un hermano negro ha ganado democráticamente» la presidencia, y que «siento que todo el mundo cambiará».

La presidenta argentina Cristina Kirchner, una aliada de Chávez que se encontraba en visita oficial a Cuba el día de la asunción de Obama, habló positivamente sobre el discurso inaugural que, según dijo, confirmaba las «buenas expectativas» suscitadas por el nuevo presidente estadounidense.

«Cristina Kirchner podía pensar, con razón, que una foto con [el ex presidente George W.] Bush le restaba votos, pero ahora es evidente que una con Obama se los suma», escribió el analista político Rosendo Fraga en el periódico argentino *La Nación*.

Mi opinión: Obama ganó el primer *round* de su inminente combate contra los demagogos en Latinoamérica y en todo el mundo. Y apostaría que —a medida que las encuestas de los próximos días empiecen a reflejar el impacto mundial de su advertencia a los autócratas en su magnífico discurso inaugural de que «sus pueblos los juzgarán por lo que puedan construir, no por lo que destruyan»— su imagen positiva aumentará aún más.*

* Redactado en Miami: 22-1-08.

2.- Obama ganó el primer *round*

¡POBRE HUGO CHÁVEZ! Tras contemplar las primeras medidas tomadas por el presidente estadounidense Barack Obama, el líder populista venezolano y sus discípulos en Latinoamérica deben estar pensando: «Contra [George W.] Bush estábamos mejor».

En sus primeros días en la presidencia, Obama ordenó el cierre de la prisión de la base naval de Guantánamo, Cuba, en el término de un año, firmó un decreto que prohíbe torturar a los prisioneros de Estados Unidos en cualquier parte del mundo, abrió los registros de la Casa Blanca para hacer su Gobierno más transparente y reiteró de diversas maneras el mensaje de su discurso inaugural dirigido a los demagogos antiestadounidenses de que «sus pueblos los juzgarán por lo que sean capaces de construir, no por lo que destruyan».

Al revertir algunas de las políticas de Bush que más alentaron el sentimiento antiestadounidense en el mundo entero, Obama ha empezado a moverle el piso a Chávez y a otros demagogos aspirantes a presidentes vitalicios que han construido sus carreras políticas culpando a Estados Unidos por el atraso de sus países.

Obama ganó el primer *round*. Los ha puesto a la defensiva. De repente, les resulta difícil recitar su cartilla de improperios contra un presidente joven, afroamericano, que con frecuencia tiene índices de aprobación más altos en sus propios países que ellos mismos.

Hasta el dictador cubano Fidel Castro —el máximo maestro del arte de usar a Estados Unidos como chivo expiatorio de las falencias de su régimen— trata a Obama con guantes de seda. En una columna la semana pasada, Castro dijo que no duda de la «honradez» de Obama, aunque agregó que todavía es muy temprano para evaluarlo.

Ahora bien, si Obama quiere renovar el liderazgo de Estados Unidos en Latinoamérica, como prometió durante la campaña, debería adoptar las siguientes medidas adicionales —algunas de las cuales ya están siendo estudiadas por sus colaboradores— antes de la Cumbre de las Américas que se llevará a cabo en Trinidad y Tobago el 17 de abril:

—Antes de llegar a su primera cumbre internacional en Londres, el próximo 2 de abril, Obama debiera proponer la inclusión de Brasil y México en el «Grupo de los 8». Este grupo, que se reúne todos los años para tratar de solucionar los problemas más graves del mundo, está constituido por Estados Unidos, Japón, Rusia, Canadá, Italia, Alemania, Francia y el Reino Unido.

—Anunciar la designación de un Enviado Especial a Latinoamérica que tenga acceso directo a Obama. El cargo fue desempeñado por el ex jefe de gabinete y compañero de *kindergarten* de Bill Clinton, Mack McLarty, durante el gobierno de Clinton, pero fue descontinuado por Bush.

—Tomar medidas que permitan a los estadounidenses usar sus seguros de salud en hospitales del extranjero. Eso ayudaría a solucionar la crisis de los servicios de salud estadounidenses, contribuiría a reducir el déficit presupuestario de Washington y representaría una enorme inyección de dinero para las industrias de la salud y el turismo en Latinoamérica.

—Debería concretar la promesa de campaña de reducir la dependencia estadounidense del petróleo extranjero y crear una «Alianza Energética de las Américas», dando fondos y asistencia técnica para las industrias exportadoras de combustibles alternativos de toda Latinoamérica. Eso ayudaría a todos (salvo a Chávez, claro, que vive del petróleo).

—Pedirle al Congreso la aprobación de acuerdos de libre comercio con Colombia y Panamá. Obama se opuso al acuerdo con Colombia durante la campaña, pero ahora podría firmar algunos acuerdos laterales y respaldarlos activamente.

«El continente busca un cambio de tono, pero también busca ciertas acciones específicas», me dijo Eric Farnsworth, vicepresidente de la Sociedad de las Américas, con sede en Nueva York, quien es coautor de un nuevo informe sobre *La construcción de una agenda hemisférica de crecimiento,* que incluye algunas de estas ideas. «Obama debería aprovechar la oportunidad de la Cumbre de las Américas para crear desde el principio una atmósfera positiva.»

Mi opinión: Estoy de acuerdo. Si lo hace, Obama desarmará aún más a Chávez, Castro y a otros mandatarios narcisistas-leninistas de la región.

Obama podría inspirarse en lo que dijo la semana pasada el encargado de negocios estadounidense en Bolivia, Krishna Urs, después de que el presidente Evo Morales afirmara, sin evidencias, que Washington está conspirando contra su gobierno. Urs, quien estaba en la audiencia, se marchó de la sala, y más tarde exigió que el gobierno boliviano «deje de usar a Estados Unidos como una ficha en su política interna».

Obama podrá exigir que los líderes extranjeros sean juzgados por lo que construyan —y no por lo que traten de culpar a Washington— si sigue siendo visto en el resto del mundo como un líder bienintencionado y creíble.

A juzgar por sus primeros días en la Casa Blanca, empezó muy bien.*

* Redactado en Miami: 26-1-09.

3.- Estados Unidos y el mundo del siglo XXI

JUSTO CUANDO TODOS ESTÁN PRONOSTICANDO una gradual disminución del poder estadounidense en el mundo, un famoso futurólogo dice en un nuevo libro que la era de Estados Unidos recién comienza, y que durará todo el siglo XXI.

Y eso no es todo. George Friedman, el politólogo y presidente de la empresa privada de inteligencia Stratfor —que la revista *Barron's* describió como una «CIA paralela»— también dice en su nuevo libro, *Los próximos 100 años,* que las nuevas potencias globales del siglo XXI serán Japón, Turquía y Polonia, y que —escuchen esto— probablemente habrá una guerra entre Estados Unidos y México.

¿Es una obra de ciencia ficción?, le pregunté a Friedman durante una entrevista telefónica. ¿Cómo puede pronosticar que la «era americana» recién está comenzando cuando estamos en medio de la peor recesión desde 1930? ¿Y cómo puede ser tan optimista sobre Estados Unidos cuando el propio Consejo Nacional de Inteligencia del gobierno estadounidense, que es el centro de investigación a largo plazo de la CIA, predijo recientemente que Estados Unidos ya no será la única superpotencia mundial, sino solo un *primus inter pares* (o primero entre iguales), seguido de cerca por China, en 2025.

«Pongamos las cosas en perspectiva», me respondió Friedman. «Mientras la depresión económica de la década de 1930 produjo una caída de 50% del producto bruto, en la actual recesión estamos hablando de una caída de 2 ó 3% este año», dijo. «En segundo lugar, la recesión de la década de 1970 fue en muchos aspectos peor que ésta,» agregó.

«Los estadounidenses tienen muy poca perspectiva histórica», me dijo. «Si recordamos los discursos de Jimmy Carter en la década de 1970, decían que la próxima generación de estadounidenses no tendría un nivel de vida tan bueno. Nada de lo que escuchamos hoy es muy diferente de lo que escuchábamos en la década de 1970, o en la de 1930.»

Bueno, ¿pero en qué se basa para decir que la «era de Estados Unidos» recién empieza?, le pregunté.

«Porque la economía estadounidense es más grande que la de los cuatro países que le siguen en producto bruto —Japón, Alemania, China y el Reino Unido— juntos. Además, Estados Unidos tiene una enorme superioridad militar, ocupa un enorme territorio que es muy difícil de atacar, y controla todos los océanos del mundo», dijo.

«Cuando se toman en cuenta los factores objetivos del poder estadounidense, no hay comparación entre el tamaño y la vitalidad de la economía estadounidense y las economías del resto del mundo», agregó.

China se derrumbará, predijo. «Ya lo hemos visto antes en la historia de China: una tremenda desigualdad y una región del país que florece mientras otra región se muere de hambre. Uno de los resultados de esta combinación ha sido la guerra civil, sucedida por la imposición de un gobierno comunista que aisló a China del resto del mundo», explicó.

Friedman rechazó mi sugerencia de que China, gracias a su enorme tamaño y su inversión en la educación, continuará en ascenso. «Recuerde que treinta años atrás hablábamos de que Japón se convertiría en la mayor potencia del mundo. Antes, se hablaba de Rusia. Cada generación tiene su país candidato a sobrepasar a Estados Unidos, y nunca ocurre», replicó.

Muy bien, pero ¿una guerra contra México? ¿No es un poco descabellado?, le pregunté.

Para nada, respondió. México probablemente estará entre las diez principales economías del mundo en las próximas décadas.

Más o menos a mediados del siglo, habrá un inevitable ascenso del nacionalismo mexicano, en momentos en que una tremenda escasez de mano de obra estadounidense producirá una enorme afluencia de mexicanos —esta vez invitados por Washington con incentivos económicos— a los territorios ocupados por Estados Unidos en el siglo XIX. Esta combinación dará como resultado «un alto grado de tensión, si no una guerra» con México, dijo.

Mi OPINIÓN: No me sorprendería que Estados Unidos siga siendo el país más poderoso del mundo en las próximas décadas, aunque creo que lo será en menor medida que ahora, compartiendo su poderío con otros países en un mundo cada vez más multipolar.

Y, sobre la base de lo que vi en China, apostaría a que China seguirá prosperando, y que el periodo comunista solo quedará en la historia como un breve paréntesis en la milenaria historia de esa potencia mundial. Y con respecto a México, creo que en lugar de una guerra, veremos una inevitable integración con Estados Unidos en una Unión Norteamericana, impulsada por las necesidades de mano de obra de Estados Unidos.

Pero, de todos modos, las predicciones de Friedman llevan a la reflexión. Afortunadamente para él, ninguno de nosotros estará aquí en 2109 —y probablemente no recibiremos este periódico donde sea que estemos— para constatar sus predicciones y echarle en cara aquellas en las que se equivocó.*

* Redactado en Miami: 2-2-09.

4.- ¿Vendrá una ola de presidencias vitalicias?

T RAS LA VICTORIA DEL PRESIDENTE VENEZOLANO Hugo Chávez en el referéndum constitucional para permitirle presentarse indefinidamente para la reelección, es muy probable que veamos un «efecto de contagio» en la región: varios presidentes intensificarán sus esfuerzos para seguir sus pasos y convertirse en presidentes vitalicios.

Aunque Venezuela es el único país latinoamericano —sin contar a Cuba— que autorizará la reelección indefinida, al menos trece países de la región han cambiado sus constituciones en los últimos años, ya sea para permitir una única reelección consecutiva, o para permitir que ex presidentes vuelvan a ocupar el poder después de pasar algunos años alejados del cargo.

Hay una ola reeleccionista en Latinoamérica, me señaló Daniel Zovatto, director regional del Instituto Internacional para la Democracia y la Asistencia Electoral (IDEA), con sede en Suecia. «Se ha pasado de la elección alterna a la reelección continua, y creo que existe una clara posibilidad de que más países busquen la reelección indefinida.»

El modelo narcisista-leninista de Chávez está ganando terreno. Por descabellado que parezca en momentos de una crisis económica que está haciendo aumentar la pobreza, los presidentes de Bolivia y Ecuador han convertido sus ansias de reelección en uno de los ejes de la agenda política de sus países.

Ambos han realizado referendos recientemente para aprobar enmiendas constitucionales que les permitan presentarse a un nuevo periodo consecutivo en la presidencia. Si ganan las elecciones previstas para este año, es de esperar que sigan el ejemplo de Chávez y procuren cambiar la Constitución un vez más para poder presentar sus candidaturas indefinidamente.

Apenas unas horas después de la victoria de Chávez, el periódico boliviano *La Razón* citó a Jorge Silva, uno de los principales legisladores del partido gobernante, diciendo que Bolivia podría necesitar una nueva Reforma Constitucional, porque la revolución socialista del presidente Evo Morales es «un proyecto político que hemos sostenido y mantenemos que tiene un alcance de quince a veinte años de implementación».

Entre los otros países que han cambiado en años recientes sus leyes para permitir reelecciones por un mandato consecutivo se cuentan Colombia y Brasil. El presidente brasileño Luiz Inácio Lula da Silva ya ha declarado que no se presentará para un tercer periodo presidencial. El presidente de Colombia Álvaro Uribe todavía no ha dicho si se postulará nuevamente o no.

En estos momentos hay en Latinoamérica al menos cuatro países con presidentes que están ejerciendo mandatos consecutivos (Venezuela, Brasil, Colombia y República Dominicana), y otros dos (Bolivia y Ecuador) cuyos líderes se presentarán para un mandato presidencial consecutivo este año.

Además, Argentina está liderada por la esposa del ex presidente Néstor Kirchner, a quien muchos argentinos ven como el verdadero poder detrás del trono, y varias otras naciones están gobernadas por ex presidentes que han permanecido alejados del poder durante uno o más periodos, incluyendo a Alan García en Perú, Óscar Arias en Costa Rica y Daniel Ortega de Nicaragua.

Y puede que la lista se agrande pronto. El ex presidente chileno Eduardo Frei, así como el ex presidente uruguayo Luis Alberto Lacalle, están entre los principales candidatos para las próximas elecciones de sus respectivos países.

¿Por qué tantos esfuerzos por legalizar las elecciones consecutivas? En muchos casos, porque muchos presidentes quieren aprovechar el viento de cola de los últimos cinco años de rápido crecimiento económico de la región.

Los altos precios de las materias primas han aumentado los ingresos de los gobiernos, permitiendo a los presidentes financiar nuevos programas sociales y lograr altos índices de popularidad. No es casual que ahora, con la crisis, varios de ellos se estén apresurando para adelantar referéndums y elecciones, antes de quedarse sin dinero.

«Esta fiebre reeleccionaria es una mala noticia para la región», me dijo Zovatto. «Las frágiles democracias latinoamericanas no se fortalecerán con líderes carismáticos, sino con instituciones más fuertes y con una sólida cultura cívica.»

MI OPINIÓN: Estoy de acuerdo. Los países latinoamericanos debieran tomar el ejemplo de Estados Unidos, donde los ex presidentes pasan a tener una vida cómoda en el circuito de conferencias, o el modelo de México, donde la reelección está prohibida, y los ex presidentes salen a un exilio autoimpuesto o forzoso tras cumplir sus seis años en el poder.

(Uno de ellos, Luis Echeverría, al dejar la presidencia, fue designado para un cargo oficialmente descrito como embajador en Australia «y las Islas Fiji», para que no le quedara ninguna duda de que lo querían tener lo más lejos que pudiera estar.)

De no ser posible eso, los países harían bien en recordar las famosas palabras de nada menos que el libertador Simón Bolívar, quien en su discurso del 15 de febrero de 1819 en Angostura dijo: «Nada es tan peligroso como dejar permanecer largo tiempo a un mismo ciudadano en el poder: el pueblo se acostumbra a obedecerlo y él se acostumbra a mandarlo, de donde se origina la usurpación y la tiranía».*

* Redactado en Miami: 23-2-09.

5.- Las razones detrás de la purga en Cuba

LOS CASTRÓLOGOS, o sea, quienes practican esa oscura ciencia que es tratar de interpretar las acciones de los hermanos Castro, están divididos respecto de la purga del gabinete que tuvo lugar en Cuba la semana pasada: algunos la consideran una señal de cambio, mientras que otros la interpretan como una señal de resistencia al cambio.

Antes de compartir con ustedes mi propia interpretación de los hechos, echemos un rápido vistazo a las tres teorías principales sobre los motivos detrás de la destitución de una docena de altos funcionarios cubanos, entre ellos el ex ministro de relaciones exteriores, Felipe Pérez Roque, y el ex zar económico, Carlos Lage. Desde hace mucho tiempo se rumoraba que ambos estaban entre los más probables sucesores del presidente Raúl Castro, de 78 años de edad.

Pérez Roque, de 44 años, un ex ayudante privado de Fidel Castro y un «fidelista» incondicional, era un funcionario de línea dura. Un hombre de limitado alcance intelectual que se enorgullecía de ser considerado un «talibán» cubano, en una oportunidad me aseveró con total seriedad que en Cuba había más libertad de prensa que en Miami. (Si así fuera, le respondí, Cuba tendría que tener varios opinadores anticastristas en sus medios de difusión.)

Lage, por el contrario, era un reformista. Médico de profesión, de 57 años, Lage fue responsable de las reformas económicas que permitieron la recuperación cubana tras el «periodo especial» que siguió al derrumbe del bloque soviético.

A fines de la semana pasada, como suele suceder tras todas las purgas en regímenes estalinistas, Pérez Roque y Lage firmaron sus respectivas «mea culpas», después de que el octogenario Fidel Castro los acusara de haber sucumbido a «la miel del poder», y señaló que «el enemigo externo se llenó de ilusiones con ellos».

Entre las explicaciones más frecuentes de la purga:

—La teoría de la «señal de cambio»: el presidente Raúl Castro está consolidando su poder, destituyendo a los hombres de Fidel y reemplazándolos con sus propios cuadros —casi todos militares— en los cargos más altos del gobierno, anticipándose a medidas del presidente Barack Obama para levantar algunas sanciones estadounidenses contra Cuba.

Al nombrar a sus propios cuadros, Raúl también está promoviendo una nueva generación de líderes que estarán mejor equipados para enfrentar las nuevas realidades políticas y económicas, según sostiene esta teoría, la más respaldada por los castrólogos.

—La teoría de «la resistencia al cambio»: anticipándose a las medidas del gobierno estadounidense para iniciar una posible negociación con Cuba, los hermanos Castro destituyeron a los miembros más jovenes, más conocidos y más conectados internacionalmente del gabinete para enviar una clara señal de que no habrá ninguna grieta interna en el régimen cubano.

Lo que ocurrió en Cuba es una reconcentración de poder: si Estados Unidos levanta algunas de sus sanciones económicas a la isla, el régimen cubano querrá hacerle frente a la nueva situación como un bloque monolítico, sostiene la teoría.

—La teoría del «chivo expiatorio»: la característica más notable del régimen de Castro, como la de cualquier dictadura, es la constante búsqueda de responsables. Como señaló el periodista independiente cubano Odalis Alfonso Toma la semana pasada en www.cubanet.org: «Siempre que llegamos al clímax en las crisis administrativas o ejecutivas, aparecen nuevos cargos de malversación y abuso de poder en las altas esferas del gobierno».

Mi opinión: Lo que ocurrió la semana pasada fue una combinación de la segunda y la tercera teoría. El artículo de Fidel Castro en el que declara que los enemigos de Cuba se habían llenado de «ilusiones» de cambio con los funcionarios destituidos me induce a concluir que la purga fue un movimiento defensivo de los hermanos Castro.

Es algo que ha ocurrido una y otra vez. Cada vez que acontecimientos externos amenazan con ponerle presión a Cuba para que permita libertades fundamentales, o que surge alguien dentro del régimen como potencial líder de una transición, los Castro han reaccionado cerrando filas y retrocediendo a posturas de línea dura.

A fines de la década de 1980, cuando la ex Unión Sovietica inició el proceso de apertura de la perestroika, Fidel Castro destituyó —y más tarde ejecutó— al carismático Héroe de la República de Cuba, general Arnaldo Ochoa, un reformista que quería cambios dentro de la revolución. En 1992, en medio de la democratización de los ex aliados cubanos de Europa del Este, Castro destituyó a Carlos Aldana, el segundo funcionario más poderoso del Partido Comunista, y el reformista más encumbrado en la jerarquía castrista del momento.

Ahora que Washington se apresta a distender las sanciones estadounidenses, la familia gobernante vuelve a cerrar filas. Los hermanos Castro quieren tratar de seguir haciendo pequeños cambios disfrazados de continuidad en lo económico y ponerle freno a cualquier presión externa que pueda poner en riesgo su ejercicio absoluto del poder y su total falta de respeto a la voluntad del pueblo cubano.*

* Redactado en Miami: 9-3-09.

6.- El ascenso de Brasil como líder regional

A DIÓS, MÉXICO. A partir de este fin de semana, Brasil se convertirá —ya sea por voluntad propia o por falta de competencia— en el interlocutor más importante entre Estados Unidos y Latinoamérica.

El presidente brasileño Luiz Inácio Lula da Silva tiene previsto llegar a Washington DC este sábado, en lo que será la primera visita de un presidente latinoamericano para reunirse con Obama desde la asunción del presidente estadounidense. Ambos mandatarios tratarán temas bilaterales, regionales y mundiales, incluyendo la próxima Cumbre de las Américas que se celebrará el 17 de abril en Trinidad y Tobago, en la que Obama se reunirá por primera vez con casi todos los jefes de Estado latinoamericanos.

Aunque los funcionarios brasileños niegan que su país intenta convertirse en el líder regional latinoamericano —y proclaman que no existe nada que pueda llamarse «Latinoamérica», sino tan solo un conjunto de países con intereses muy diversos—, un rápido vistazo a la diplomacia brasileña de los últimos años confirma las ambiciones de liderazgo regional del país más grande de Sudamérica.

Durante la pasada década, Brasil ha sido la fuerza impulsora de varios grupos diplomáticos sudamericanos que, por definición geográfica, han dejado a México mirando desde afuera.

A principios de esta semana, los ministros de Defensa de doce países sudamericanos inauguraron oficialmente el Consejo de Defensa Sudamericano, un nuevo grupo propuesto por Lula, destinado a cooperar en asuntos militares y a impedir potenciales conflictos.

Más importante, Brasil fue el fundador de las Cumbres de Sudamérica, que se iniciaron en Cuzco, Perú, en diciembre de 2004, cuando doce presidentes sudamericanos firmaron una declaración de dos páginas en la que se comprometían a crear una Comunidad Sudamericana. México y Panamá fueron invitados, pero como observadores.

En mayo de 2008 Brasil llevó estas cumbres a un estrato superior, cuando se firmó el acta constitutiva de la Unión de Naciones de América del Sur (UNASUR) en Brasil. El nuevo grupo intenta construir un bloque sudamericano parecido a la Unión Europea.

Y a fines del año pasado, Brasil fue anfitrión de la primera Cumbre de Latinoamérica y el Caribe, la primera cumbre hemisférica que no contó con la presencia de Estados Unidos ni de Canadá. México se ha ofrecido como próximo anfitrión de esta cumbre.

Los funcionarios brasileños aseguran que su país no ha recibido ningún mandato de los países latinoamericanos para actuar como intermediario con Washington, y que tampoco pretende cumplir con ese papel.

Brasil no piensa en términos de «relaciones interamericanas» —la idea de que los países de la región pueden resolver la mayoría de sus problemas por medio de negociaciones entre Latinoamérica y Washington— porque América del Sur, América Central y México tienen agendas muy diferentes y difícilmente podrían ser representadas por un solo país, alegan. Los escépticos señalan que Brasil, de hecho, quiere partir la región en varias piezas, para convertirse en el líder natural del bloque más importante.

Antonio Patriota, embajador de Brasil en EE UU, me dijo en una entrevista telefónica que además de tratar el tema de la próxima cumbre del G-20 en Londres y la Cumbre de las Américas, es probable que los presidentes Obama y Lula traten temas tales como la producción de fuentes alternativas de energía, esfuerzos conjuntos para promover la estabilidad de Haití, planes de reforma del Consejo de Seguridad de la ONU y cómo incrementar el comercio y las inversiones entre ambos países, que están creciendo rápidamente.

Mi OPINIÓN: Es cierto que el surgimiento de Brasil como el principal interlocutor regional con Estados Unidos también se debe a que México esté concentrado en sus problemas internos de violencia del narcotráfico y a que el presidente Felipe Calderón —quien ha hecho un trabajo decente en casi todos los frentes— tenga una política exterior bastante deslucida.

En un intento de diferenciarse de sus predecesor, o de apaciguar a los líderes de oposición en el Congreso mexicano, Calderón está coqueteando con Cuba y Venezuela. En el proceso, México ha perdido gran parte de su presencia diplomática internacional: ahora ya no es ni el líder regional izquierdista-nacionalista que fue en la década de 1970, ni el aliado de Estados Unidos que ha sido en años más recientes.

Por supuesto, México seguirá siendo una prioridad para Washington en temas de política interior, como la inmigración, las drogas, el comercio y el petróleo. Pero Brasil será el puente principal entre Washington y la mayoría de los países latinoamericanos.

Esa es una mala noticia si pensamos en el lamentable desdeño de Brasil por la defensa colectiva de la democracia y los derechos humanos en la región, y es una buena noticia si pensamos en el ejemplo de Brasil como país económicamente responsable y estable. Entonces, bienvenido a Washington, presidente Lula: todo parece indicar que es todo suyo.*

* Redactado en Miami: 12-3-09.

7.- La victoria de la izquierda en El Salvador

L A PREGUNTA DEL MOMENTO es si El Salvador se convertirá en otro peón de Venezuela y Cuba en el continente, inclinando a Centroamérica aún más hacia la izquierda. Sin embargo, hay cinco razones por las cuales, a pesar de la victoria de un ex grupo guerrillero en las elecciones salvadoreñas del domingo pasado, no debemos asumir automáticamente que ese país pasará a ser un satélite venezolano.

Es cierto que la victoria del domingo del presidente electo Mauricio Funes, del Frente Farabundo Martí de Liberación Nacional (FMLN) marca el final de dos décadas de gobiernos de derecha, que habían convertido a El Salvador en uno de los aliados más cercanos —si no el más cercano— de Estados Unidos en Latinoamérica. Y también es cierto que, aunque Funes es un izquierdista moderado, el FMLN es uno de los partidos de izquierda más radicales de Latinoamérica.

El compañero de fórmula de Funes, Salvador Sánchez Ceren, fue comandante general del FMLN —y, según sus enemigos, uno de sus comandantes más sanguinarios— durante la guerra civil de la década de 1980, y todo el bloque del FMLN en el Congreso está integrado por izquierdistas ortodoxos estrechamente vinculados con Venezuela y Cuba.

Muchos ex líderes guerrilleros que se han distanciado del FMLN, incluyendo al ex comandante Joaquín Villalobos, han expresado en los últimos meses sus temores de que Funes no podrá controlar a su partido. En una conversación que mantuvimos en San Salvador hace unos meses, Villalobos me había dicho que Funes sería micromanejado por el FMLN, porque no tiene aparato político propio, ni seguidores en el Congreso, ni «organizaciones de masas» que le responden.

Sin embargo, existen varias razones para creer que Funes no seguirá al pie de la letra el libreto del presidente narcisista-leninista de Venezuela, Hugo Chávez y de sus pupilos en Bolivia y Ecuador, quienes poco después de ganar las elecciones parecieron concentrar todas sus energías en cambiar las constituciones de sus respectivos países para poder permanecer en el poder indefinidamente.

—*Primero*: El Salvador, cuya moneda es el dólar estadounidense, depende mucho más de Estados Unidos que otros países latinoamericanos en materia de comercio, las inversiones y remesas familiares.

—*Segundo*: Funes tendrá que gobernar con un Congreso opositor, que tratará de bloquear cualquier intento —ya venga de Funes o de su partido— de convocar una Asamblea Constituyente para convertir el país en una dictadura electa.

—*Tercero*: Funes asumirá el cargo en un momento de crisis económica, y necesitará evitar una confrontación con la comunidad empresarial que podría resultar en una fuga masiva de capitales.

—*Cuarto*: Funes no podrá contar con Chávez para que Venezuela subvencione a El Salvador tal como lo hace con Cuba o Bolivia. Chávez podía exportar su petrosocialismo en la región cuando el precio del petróleo estaba en 156 dólares el barril, pero le resultará imposible hacerlo con los precios actuales de 45 dólares el barril.

—*Quinto*: después de su victoria electoral del domingo, Funes subió al podio con Sánchez Ceren, pero sin la plana mayor de los ortodoxos del FMLN. Y, en las entrevistas después de la elección, Funes dejó entrever que su modelo será Brasil, y no Venezuela.

El miércoles llamé a Villalobos, el ex líder guerrillero salvadoreño, para preguntarle si aún cree que el FMLN acabará por controlar a Funes.

«En las primeras 48 horas, da la impresión de que Funes va a dar la batalla, y no se va a dejar dominar», me dijo Villalobos. «No hay nada definido, pero pusieron un candidato accidental, y parece que están perdiendo el control».

Diego Arria, un ex embajador venezolano ante las Naciones Unidas, y duro crítico de Chávez que estuvo como observador internacional en las elecciones de El Salvador, coincide.

«Yo creía antes de las elecciones que Funes sería una especie de rehén del FMLN, pero ahora creo que el FMLN va a ser un rehén de Funes», me dijo Arria. «El 15 de marzo a la noche, Funes pasó a tener un peso propio.»

Mi OPINIÓN: Estoy de acuerdo. La victoria de Funes en una elección que fue sorprendentemente tranquila para un país que todavía se está recuperando de una guerra civil le dará al presidente electo una oportunidad de oro para gobernar desde el centro, y convertir el país en una democracia madura donde hay alternancia de gobiernos sin violencia ni traumas económicos.

Si sigue en la misma línea que mostró tras su elección, Funes se merece la mayor ayuda posible para que pueda prevalecer sobre los dinosaurios políticos de su propio partido.*

* Redactado en Miami: 19-3-09.

8.- Estados Unidos y la violencia fronteriza

C UANDO LA SECRETARIA DE ESTADO Hillary Clinton vaya a México esta semana para tratar el tema de la violencia de los carteles de la droga que ha causado 6 200 muertes el año pasado y que se está extendiendo a través de la frontera con Estados Unidos, debería escuchar un mensaje muy claro: detengan el tráfico de armas estadounidenses que está aumentando el derramamiento de sangre.

Clinton tiene previsto viajar a México el 25 de marzo, en medio de una ola de críticas a México de comentaristas desaforados en la televisión por cable estadounidense —sí, estoy hablando de Lou Dobbs, de CNN, y de Bill O'Reilly y Glenn Beck, de Fox News—, quienes presentan la violencia fronteriza como si fuera un problema exclusivamente mexicano y no tuviera nada que ver con el voraz consumo de drogas y la facilidad de comprar armas en Estados Unidos.

Los carteles de drogas en México generan entre 17 000 y 38 300 millones de dólares anuales como producto de sus ventas de cocaína, heroína y marihuana en Estados Unidos, según el Centro Nacional de Inteligencia sobre Drogas del Gobierno estadounidense. Y los carteles consiguen más del 90% de sus armas en Estados Unidos, según funcionarios estadounidenses y mexicanos.

Lo que es peor, los carteles de drogas mexicanos están comprando armas cada vez más poderosas, de tipo militar, como rifles semiautomáticos Colt AR-15 y AK-47.

«Las armas de fuego obtenidas en Estados Unidos contribuyen a exacerbar la narcoviolencia en México», dijo Kristen Rand, del Centro de Políticas sobre la Violencia, un grupo que defiende el control de armas, durante un panel realizado en el Congreso la semana pasada.

«También es evidente que las armas de fuego de tipo militar, tanto importadas como domésticas, son las preferidas de los carteles.»

En otras palabras, Estados Unidos está permitiendo el abastecimiento de armas de guerra a los carteles mexicanos.

Entonces, ¿qué habría que hacer?, pregunté a Rand después de la sesión parlamentaria. Estas son algunas de sus sugerencias:

—Frenar las importaciones estadounidenses de armas como los rifles AK-47 de los países de Europa del Este, muchas de las cuales terminan en manos de los carteles mexicanos. Según los críticos, el Gobierno de George W. Bush no aplicó plenamente una prohibición de importación de armas de combate aprobada en 1989, permitiendo así que un número importante de esas armas termine en las tiendas de armas estadounidenses.

«Desgraciadamente, la Oficina de Alcohol, Tabaco, Armas de Fuego y Explosivos (ATF) ha permitido que esa prohibición no rija, e incluso ha contribuido a crear lagunas legales para burlarla, como permitir que los importadores entren al país armas en partes, y las ensamblen aquí», dijo Rand.

—Aprobar leyes que prohíban la producción doméstica de armas de combate tales como los rifles tipo AR-15. Una ley de 1994 está siendo burlada mediante sutilezas legales, como la producción de armas parecidas, con cambios cosméticos.

—Prohibir las ventas de armas de combate en las ferias de ventas da armas. Aunque los dueños de tiendas de armas deben tener licencias federales que les exigen hacer chequeos sobre los antecedentes de sus potenciales clientes, cualquier persona que venda armas en estas ferias, en la mayoría de los estados, lo puede hacer sin una licencia federal, y por lo tanto sin averiguar el pasado de sus clientes.

¿Por qué nadie acaba con semejante locura?, le pregunté a Rand.

«Porque cabilderos de la industria de las armas no lo permiten», me dijo. «La ATF, los miembros del Congreso, todo el gobierno federal son rehenes de su grupo de presión, cuyos seguidores son tan vociferantes y persistentes que cualquier pequeña mejora de la ley es calificada como un ataque al derecho constitucional de tener armas».

Cuando le pregunté sobre las críticas de Rand, una vocero del Departamento de Justicia me señaló por correo electrónico: «ATF hace cumplir las leyes federales sobre armas de fuego, incluyendo la prohibición de importaciones».

MI OPINIÓN: El gobierno de Obama, que parece más consciente que su predecesor de la necesidad de acabar con las ventas de armas de combate, debería aplicar más rigurosamente las prohibiciones a la importación y apoyar nuevas leyes que frenen la producción de armas de combate.

Pero, más que nada, Obama debería cambiar el énfasis de la «guerra contra las drogas» de Estados Unidos. En vez de concentrarse en la interdicción de drogas, como ha sido el caso en las últimas décadas, Estados Unidos debería dedicar más recursos a la prevención de la drogadicción y al tratamiento de drogadictos en su propio territorio.

Clinton debería regresar de México más convencida que nunca de que, si no se disminuye el consumo de drogas y el contrabando de armas de Estados Unidos, el narcotráfico seguirá creciendo, como así también la violencia en la frontera.*

* Redactado en Miami: 23-3-09.

9.- La declaración de la Cumbre, ¿una broma?

NO ME MALENTIENDAN: estoy muy a favor de la Cumbre de las Américas que se realizará el 17 de abril, y será el primer encuentro colectivo del presidente Barack Obama con los jefes de Estado de América Latina, pero el borrador de la declaración final de la cumbre parece una broma.

La Declaración de Compromiso de Puerto España, de once páginas, cuyos detalles finales se están negociando esta semana en Trinidad y Tobago —el país sede de la cumbre— es una mezcla de declaraciones de buena voluntad y cháchara diplomática. Eso no sería tan grave, si no fuera porque los países participantes han invertido dos años de largas y costosas negociaciones para preparar este documento.

Mientras escribo estas líneas, los embajadores de los países miembros de la Organización de Estados Americanos (OEA) reunidos en Puerto España, la capital de Trinidad y Tobago, ya han aprobado 73 párrafos de la declaración final, mientras que otros 23 párrafos aún siguen negociándose.

He aquí algunos artículos del proyecto de declaración:

— Artículo 1: «Guiados por un espíritu renovado de cooperación, integración y solidaridad regional... nos hemos reunido en Puerto España en la 5.ª Cumbre de las Américas, con el firme compromiso de mejorar el bienestar de nuestros pueblos, adelantando soluciones colectivas a los desafíos más apremiantes que enfrenta nuestro hemisferio».

(Mi comentario: ¡Qué bueno! Pero ¿para qué otra cosa se reunirían? ¿Para empeorar el bienestar de sus pueblos?)

— Artículo 2: «Conforme a los principios y valores de la Carta de la OEA estamos decididos a continuar nuestra lucha contra la pobreza, el hambre, la exclusión social, la discriminación y la desigualdad que afligen las vidas y erosionan las esperanzas de tantas personas de nuestro hemisferio».

(Mi comentario: ¡Qué alivio! ¡Gracias a Dios no han decidido cambiar de idea y firmar un documento acordando abandonar la lucha contra la pobreza y el hambre!)

— Artículo 39: «Todo desarrollo social y económico depende de la conservación y protección del medioambiente. Por consiguiente, reafirmamos nuestro fuerte compromiso con el desarrollo sostenible, tal como se ha declarado en las Cumbres Mundiales de Desarrollo Sostenible de Río, en 1992, Johannesburgo, en 2002, la Declaración de Santa Cruz de la Sierra de 1996, la Declaración de Santa Cruz de la Sierra más 10 de 2006, y en los Objetivos de Desarrollo del Milenio de la ONU».

(Mi comentario: Si los presidentes están de acuerdo con las declaraciones que han firmado en el pasado, ¿para qué perder tiempo y dinero «reafirmando» lo que ya firmaron?)

— Artículo 49: «Les negaremos cualquier recurso a terroristas y criminales, y combinaremos nuestros esfuerzos para identificar, seguir, incautar y congelar activos asociados con el terrorismo y el crimen organizado, de acuerdo a la legislación nacional y en coherencia con la ley internacional».

(Mi comentario: Fantástico saber que los presidentes están contra los criminales, pero la segunda parte de este artículo invalida la primera.)

Creo que ya me deben estar entendiendo. Como un árbol de Navidad, estas declaraciones siguen creciendo con cada nueva cumbre. Las «declaraciones finales» y los «planes de acción» de las cuatro Cumbres de las Américas previas han producido un total de 1 023 artículos, sin contar los que serán aprobados en Puerto España.

Al igual de lo que ocurre con las Cumbres Iberoamericanas, y tantas otras, los diplomáticos se pasan años —a expensas de los contribuyentes— reuniéndose en hoteles de lujo en varios países de la región para debatir cada artículo en particular. Con frecuencia, los diplomáticos se pasan horas discutiendo sobre si un párrafo debe comenzar diciendo «apoyamos categóricamente», o «reafirmamos nuestro compromiso», o «tomamos nota de» tal o cual cosa.

Cuando recientemente le pregunté al secretario general de la OEA, José Miguel Insulza, si estas declaraciones finales no son ridículas, mencionó varios logros de las cumbres anteriores en áreas como la pobreza y los derechos humanos. Sin embargo, Insulza admitió que estas declaraciones finales «son demasiado largas» e innecesariamente reiterativas.

«Muchas veces reflejan la suma de cosas que las cancillerías de los distintos países ponen ahí, y naturalmente los presidentes no deberían meterse en tantos detalles, ni entrar en tantos temas a la vez», me dijo Insulza. «Si ya dijimos lo que dijimos sobre la pobreza y la desigualdad, probablemente no debiéramos decirlo de nuevo, pero me temo que nuevamente las cancillerías quieran decirlo.»

Mi opinión: Lo primero que Obama y los líderes latinoamericanos deberían hacer en esta cumbre es reemplazar casi todos los párrafos de su declaración final por una sola frase: «Reafirmamos nuestro compromiso con todos los acuerdos anteriores firmados por nosotros y nuestros predecesores en las cumbres pasadas».

Después, deberían tratar de lograr un puñado de acuerdos concretos. La declaración final no tendría más de cuatro o cinco párrafos, y todos ahorraríamos mucho tiempo y dinero.*

* Redactado en Miami: 26-3-09.

10.- Cómo salir mas rápido de la recesión

CONTRARIAMENTE A LA OPINIÓN GENERALIZADA de que una posible recuperación económica de Estados Unidos en 2010 se extendería rápidamente a Latinoamérica, algunos expertos advierten que la región podría tardar algunos años más en recuperarse, debido a las tensiones políticas que generará el abultado calendario electoral del continente.

Javier Santiso, un destacado economista de la Organización para la Cooperación y Desarrollo Económico (OCDE) —el club de los 30 países más ricos del mundo— me hizo notar en una entrevista algo que ha pasado casi inadvertido en la mayoría de los análisis económicos: el posible fin de la recesión en Estados Unidos podría coincidir con el principio de una temporada eleccionaria inusualmente agitada en Latinoamérica.

Entre 2010 y 2012 se celebrarán once elecciones presidenciales en la región, incluyendo las de Brasil, México, Colombia, Argentina y Perú.

«Históricamente, las elecciones en Latinoamérica han provocado incertidumbre política y nerviosismo entre los inversores locales y extranjeros», me dijo Santiso, citando nuevos estudios de la OCDE que han examinado el impacto de las elecciones en el desempeño económico de los países. «Incluso si hay una recuperación en Estados Unidos el año próximo, muchos países latinoamericanos podrían demorar dos o tres años para iniciar su recuperación.»

Rogelio Ramírez de la O, de la empresa de proyecciones económicas Ecanal, de México, coincide. Me dijo que el nerviosismo preelectoral podría ser mayor esta vez, porque la crisis global hará que muchos candidatos critiquen las políticas de libre mercado seguidas por la mayoría de los países de la región durante las dos últimas décadas.

«Definitivamente, va a haber más ruido electoral, y eso va a retrasar el repunte de la inversión», señaló Ramírez de la O.

Según un estudio de la OCDE, todas las principales crisis financieras latinoamericanas de los últimos quince años sucedieron en años electorales. Es el caso de las crisis financieras mexicanas de 1980 y 1994, de la megadevaluación en Brasil en 1999 y de la crisis económica argentina de 2001.

Hay tres fenómenos recurrentes en las crisis financieras latinoamericanas, según revela el estudio:

— Los gobiernos que están de salida aumentan el gasto público y postergan medidas de costo social como devaluaciones, lo que frecuentemente obliga a los gobiernos entrantes a tomar medidas de ajuste. «El que sale no quiere ser el que devalúa, y le transfiere el problema al siguiente», dice Santiso.

— Los bancos internacionales tienden a decirles a sus clientes en años preelectorales que posterguen sus inversiones en países latinoamericanos hasta después de la votación presidencial. El OCDE estudió las recomendaciones de diez grandes bancos internacionales —incluyendo a J. P. Morgan, Goldman Sachs y el Deutsche Bank— entre 1997 y 2006, y encontró una clara tendencia de recomendaciones negativas en el año que precedió a las elecciones presidenciales.

«Los bancos no saben qué va a ocurrir, y entonces recomiendan a sus clientes apartarse del país antes de la elección», dice Santiso.

— Estas recomendaciones negativas de los bancos internacionales, a su vez, suelen provocar fugas de capitales o caídas de los niveles de inversión en los países latinoamericanos antes de las elecciones, según revela el estudio.

La buena noticia es que, por primera vez, varios países latinoamericanos han logrado evitar esta tendencia al deterioro económico preelectoral, resistiéndose a la tentación de adoptar políticas económicas irresponsables antes de las elecciones. Santiso citó los ejemplos de Chile, Brasil, México y Perú, que no incurrieron en enormes aumentos del gasto público ni en otras medidas irresponsables antes de sus elecciones más recientes.

«Eso es una señal muy importante, y muy alentadora», dice Santiso. «Al mismo tiempo, debemos tomar en cuenta que las últimas elecciones se realizaron durante un periodo de bonanza económica».

¿Qué debería hacerse para impedir las recesiones económicas vinculadas con las elecciones?, le pregunté a Santiso.

«Ahora que sabemos que los ciclos políticos pueden provocar crisis económicas, tanto los gobiernos como las oposiciones deberían impulsar pactos de credibilidad», dijo Santiso. «Eso sería muy importante para minimizar estos impactos antes de las elecciones.»

MI OPINIÓN: Estoy de acuerdo. Para pasar a formar parte del Primer Mundo, los países emergentes deberían buscar acuerdos nacionales para dejar atrás la volatilidad preelectoral. Una de las principales definiciones de los países en vías de desarrollo es, precisamente, la frecuencia con la que la inestabilidad política se traduce en volatilidad financiera.

Algunos países, como Chile, Costa Rica y Brasil, se están acercando cada vez más al Primer Mundo gracias a acuerdos tácitos o a promesas explícitas de los principales candidatos presidenciales de adoptar políticas económicas responsables. Para otros países, como México, Argentina y Perú, estos pactos son aún asignaturas pendientes.

Cuanto más rápido lleguen a «pactos de credibilidad» en torno de políticas de Estado en materia económica, tanto más se convertirán en imanes para las inversiones locales y extranjeras, y tanto más rápido saldrán de la actual recesión mundial una vez se recupere la economía estadounidense.*

* Redactado en Ciudad de México: 30-3-09.

11.- El mundo de la poscrisis

S EGÚN LA CREENCIA GENERALIZADA en muchos países, cuando se termine esta crisis económica el mundo será menos capitalista, y menos dependiente de Estados Unidos. Sin embargo, es probable que la segunda mitad de este juicio sea acertado.

A juzgar por lo que uno escucha en los corredores de las reuniones de primavera de las instituciones financieras más grandes del mundo —el Fondo Monetario Internacional y el Banco Mundial—, el mundo de la poscrisis estará marcado por una caída a largo plazo de los hábitos de consumo de los estadounidenses, que a su turno forzará a los países en desarrollo a volverse más competitivos para poder mantener el nivel de sus exportaciones.

Aun si la economía estadounidense comienza a recuperarse durante el próximo año, como lo predicen la mayoría de los economistas, Estados Unidos será un lugar más frugal, y dejará de ser el único motor económico del mundo. Pasarán muchos años antes de que los consumidores estadounidenses vuelvan a comprar autos, computadoras o plasmas como solían hacerlo.

«La torta será más chica, y los países latinoamericanos tendrán que trabajar más duro para mantener su porción, o lograr una porción más grande», dijo Marcelo Giugale, director de política económica del Banco Mundial para América Latina.

Para Latinoamérica, una economía mundial más pequeña significará una mayor dificultad para exportar, menos inversiones extranjeras, menos turismo y menos remesas de dinero de familiares en el exterior. A diferencia de las crisis anteriores, en las que muchos países de la región lograron salir del pozo devaluando sus monedas para abaratar sus exportaciones, esta vez no podrán confiar en la voracidad importadora de los países ricos para lograr la recuperación, porque los compradores importarán menos.

Algunos países compensarán vendiéndoles más a China, la India y otras economías emergentes que todavía siguen creciendo. Sin embargo, tanto China como la India también crecerán más lentamente.

Varios funcionarios y economistas presentes en las reuniones coincidieron en que los países latinoamericanos que emergerán fortalecidos de la crisis serán los que tengan acceso a los mercados de capitales, los que no apliquen impuestos excesivos a sus exportaciones, los que permitan mayores libertades económicas y sean más productivos. En épocas de crisis, los inversionistas van a los lugares más seguros, y los países más productivos son los que más logran exportar.

«Los países disciplinados y promercado, como Brasil, Chile, Colombia, Costa Rica, México, Perú y Uruguay, se recuperarán», dijo Ricardo Hausmann, profesor de Economía de la Universidad de Harvard. «A los países neopopulistas que aplican fuertes gravámenes a las exportaciones y no tienen acceso al mercado de capitales, como Argentina, Ecuador, Venezuela y Nicaragua, les irá mal.»

Esta línea de pensamiento es diametralmente opuesta a la sostenida la semana pasada por los críticos del capitalismo presentes en la Cumbre de las Américas en Trinidad. En esa reunión, el presidente venezolano Hugo Chávez y sus seguidores dijeron que las recientes medidas de Estados Unidos tendentes a una mayor regulación estatal de la economía demuestran que el capitalismo está de salida, y que el «socialismo del siglo XXI» se está imponiendo.

Sin embargo, si los economistas están en lo cierto, puede que ocurra lo contrario: los países de Latinoamérica y el Caribe deberán hacerse más competitivos para mantener sus exportaciones, pues la crisis será más seria de lo previsto.

Según el FMI, las economías latinoamericanas caerán un 1,5% durante este año, antes de alcanzar una modesta recuperación de 1,6% durante el año 2010. Hace apenas un mes, el FMI predecía un descenso mucho menos acentuado para la región.

Entre los países cuyas economías se contraerán durante este año están Argentina (-1,5%), Brasil (-1,3%), Ecuador (-2%), México (-3,7%) y Venezuela (-2,2%), según el FMI. Entre los que tendrán mejor desempeño estarán Perú (3,5%) y Chile (0,1%).

Otras proyecciones, incluidas las del Banco Mundial, prevén una caída menos drástica de la región, de alrededor del -0,7%. Los economistas de ambas instituciones dicen que han ajustado sus proyecciones hacia abajo porque ahora prevén una recesión más larga de la esperada en Estados Unidos.

Mi opinión: El mundo de la poscrisis será menos dependiente de Estados Unidos, pero no necesariamente menos capitalista.

Los líderes populistas en Trinidad tenían razón al señalar que Estados Unidos aumentará la regulación estatal para impedir burbujas financieras como las que llevaron a la actual crisis. Pero se olvidan de decir que la burbuja financiera generó la expansión económica artificial en todo el mundo que les permitió a sus países crecer rápidamente exportando materias primas sin hacer prácticamente nada para volverse más competitivos en la economía global.

El populismo es hijo de la abundancia. Ahora que la torta se ha achicado para todos, América Latina tendrá que volverse más competitiva si quiere mantener o expandir sus exportaciones en un escenario de mayor estrechéz económica mundial.*

* Redactado en Washington DC: 27-4-09.

12.- La mejor respuesta a los populistas

A MEDIDA QUE VAN SALIENDO A LA LUZ los detalles de lo que ocurrió en las sesiones a puertas cerradas de la reciente Cumbre de las Américas en Trinidad, resulta evidente que la mejor intervención del encuentro fue la del presidente de Costa Rica y ganador del premio Nobel, Óscar Arias.

A diferencia de los presidentes de Venezuela, Bolivia, Nicaragua y Ecuador, Arias no dio una conferencia de prensa durante la cumbre del 17 y 18 de abril, ni envió a sus funcionarios a avisar a los periodistas internacionales cada vez que entraba o salía de la sala de reuniones.

Pero la respuesta de Arias al presidente populista de Ecuador, Rafael Correa —que circuló por Internet en los últimos días y cuya veracidad me fue confirmada por Arias en una entrevista telefónica—, debería ser de lectura obligatoria para todos aquellos que siguen de cerca la política latinoamericana.

El discurso de Arias tuvo lugar durante la sesión cerrada de la cumbre del 18 de abril. Era la primera cumbre en que los presidentes latinoamericanos y caribeños se reunían en conjunto con el nuevo presidente de Estados Unidos, Barack Obama. Acababa de hablar el presidente ecuatoriano, quien —al igual que lo habían hecho los presidentes de Venezuela, Bolivia, Nicaragua y Argentina, con diferentes grados de intensidad— culpó a Estados Unidos del atraso latinoamericano durante los últimos doscientos años.

En su discurso improvisado, cuya versión escrita lleva el título *Algo hicimos mal*, Arias comenzó diciendo: «Tengo la impresión de que cada vez que los países caribeños y latinoamericanos se reúnen con el presidente de Estados Unidos de América,[...] es para culpar a Estados Unidos de nuestros males pasados, presentes y futuros. No creo que eso sea del todo justo».

Continuó: «No podemos olvidar que América Latina tuvo universidades antes de que Estados Unidos creara Harvard y William & Mary, que son las primeras universidades de ese país. No podemos olvidar que en este continente, como en el mundo entero, por lo menos hasta 1750 todos los americanos eran más o menos iguales: todos eran pobres».

«Cuando aparece la Revolución Industrial en Inglaterra, otros países se montan en ese vagón: Alemania, Francia, Estados Unidos, Canadá, Australia, Nueva Zelanda. La Revolución Industrial pasó por América Latina como un cometa, y no nos dimos cuenta. Ciertamente perdimos la oportunidad», siguió diciendo Arias.

«Hace cincuenta años, México era más rico que Portugal. En 1950, un país como Brasil tenía un ingreso per cápita más elevado que el de Corea del Sur. Hace sesenta años, Honduras tenía más riqueza per cápita que Singapur. Bueno, algo hicimos mal los latinoamericanos», agregó.

«¿Qué hicimos mal?», preguntó Arias acto seguido. Entre otras cosas, señaló que en América Latina el promedio de escolarización es de apenas siete años, que la región tiene uno de los índices de recaudación impositiva más bajos del mundo, y que gasta la absurda cifra de 50.000 millones de dólares al año en armas y otros gastos militares.

«Nosotros tenemos países donde la carga tributaria es de 12% del producto interior bruto, y eso no es responsabilidad de nadie, excepto la nuestra, que no le cobramos dinero a la gente más rica de nuestros países», siguió diciendo Arias.

«¿Quién es el enemigo nuestro?», preguntó a sus colegas el presidente costarricense. «El enemigo nuestro, presidente Correa, de esa desigualdad que usted apunta con mucha razón, es la falta de educación; es el analfabetismo; es que no gastamos en la salud de nuestro pueblo; que no creamos la infraestructura.»

Reconociendo que el siglo XXI sea probablemente el siglo asiático —y no latinoamericano— y que China ha sacado de la pobreza a quinientos millones de personas desde que abrió su economía hace tres décadas, Arias concluyó: «Mientras nosotros seguimos discutiendo sobre ideologías, seguimos discutiendo sobre todos los "ismos" [¿cuál es el mejor? capitalismo, socialismo, comunismo, liberalismo, neoliberalismo, socialcristianismo...], los asiáticos encontraron un "ismo" muy realista para el siglo XXI y el final del siglo XX, que es el pragmatismo».

Mi opinión: Arias está en lo cierto. Durante los últimos doscientos años, Estados Unidos ha hecho muchas cosas, buenas y malas, en Latinoamérica. Pero culpar de las falencias latinoamericanas a Estados Unidos —como lo hicieron los presidentes de Venezuela y sus seguidores— es intelectualmente infantil, y políticamente peligroso.

Los líderes populistas están utilizando la retórica antinorteamericana para justificar sus ambiciones de eternizarse en el poder. No es casual que todos sigan el mismo guion: culpar a Washington, exigir una «refundación» de sus países, y luego reescribir la Constitución para lograr la supremacía absoluta y permanecer indefinidamente en el poder en nombre de la defensa de la soberanía nacional. Es hora de ponerlos en evidencia, y Arias lo hizo con magnífica elocuencia.*

* Redactado en Miami: 4-5-09.

13.- Uribe cava su propia fosa

C UANDO ENTREVISTÉ AL PRESIDENTE COLOMBIANO Álvaro Uribe el año pasado y me salió por la tangente cuando le pregunté cinco veces seguidas si intentaría cambiar la Constitución para presentar su candidatura a un tercer mandato, pensé que el mandatario estaba tratando de ganar tiempo y mantenerse en el centro de la escena política de su país. Pero después de los acontecimientos de esta semana, ya no estoy tan seguro.

Tras el voto del Senado colombiano del 19 de mayo a favor de un referéndum que podría permitirle a Uribe cambiar la Constitución y legalizar un tercer mandato consecutivo, muchos colombianos bien informados parecen convencidos de que está planeando seriamente postularse para las elecciones del 2010.

¿Están en lo cierto? ¿Terminará Uribe, quien goza de gran popularidad y merece crédito por haber asestado duros golpes a la insurgencia narcoterrorista de Colombia, siguiendo los pasos del presidente venezolano Hugo Chávez y otros autoproclamados «hombres indispensables» que socavaron las instituciones de sus países para permanecer indefinidamente en el poder?

Hay varias razones de peso para pensar que sí.

Primero, a Uribe le resultará cada vez mas difícil decirles a sus partidarios que no se presentará, después de alentarlos —tácita o expresamente— a gastar mucho tiempo y dinero en reunir firmas para el nuevo referéndum. La revista *Semana* reportó el 2 de diciembre que la campaña por el referéndum costó 900 000 dólares.

En segundo lugar, Uribe ha sido el blanco de fuertes críticas por grupos de derechos humanos colombianos e internacionales por supuestamente no haber hecho lo suficiente para impedir violaciones en esa área.

El presidente podría estar temiendo que, si deja el cargo, pueda ser objeto de acusaciones formales de víctimas de abusos de derechos humanos. Y la reciente condena contra el ex presidente peruano Alberto Fujimori por violación de derechos humanos podría haber hecho aumentar los temores de Uribe.

En tercer lugar, si alguna vez Uribe temió que Estados Unidos toleraría alguna medida de su parte para cambiar la Constitución y unirse a las filas de los autócratas electos de Latinoamérica, ahora ha recibido un consentimiento tácito de la secretaria de Estado Hillary Clinton.

Durante las audiencias de confirmación, cuando el senador Richard Lugar interrogó a Clinton acerca de la posibilidad de que Uribe se presentara para un tercer periodo presidencial, la secretaria de Estado respondió por escrito: «No creo que esté bien que Estados Unidos trate de determinar el resultado de ningún proceso interno democrático en la región».

Mauricio de Vengoechea, un consultor político que ha trabajado en cuatro campañas electorales en Colombia, me dijo que «hay demasiados factores que apuntan a que Uribe se va a presentar».

Pero también hay poderosas razones para creer que, finalmente, Uribe anunciará que no se presentará.

El anuncio realizado esta semana por el ministro de Defensa Juan Manuel Santos, informando que este fin de semana dejará su cargo para posiblemente lanzar su candidatura presidencial, sugiere que Santos sabe —o cree firmemente— que Uribe no se postulará.

Santos, un ex ministro de Comercio Exterior que condujo la exitosa guerra de Uribe contra la guerrilla, le dijo al diario *El Tiempo* que si Uribe se postula, él no lo hará, pero agregó que tiene la «intuición» de que Uribe no se presentará.

Asimismo, cada vez más colombianos se oponen a una tercera presidencia de Uribe. Arguyen que Colombia se convertiría, como Venezuela, en un país donde no rige la ley y donde los presidentes cambian la Constitución a su antojo. Lo que es más, Colombia no correría peligro, porque seguramente un seguidor de Uribe ganaría la presidencia, afirman.

Finalmente, Uribe podría descartar la idea de presentarse nuevamente como candidato porque la polarización política que ya está provocando su posible postulación podría tornar ingobernable al país. Tal como ocurrió con Fujimori, con el ex presidente argentino Carlos S. Menem y con muchos otros que se postularon para una tercera presidencia, Uribe podría terminar mal. ¿Por qué no pasar a la historia como el mejor presidente colombiano de la historia reciente?, podría estar preguntándose Uribe.

MI OPINIÓN: Si Uribe nos está manteniendo en la incógnita para permanecer en el centro de la escena y no debilitarse políticamente antes del fin de su segundo mandato, está jugando este juego por demasiado tiempo.

A menos que anuncie ya mismo que no se postulará, su campaña de reelección no declarada habrá despertado tantas expectativas —y reunido tanto dinero— entre sus seguidores que ya no habrá marcha atrás.

Esa sería una mala noticia. Uribe perdería toda autoridad moral para criticar a Chávez y a otros autócratas que se erigen en «hombres indispensables», y que invariablemente terminan destruyendo las instituciones de sus países. No existe tal cosa como un dictador bueno, y Uribe no sería la excepción a la regla.*

* Redactado en Miami: 21-5-09.

14.- Las lecciones de Honduras

E L GOLPE MILITAR DE HONDURAS debería servir de voz de alerta para que todas las naciones del continente reaccionen más tempranamente ante las violaciones al Estado de derecho en países como Venezuela, Bolivia, Ecuador y Honduras, y no esperen a que las situaciones exploten.

No hay duda de que los países latinoamericanos y Estados Unidos hicieron bien en condenar el golpe militar en Honduras, y en exigir el retorno al poder del presidente Manuel Zelaya. Haberse quedado callados o condonar tácitamente lo ocurrido hubiera sentado un precedente funesto para todo el continente.

«Por más irregularidades que haya cometido Zelaya, había caminos jurídicos dentro del marco constitucional para enjuiciarlo, por ejemplo por usurpación de poderes», me señaló José Miguel Vivanco, director para Latinoamérica de Human Rights Watch. «Lo que no puede jamás aceptarse como una opción es golpear las puertas de los cuarteles.»

Pero también es cierto que los mismos países que hoy levantan la voz con indignación por los hechos de Honduras no dijeron una palabra cuando Zelaya desconoció públicamente las decisiones de la Corte Suprema, el Congreso y el fiscal general del país, quienes habían dictaminado que su intento reeleccionista era ilegal.

Recapitulemos: Zelaya, quien recientemente se había unido al bloque del ALBA liderado por el presidente venezolano Hugo Chávez, anunció el 25 de junio que ignoraría un fallo de la Corte Suprema que le ordenaba rehabilitar en su cargo al jefe del Estado Mayor Conjunto, el general Romeo Vázquez.

Zelaya había destituido al general por haberse negado a apoyar un referéndum que el presidente había convocado para cambiar la Constitución y permitir su reelección. El general dijo que no había hecho más que acatar los dictámenes de la Corte Suprema, el Congreso y el Fiscal General, en el sentido de que el referéndum era ilegal.

Inmediatamente, los países del ALBA emitieron una declaración de apoyo a Zelaya, levantando nuevas sospechas de sus críticos en el sentido de que el grupo dirigido por Chávez no es más que una sociedad de ayuda mutua para presidentes que se cobijan en eslóganes ideológicos para esconder sus agendas narcisistas.

¿Dónde estaban los países democráticos de la región cuando Zelaya desconoció a la Corte Suprema? Según la Carta Demócratica Interamericana de 2001, los países del continente tienen un compromiso para defender y promover la democracia en toda la región, lo que incluye alzar la voz cuando hay violaciones al estado de derecho en qualquier país.

¿Y dónde están cuando Chávez, quien inició su carrera política como un militar golpista, cierra canales de televisión, como lo hizo con RCTV hace dos años, o cuando deconoce el resultado de las urnas, como lo hizo recientemente con el alcalde de oposición de Caracas, o inhabilita a cientos de líderes de oposición para presentarse a cargos públicos, como hizo en el referéndum de 2008?

Recordemos: Ledezma, un opositor, fue elegido alcalde mayor de Caracas en noviembre del 2008, pero al poco tiempo el Congreso dominado por Chávez creó un nuevo cargo, el de «jefe de gobierno» de Caracas, y lo colocó por encima de Ledezma. Luego, Ledezma fue despojado de sus oficinas y de casi todo su presupuesto, que fueron trasladados a la nueva «superalcaldesa» que jamás fue electa para el cargo.

Todo esto es tan solo una muestra. Pareciera que todos ellos están siguiendo el mismo guion: presentarse al país como idealistas antisistémicos, ganar las presidencias e inmediateamente tratar de cambiar la Constitución para perpetuarse en el poder. Y luego, acusar a Estados Unidos y la oligarquía de intentar un magnicidio, y usar ese pretexto para encarcelar a los líderes de oposición y cerrar medios de comunicación críticos, preparando el terreno para gobernar indefinidamente con una oposición simbólica.

Es cierto que los presidentes del ALBA no son los únicos. Otros, incluido el presidente colombiano Álvaro Uribe, están coqueteando con una nueva reelección, aunque todavía no está claro si seguirán ese camino.

Pero Chávez y sus aliados se cobijan en la democracia cuando les conviene, y la desconocen a diario cuando pueden salirse con la suya. Y ni hablar del presidente cubano Raúl Castro, que tuvo la desfachatez de aparecer en la fotografía de los presidentes del Grupo de Río denunciando el golpe militar en Honduras, cuando él mismo preside una dictadura militar que no ha permitido elecciones en cinco décadas.

MI OPINIÓN: Lo cierto es que, tras la ofensiva diplomática para restablecer el orden constitucional en Honduras, habría que hacer una revisión de la defensa colectiva de la democracia en la región, que se ha erosionado cada vez más en los últimos diez años bajo la influencia de los petrodólares venezolanos.

Si los gobiernos siguen mudos antes los abusos presidenciales, no habrán aprendido la lección de Honduras, y veremos un retorno al pasado negro de los golpes militares en América Latina.*

* Redactado en Miami: 2-7-09.

15.- ¿Y la solidaridad latinoamericana?

A PESAR DE LAS CONSTANTES CUMBRES LATINOAMERICANAS en que los presidentes firman compromisos de solidaridad regional y acuerdan ambiciosos planes de integración, el brote de gripe porcina ha abierto una brecha en las relaciones latinoamericanas.

El Gobierno mexicano ha protestado con inusual dureza ante la decisión de Cuba, Argentina, Ecuador y Perú de suspender los vuelos directos desde México, a pesar de que la Organización Mundial de la Salud (OMS) advirtió esta semana de que no hay razones para restringir los vuelos de países afectados por la gripe porcina.

¿Cómo se explica que países latinoamericanos que tienen relativamente poco tráfico con México hayan suspendido los vuelos directos desde México, cuando Estados Unidos —que comparte con México una frontera de más de 3 000 kilómetros que es cruzada anualmente por unos veinte millones de personas— no ha tomado una medida semejante?, preguntan funcionarios mexicanos.

Aunque el Gobierno de Estados Unidos emitió el 27 de abril una alerta de viajes, aconsejándoles a los estadounidenses que se abstengan de realizar viajes no indispesables a México, el Gobierno de Obama no suspendió los vuelos directos desde México. En comparación, países como Cuba y la Argentina suspendieron todos los vuelos desde y hacia ese país, y aplicaron medidas de control extraordinarias con los pasajeros provenientes de México vía terceros países.

El sábado, cuando llegué al aeropuerto internacional de Buenos Aires, tuve la sensación de estar en un país al borde de una catástrofe sanitaria. Antes de descender del avión, todos los pasajeros debimos completar un formulario donde se nos preguntaba qué países habíamos visitado en   los últimos diez días y si teníamos algunos de los síntomas propios de la gripe.

Ya fuera del avión, un funcionario de salud —que como todos los demás empleados del aeropuerto tenía una máscara cubriéndole la cara— recogía los formularios e interrogaba a cada pasajero, mientras una cámara filmaba a los recién llegados. Al advertir que yo había marcado en mi planilla síntomas de «tos» y «resfrío», el funcionario me preguntó si había tenido fiebre. Respondí que no, y me permitieron entrar al país.

El presidente mexicano Felipe Calderón se quejó hace unos días de las «medidas vejatorias o discriminatorias emprendidas por varios países contra los mexicanos», mientras que otros funcionarios mexicanos criticaron la decisión de Argentina de enviar a México un avión para repatriar a los 218 ciudadanos argentinos varados en ese país.

Entre otras cosas, los funcionarios mexicanos señalan que mientras que Argentina permite el arribo de viajeros de México que llegan por American Airlines, Lan Chile o Copa con escalas en Miami, Santiago de Chile o Panamá, respectivamente, el Gobierno argentino ha suspendido los vuelos directos de Aeroméxico y Mexicana.

«No tiene ningún sentido», me dijo el cónsul mexicano Juan Miguel Ponce. «Primero, la OMS ha manifestado que el flujo de viajeros internacionales no impide el contagio. Segundo, permitir la llegada de pasajeros de México vía terceros países es difícil de explicar, porque se trata de los mismos pasajeros».

¿Por qué Argentina actuó con tanto celo en este caso? La respuesta, según casi todos los periódicos de Argentina, es sencilla: por razones de política interna.

El 28 de junio habrá en la Argentina una elección legislativa crucial, en la que probablemente la presidenta Cristina Fernández de Kirchner y su esposo, el ex presidente Néstor Kirchner, pierdan la mayoría en el Congreso.

De acuerdo con los informes de la prensa argentina, el ex presidente —que todavía lleva la voz cantante— dio personalmente la orden de suspender los vuelos desde México porque no quiere arriesgarse a que critiquen al Gobierno por negligencia en el cuidado de la salud pública en el momento más álgido de la campaña electoral.

En los últimos meses, el Gobierno ha recibido un aluvión de críticas por el brote de dengue, una enfermedad que por lo general se propaga en zonas carenciadas y que se creía derrotada en este país.

Miembros de la oposición, señalando que el Gobierno está instalando un hospital móvil en el aeropuerto internacional de Ezeiza, afirman que es probable que la presidenta lo inaugure hacia fines de esta semana, y especulan que el Gobierno quiere mantener vigente la crisis de la fiebre porcina [para] asegurarse mayor exposición mediática.

Las autoridades argentinas dicen que se trata de medidas extraordinarias tendientes a proteger a la población, y que el Gobierno ha solicitado a su embajada de México un informe detallado de la situación.

Mi opinión: Los gobiernos de Argentina, Cuba y Ecuador han sobreactuado. Curiosamente, varios de esos gobiernos son los primeros en criticar a Estados Unidos y en presentarse a sí mismos en los foros internacionales como los campeones de la solidaridad latinoamericana. Pero cuando México estuvo en problemas, lo primero que hicieron fue darle la espalda, mientras que —esta vez— Washington no abandonó a un vecino.*

* Redactado en Buenos Aires (Argentina): 5-7-09.

16.- La puerta giratoria de ministros de Economía

ESTA SEMANA, cuando Argentina nombró a su sexto ministro de economía en los últimos seis años, resultó difícil no concluir que debería haber un nuevo indicador económico destinado a medir la confiabilidad de los países: la duración de los ministros de Economía en sus cargos.

Se lo podría llamar el «índice de rotación de ministros», o «la puerta giratoria», y debería figurar en las tablas de datos económicos junto a los índices de crecimiento, inflación, exportaciones e importaciones que publican el Banco Mundial y otras instituciones internacionales. El índice que estamos proponiendo dejaría a varios países latinoamericanos bastante mal parados.

Consideremos:

— En Argentina, los seis ministros de Economía que han ocupado ese cargo desde que el ex presidente Néstor Kirchner —quien, según todo el mundo, sigue siendo el verdadero poder detrás del trono— asumió su cargo en mayo del 2003 son: Roberto Lavagana, Felisa Miceli, Miguel Peirano, Martín Lousteau, Carlos Fernández y —desde el martes— Amado Boudou. Tiempo promedio en el cargo: doce meses.

— En Ecuador, desde la asunción del presidente Rafael Correa en enero de 2007, hubo cuatro ministros de Economía: Fausto Ortiz, Magdalena Barreiro, Vilma Salgado y Elsa Viteri. Tiempo promedio en el cargo: siete meses.

— En Venezuela se han producido nueve cambios en el Ministerio de Finanzas —el cargo clave para la política económica del país— desde que el presidente Hugo Chávez asumió la presidencia en 1998. La primera ministra de Finanzas de Chávez fue Margarita Izaguirre, quien

fue sucedida por José A. Rojas, el general Francisco Uson, Nelson Merentes, Tobías Nobrega, nuevamente Nelson Merentes, Rodrigo Cabe-
zas, Rafael Isea Romero y Alí Rodríguez. Tiempo promedio en el cargo:
catorce meses.

Claudio Loser, un analista del instituto Diálogo Interamericano, con
sede en Washington DC y ex director del departamento del Hemisferio Occidental del Fondo Monetario Internacional, me dijo que le gusta
la idea de crear un índice de rotación de ministros de Economía. Con
demasiada frecuencia, cuando las cosas andan mal, los presidentes desti-
tuyen a sus ministros de Economía en vez de corregir las malas políticas económicas, afirmó.

«Es un reflejo de la poca importancia que tienen los ministros de
Economía en muchos de estos países», dice Loser. «Los presidentes
eligen ministros débiles en muchos casos porque no quieren un ministro que les diga que no pueden aumentar el gasto público. Y cuando les dicen eso, los despiden, como si fueran fusibles.»

El analista económico argentino Roberto Cachanosky dijo en un
artículo publicado en el diario *La Nación* que «el tema de fondo es
que no hay economista que pueda resolver una crisis como la que
atraviesa Argentina, embretada en inflación con recesión, si detrás de
ese economista no hay un gobierno que genere confianza [...] En la
era Kirchner, no solo no hay reformas estructurales sino que, además,
la imprevisibilidad en las reglas de juego ha destrozado el sistema pro-
ductivo».

Quizá no sea coincidencia que un informe reciente de la Comision
Económica para América Latina y el Caribe (CEPAL) de las Naciones
Unidas pronosticó para este año una caída del 40% de las inversiones
extranjeras en Latinoamérica. Esa disminución se debe, en gran parte,
a la crisis económica global, pero podría ser mitigada en varios países,
si se les ofreciera a los inversores un mayor nivel de estabilidad, según
afirman los economistas.

La buena noticia es que otros países latinoamericanos han tenido
relativamente pocos de ministros de Economía en los últimos años.

En Chile, donde el ministro de Finanzas tiene a su cargo la principal responsabilidad en política económica, la presidenta Michelle Bachelet ha tenido solo un funcionario en el cargo —Andrés Velasco—
desde que asumió el poder en marzo de 2006.

En Brasil, donde el Ministerio de Finanzas también está a cargo de las principales políticas económicas, solo ha habido dos ministros de Finanzas —Antonio Palocci y Guido Mantega— desde la asunción del presidente Luiz Inácio Lula da Silva en enero de 2003. Colombia ha tenido tres ministros de Finanzas —Roberto Junguito, Alberto Carrasquilla y Óscar I. Zuloaga— desde agosto del 2002, cuando asumió el presidente Álvaro Uribe.

MI OPINIÓN: No resulta sorprendente que el 80% de toda la inversión extranjera en Sudamérica el año pasado se concentró en apenas tres países: Chile, Brasil y Colombia, según la CEPAL.

Es cierto, posiblemente incidan otros factores, pero es muy significativo que la gran mayoría de las inversiones extranjeras en la región se concentren en los tres países en que los ministros de Economía o Finanzas no cambian constantemente. El «índice de rotación de ministros» está muy presente en la mente de los inversores, aunque no lo llamen por ese nombre.*

* Redactado en Miami: 9-7-09.

17.- ¿Hay golpes malos y golpes buenos?

A UNQUE LA ORGANIZACIÓN DE ESTADOS AMERICANOS hizo bien en denunciar el golpe contra el derrocado presidente Manuel Zelaya en Honduras, están surgiendo cada vez más preguntas sobre por qué la organización no ha dicho una palabra sobre el golpe contra Antonio Ledezma en Venezuela.

Como tal vez recuerden, Ledezma es el alcalde opositor de Caracas, la capital de Venezuela, que fue elegido por abrumadora mayoría en noviembre del 2008. Sin embargo, tras el triunfo de Ledezma, el presidente Hugo Chávez ignoró el mandato de las urnas y creó el cargo de «superalcalde» de Caracas, designando a una funcionaria incondicional para el puesto, y despojando a Ledezma de su despacho y de gran parte de su presupuesto.

En una entrevista telefónica desde la clínica de Caracas donde se recuperaba de una huelga de hambre de seis días para llamar la atención internacional sobre su caso, Ledezma me dijo que es «insólito» que la OEA actúe de inmediato para exigir el restablecimiento del estado de derecho en Honduras, y no mueva un dedo para exigir eso mismo en Venezuela.

Cuando asumió su cargo el 7 de diciembre, Ledezma descubrió que gran parte de los fondos habían sido transferidos a otras agencias del gobierno de Chávez. Después, el 29 de diciembre, turbas apoyadas por el gobierno empezaron a ocupar varias oficinas municipales. El 17 de enero, una turba chavista tomó la alcaldía de Caracas, incluyendo el despacho del alcalde. Poco después, el Congreso, controlado por el chavismo, creó el cargo de «jefe de gobierno» de Caracas.

«Me quitaron el 93% de mi presupuesto y la capacidad de recaudar impuestos», me dijo Ledezma. «Teníamos 22 000 empleados activos, y ahora nos quedan unos 6 000.»

Sin dinero, muy pronto Ledezma no pudo pagar los salarios de los empleados municipales. El 3 de julio, cuando sus demandas legales para recuperar el presupuesto municipal fueron rechazadas por los tribunales controlados por el gobierno, Ledezma fue a la sede de la OEA en Caracas e inició una huelga de hambre.

Entre otras cosas, Ledezma pidió que el secretario general de la OEA, José Miguel Insulza, se reuniera con una delegación de alcaldes y gobernadores venezolanos de oposición cuyos cargos fueron «vaciados» por el gobierno. Además de Ledezma, los gobernadores opositores de los estados de Zulia —el principal centro petrolero de Venezuela—, Miranda y Táchira, entre otros, han sido despojados de sus jurisdicciones sobre puertos, aeropuertos y autopistas, o sea, varias de las principales fuentes de ingresos estatales.

Ledezma, que canceló su huelga de hambre el jueves después de hablar con Insulza, me dijo que el encargado de la OEA aceptó reunirse con la delegación opositora en el curso de este mes. Los delegados de la oposición le pedirán que la OEA alce su voz en defensa de la democracia no solo cuando hay un golpe contra un presidente, como ocurrió en Honduras, sino también cuando presidentes autoritarios realizan golpes contra otras instituciones del Estado.

«La Carta Democrática de la OEA necesita ser reglamentada, para que la institución no se convierta en una sociedad de ayuda mutua de presidentes que no respetan la ley», me dijo Ledezma, y agregó: «Las gobernaciones y alcaldías son instituciones del Estado venezolano».

¿Está ignorando Insulza las transgresiones de Chávez porque necesita sus votos para ganar su reelección como secretario general de la OEA?

En una entrevista telefónica, Insulza rechazó esas aseveraciones, señalando que el secretario general de la OEA solo puede actuar dentro de las normas existentes, y que la Carta Democrática solo permite que los presidentes soliciten pronunciamientos regionales sobre interrupciones al Estado de derecho.

«Sería una buena cosa que los otros poderes del Estado también tuvieran alguna llegada para poder plantear sus problemas», me dijo Insulza. «Pero eso es algo que tendría que ser aceptado por los países miembros.»

Insulza señaló que él mismo presentó una propuesta a ese efecto hace dos años, y que no fue aceptada por los miembros de la OEA. Cuando le pregunté por qué no vuelve a presentarla ahora, respondió: «Podría hacerlo, pero no voy a hacerlo en un momento de crisis (en Honduras).»

Mi opinión: Esa no debería ser una excusa válida. Insulza debería volver a presentar su propuesta precisamente ahora, para prevenir nuevas crisis políticas como la de Honduras, donde Zelaya se había negado a acatar las órdenes de la Corte Suprema y al fiscal general antes de ser derrocado por la fuerza.

No hay golpes malos y golpes buenos. Todos son condenables. Resulta ridículo ver a Chávez y sus seguidores pronunciar enardecidos discursos en defensa de la democracia en Honduras, mientras ellos mismos la destruyen a diario en sus respectivos países.

Si la OEA no amplía su Carta Democrática, América Latina será cada vez menos democrática, y la OEA se convertirá —como dijo Ledezma— en un club de ayuda mutua para presidentes autoritarios.*

---

* Redactado en Miami: 13-7-09.

18.- La autodestrucción de Álvaro Uribe

E L PRESIDENTE COLOMBIANO ÁLVARO URIBE, quien goza de una alta popularidad en su país gracias a su exitosa campaña contra los grupos narcoterroristas, está un paso más cerca de cambiar la Constitución y de presentar su candidatura para una tercera presidencia consecutiva. La gran pregunta es si esto no convertirá a Colombia en una república bananera.

La semana pasada, el Congreso colombiano aprobó una ley para convocar un referendo que le preguntará a los colombianos si aprueban permitirle a Uribe postularse para un tercer mandato consecutivo. El Congreso ya había cambiado la Constitución cuatro años atrás, para permitirle a Uribe postularse a la reelección, pero tan solo por un período.

Los partidarios de Uribe aseguran que Colombia necesita que el presidente siga en el poder un mandato más, para poder terminar la tarea de desmantelar las guerrillas que han mantenido a Colombia en jaque durante las últimas cinco décadas.

Desde que Uribe asumió la Presidencia, el número de guerrilleros de las FARC se ha reducido de 23 000 a alrededor de 8 500, y los secuestros han disminuido de unos 2 900 casos anuales a 437. Por primera vez en la historia reciente, los colombianos pueden viajar sin temor a través de casi todo el país, señalan los uribistas.

La economía está creciendo, la pobreza ha disminuido en un 11% durante los últimos seis años, y la inversión extranjera alcanzó el año pasado un récord de más de diez mil millones de dólares . No es casual que la popularidad de Uribe está en casi un 70%.

Asimismo, los partidarios de Uribe aseguran que el proceso de cambios constitucionales está apegado a la legalidad.

«Creo que el presidente debe continuar en el poder porque su labor ha sido exitosa, y todas las cifras lo demuestran», me dijo el vocero presidencial colombiano César Mauricio Velásquez en una entrevista telefónica. «Hay una reducción de la pobreza, una ampliación de coberturas en educación y salud, y una consolidación de la economía. Y debe continuar la recuperación de la seguridad. Debe rematar la tarea iniciada.»

Los críticos de la reelección de Uribe, incluyendo a muchos que piensan que ha hecho un buen trabajo, replican que Uribe no debería nuevamente postularse, precisamente, para garantizar que sus logros sean continuados por otros. Todos los candidatos presidenciales que encabezan las encuestas seguirían las políticas de Uribe. Las posibilidades de que algún izquierdista radical gane las próximas elecciones son mínimas.

En cuanto al argumento de que el proceso de reelección es legal, lo más probable es que el gobierno manipule el proceso de referendo, dicen los críticos. Al igual de lo que hace el presidente narcisista-leninista venezolano Hugo Chávez, es probable que Uribe incluya en el referendo preguntas que inducirían a un voto positivo, tales como si debiera haber penalidades más duras para los violadores de menores.

Los pragmáticos, a su vez, dicen que —ya sea justificada o no— una tercera presidencia de Uribe perjudicará la imagen de Colombia en el exterior, que ya está bastante por el piso en el Congreso estadounidense por el tema de los derechos humanos.

Frederick Jones, el vocero del presidente del Comité de Relaciones Exteriores del Senado, John Kerry, me dijo cuando le pregunté sobre una tercera presidencia de Uribe que «El senador Kerry cree que es al pueblo colombiano a quien le compete decidir si es necesaria una nueva reforma de la Constitución colombiana. Sin embargo, cree firmemente que la alternancia en el poder es una característica fundamental de una democracia funcional y saludable».

Otra fuente parlamentaria me dijo que una tercera presidencia de Uribe «dificultará nuestra capacidad de progresar en el acuerdo de libre comercio entre Estados Unidos y Colombia, y en una mayor financiación del Plan Colombia. Muchos demócratas ven a Uribe como un violador de derechos humanos que se está convirtiendo en algo algo así como un pequeño rey».

Mi OPINIÓN: Una tercera presidencia consecutiva sería perjudicial para Uribe, perjudicial para Colombia, y perjudicial para Latinoamérica.

Perjudicial para Uribe, porque en lugar de terminar bien, terminará mal, como les pasó al ex presidente argentino, Carlos S. Menem; o al ex presidente de Perú, Alberto Fujimori, cuando trataron a toda costa de postularse por tercera vez.

Perjudicial para Colombia, porque se convertiría en una democracia tramposa, en la que un líder máximo todopoderoso generaría una reacción popular que tarde o temprano terminaría moviendo el péndulo político hacia la dirección opuesta.

Y sería perjudicial para Latinoamérica, porque socavaría los argumentos de las fuerzas prodemocráticas, y permitiría que Chávez y sus discípulos autócratas en Bolivia, Ecuador y Nicaragua digan: «¿Por qué nos critican a nosotros, si nuestros adversarios están haciendo lo mismo?»

Entonces, por favor, presidente Uribe, conviértase en un campeón de la democracia, y abandone este proyecto. Es una idea que terminará destruyéndolo a usted, y a su país.*

---

* Redactado en Miami: 6-9-09.

19.- ¿Qué hay detrás de la escalada armamentista?

A PESAR DE LA PEOR CRISIS ECONÓMICA MUNDIAL desde la década de 1930, y de los pronósticos de que el número de pobres se incrementará este año en Latinoamérica, los países de la región están embarcados en el mayor gasto militar de los últimos tiempos.

La semana pasada, el presidente venezolano Hugo Chávez visitó Rusia para comprar 500 helicópteros de combate por valor de 500 millones de dólares, según la agencia estatal de noticias rusa, RIA Novosti. Con esta adquisición, las compras venezolanas de armas a Rusia en el curso de los últimos cinco años alcanzarán los 5 000 millones de dólares.

Unos días antes, el presidente brasileño Luiz Inácio Lula Da Silva recibió al presidente francés Nicolas Sarkozy en la capital de Brasil y anunció el comienzo de negociaciones formales para la compra de 36 aviones de combate Rafale, de fabricación francesa, que según declaraciones de funcionarios franceses probablemente tendrán un costo de más de 7 000 millones de dólares.

Además, Brasil sigue adelante con el plan de comprar y producir conjuntamente con Francia otros armamentos franceses, incluyendo cuatro submarinos de guerra Scorpene, 50 aviones de transporte militar, y lo que será el primer submarino nuclear de Latinoamérica.

Chile, a su vez, compró recientemente 18 aviones de combate estadounidenses, y anunció su plan de comprar cañones de largo alcance y radares a Estados Unidos. Hasta Bolivia, el país más pobre del Cono Sur, ha abierto una línea de crédito de 100 millones de dólares para comprar armas a Rusia.

Durante una visita a Perú la semana pasada, me sorprendió ver todos los días grandes titulares en los periódicos sobre las compras de armas en países vecinos.

«Es algo que preocupa», me dijo el ministro de Relaciones Exteriores de Perú, José Antonio García Belaunde, en una entrevista. «Nadie puede explicar a qué obedece, porque esta ha sido una región tradicionalmente pacífica».

De acuerdo con el Instituto Internacional de Estudios Estratégicos, con sede en Londres, los gastos de defensa de Latinoamérica y el Caribe crecieron el 91% durante los últimos cinco años, hasta alcanzar los 47 mil millones de dólares en 2008. Los países que más incrementaron sus gastos militares fueron Venezuela, Brasil y Chile.

¿Qué está ocurriendo?, pregunté a varios funcionarios latinoamericanos y estadounidenses. ¿No es algo disparatado, considerando que pocas semanas atrás el Banco Mundial estimó que el número de pobres en Latinoamérica crecerá en seis millones de personas este año debido a la crisis mundial?

Según García Belaunde, una explicación posible del enorme incremento en la compra de armas es la bonanza económica de varios países de la región en los últimos años por el alza de las materias primas. Este fenómeno dejó a muchos países con grandes reservas de dinero, y a veces, cuando los gobiernos no alcanzan a gastar su presupuesto antes de terminar el año fiscal porque no tienen los equipos técnicos o no les alcanza el tiempo para lanzar proyectos de infraestructura, lo más fácil es comprar armas exigidas por las fuerzas armadas, explicó.

Frank Mora, el funcionario del Departamento de Defensa estadounidense a cargo de los asuntos hemisféricos, me dijo en otra entrevista que —en los casos de Brasil y Chile— las compras de armas son para modernizar equipos que muchas veces no han sido actualizados en los últimos cuarenta años.

«No creo que eso [las recientes compras de armas] indica una carrera armamentista», me dijo Mora, agregando que más del 80 % de las compras de armas han sido hechas por tan sólo tres países, Venezuela, Brasil y Chile. «Pero debemos seguir viendo eso cuidadosamente, y evitar lo más posible que eso ocurra en lo que ha sido históricamente una zona de paz».

Mi OPINIÓN: Coincido en que el enorme aumento de compras de armas puede deberse en parte a la bonanza económica, o a la modernización de equipos obsoletos. Pero sospecho que, especialmente en el caso de Venezuela, existe un factor adicional: la corrupción.

Si nos basamos en la historia de corrupción de Venezuela, y en las evidencias de que el gobierno de Chávez tiene emisarios que van y vienen por el mundo con maletas llenas de dinero, no podemos descartar la posibilidad de que Rusia esté pagando fabulosas comisiones a funcionarios venezolanos por sus 5 mil millones de dólares en exportaciones de armas.

La tragedia para la región, además del hecho de que los países podrían usar estos recursos para reducir la pobreza, es que cada compra de armas de un país pone nerviosos a sus vecinos, y los incita también a comprar armas. Es hora de que haya un acuerdo regional para poner límite a las compras de armas y para detener esta tendencia que —sean cuales fueren sus causas— es un disparate total.*

* Redactado en Lima (Perú): 12-9-09.

20.- ¿Una luz al final del túnel?

BUENAS NOTICIAS PARA LATINOAMÉRICA: un nuevo estudio de las Naciones Unidas pronostica que la economía de la región empezará a recuperarse durante la segunda mitad de este año, y que crecerá un respetable 3,1% el año próximo.

Antes de entrar a ver si el estudio dado a conocer el miércoles por la Comisión Económica para América Latina y el Caribe de las Naciones Unidas (CEPAL) es realista o demasiado optimista, consideremos los puntos más importantes del informe.

Según el estudio, la economía de la región se contraerá un 1,9% este año, y se espera que el desempleo en la región llegue a 9% a fin de año, agregando otras 3 millones de personas a los 180 millones que ya viven por debajo de la línea de pobreza.

Pero, si no hay sorpresas, la economía de la región empezará a recuperarse en los próximos meses, entre otras cosas gracias a las compras de materias primas por parte de China, al aumento del precio de los *commodities* [materias primas] a nivel mundial, a un lento pero gradual crecimiento del comercio mundial, y a señales de que la región está empezando a recuperar su acceso a los préstamos extranjeros.

He aquí algunos de los pronósticos de la CEPAL para varios países de la región:

— La economía de Argentina crecerá un 1,5% este año, y un 3% el año próximo.

— La economía de Brasil se contraerá un 0,8% este año, y crecerá un 3,5% el año próximo.

— La economía de Chile se reducirá en un 1% este año, y crecerá un 3,5% el año próximo.

— La economía de Colombia crecerá en 0.6% este año y en un 3,5% el año próximo.

— La economía de Cuba crecerá un 1% este año y 3% el año próximo.

— La economía de Ecuador crecerá un 1% este año y un 2,5% el año que viene.

— El Salvador y Guatemala, cuyas economías se contraerán en un 2 y un 1% respectivamente este año, verán crecer sus economías en un 2,5% cada una el año próximo.

— La economía de México se desplomará un 7% este año, y crecerá un 2,5% el año próximo.

— La economía de Panamá crecerá en un 2,5% este año, y un significativo 5% el año próximo.

— De manera similar, la economía de Perú crecerá un 2% este año, y un 5% el año próximo.

— La economía de Venezuela crecerá apenas 0,3% este año, y 3,5% el año entrante.

«Creemos que tocamos fondo en marzo del 2009», me dijo la secretaria ejecutiva de la CEPAL, en una entrevista telefónica. «La recuperación seguirá siendo lenta, pero tenemos indicios de que lo peor ya pasó, y que hay signos de recuperación».

Muchos economistas independientes coinciden con las proyecciones de la CEPAL.

Sebastián Briozzo, un analista de la agencia de calificaciones Standard and Poor's, me comentó que su empresa está pronosticando tasas de crecimiento algo menores para el 2010, pero en general muy semejantes a los de la CEPAL.

Mi OPINIÓN: En la era post-Lehman Brothers hemos aprendido que hay que tomar con pinzas los pronósticos de los economistas. Como dice el viejo chiste, hay dos clases de economistas: los que saben que no saben, y los que no saben que no saben.

Sin embargo, si el pronóstico de la CEPAL es correcto, deberíamos celebrarlo y al mismo tiempo enmarcarlo en el contexto apropiado.

Un 3,1% de crecimiento sería una tasa saludable, pero que aún estaría muy lejos del crecimiento de 5% anual que Latinoamérica necesita para absorber las nuevas generaciones de jóvenes que ingresan al mercado laboral todos los años. Además, estaría muy por debajo del crecimiento de 7% que se pronostica para China, y de 6,2% que se pronostica para la India el año próximo.

Latinoamérica necesita crecer mucho más y —tan importante o más— lo debe hacer sostenidamente, como lo han venido haciendo los países asiáticos en las últimas tres décadas.

Para lograrlo, el mayor desafío para los países latinoamericanos no será económico, sino político. Como lo demuestran las exitosas experiencias de Chile y Brasil, los países que crecerán más rápida y sostenidamente son los que logren crear un consenso político dentro de sus sociedades para volverse más competitivos en la economía global.

Y los que, en cambio, sigan empantanados en debates ideológicos —impulsados por presidentes autoritarios que buscan el conflicto permanente como mecanismo para perpetuarse en el poder— se quedarán cada vez más atrás, y sus pueblos se harán cada vez más pobres.*

* Redactado en Miami: 16-7-09.

Epílogo

D ESPUÉS DE HABER LEÍDO ESTAS PÁGINAS, muchos de ustedes se preguntarán cómo es posible que a pesar de todos los disparates cometidos por varios presidentes latinoamericanos y el ex presidente estadounidense George W. Bush, el autor de estas páginas todavía sea relativamente optimista sobre el futuro del continente americano. Con la cantidad de presidentes narcisistas-leninistas —a menudo parecidos a personajes de opereta— que pululan por la región repitiendo consignas del pasado, no es difícil caer en la desesperanza. Sin embargo, soy cautelosamente optimista sobre el futuro. A diferencia de quienes creen que los países latinoamericanos están biológicamente condenados al atraso y la pobreza, soy un firme creyente en que la mayoría de los países de la región tienen el capital humano como para poder dar un salto a la modernidad en muy poco tiempo, y que algunos lo van a lograr.

El mundo está lleno de ejemplos de países que han pasado del subdesarrollo al Primer Mundo en muy poco tiempo. Están los casos de Finlandia, Noruega, Irlanda, e incluso España, que hace pocas décadas eran algunos de los países más pobres de Europa. Y hay varios otros casos de países que, contrariando la tan cacareada —y falsa— presunción de que los países con más futuro son los que tienen más recursos naturales, han saltado al Primer Mundo sin tener ninguna materia prima. Efectivamente, los países más ricos del mundo en ingreso per cápita —Liechstenstein, Luxemburgo y Singapur, entre ellos— tienen en común el no tener ningún recurso natural.

En momentos de escribir estas líneas, acabo de regresar de un viaje a Singapur para recoger información para mi próximo libro, que será una secuela de *Cuentos chinos*, enfocada en la economía del conocimiento del siglo XXI. Y lo que encontré allí fue un país que no solo carece de petróleo, o cualquier otro tipo de materia prima, sino que hasta tiene que importar el agua que consume. Y sin embargo, en los últimos cuarenta años, que no es nada en la historia de un país, Singapur ha pasado del subdesarrollo al desarrollo. Mientras que hace cuatro décadas el ingreso per cápita de Singapur era menos de la mitad del de Argentina, e igual al de México, hoy día Singapur es el noveno país más rico del mundo en ingreso per cápita. Comparativamente, Estados Unidos es el 10°, Argentina el 81°, y México el 82°. Con apenas 4,6 millones de habitantes que producen servicios de alta tecnología, Singapur exporta 235 000 millones de dólares por año, más que Brasil, Argentina, Venezuela, Colombia y Chile, respectivamente. Y en Latinoamérica está el caso de Chile que, gracias a la continuidad de sus políticas públicas y su inserción en la economía global, ha logrado disminuir la pobreza dramáticamente en muy poco tiempo.

O sea, contrariamente a varias teorías en boga, no hay motivos biológicos o culturales que condenen a los países latinoamericanos a la pobreza.

En segundo lugar, las recientes experiencias políticas de Chile, y en cierta medida también de Brasil, Perú y Uruguay, demuestran que, con mayor frecuencia, más países latinoamericanos están logrando vencer el maleficio de la inestabilidad. A diferencia de lo que ocurría en el pasado, en que cada cambio de gobierno en la región significaba un cambio de rumbo radical —y por lo tanto nadie invertía por temor al próximo cambio de las reglas de juego— se están dando cada vez más casos de alternancia política sin caos económico. Se trata de un dato importante: son cada vez más los países que se han dado cuenta que no se puede reinventar la rueda en cada gobierno, y que hay que construir sobre lo que se hereda. América latina, otrora la región de los permanentes bandazos ideológicos, está teniendo por primera vez en la historia reciente países que le apuestan a la continuidad en democracia. Y lo que es más importante, estos últimos están reduciendo la pobreza a paso mucho más rápido que los regímenes populistas, o los totalitarios. Chile redujo su nivel de pobreza del 43% de su población hace dos décadas al 13% en la actualidad. Y conforme pasa el tiempo, y con mayor frecuencia, los países vecinos, que ven los logros de la perseverancia y la globalización, serán cada más quienes sigan sus pasos.

En tercer lugar, la ola petropopulista se está desinflando a nivel regional, y —salvo un repunte dramático de los precios del petróleo, que en estos momentos pocos pronostican— nada hace prever que seguirá expandiéndose.

Hace tres años se anunciaba con bombos y platillos que Venezuela construiría un gigantesco gasoducto que uniría Caracas con Buenos Aires —el «Hugoducto», lo habían bautizado sus críticos—, además de otros proyectos faraónicos en todo el continente. Al día de hoy, casi nadie se acuerda de estos planes. Con la caída de los precios del petróleo, cayeron en el olvido. Y los vientos políticos en todo el continente están comenzando a soplar en contra del proyecto autoritario chavista. Lo más probable es que el proyecto narcisista-leninista continúe en Venezuela y los países del bloque chavista, pero que no se expanda más allá de ellos.

Como quizás habrán notado quienes siguen mis columnas semanalmente, no incluí muchos de mis trabajos sobre educación, ciencia, tecnología e innovación, una de mis obsesiones en los últimos tiempos. Fue una decisión adrede, ya que las estoy usando como referencia para mi próximo libro. Mientras tanto, los dejo con la idea de que *Los Estados Desunidos de Latinoamérica* puede ser el reflejo de una etapa fugaz en la historia latinoamericana. Hoy vemos a los países asiáticos como las nuevas potencias mundiales pero, hace apenas tres décadas, Asia era vista como una región de hambrunas, condenada al subdesarrollo eterno. El salto a la modernidad se puede dar mucho más rápido de lo que muchos creen. No me extrañaría nada que, en pocos años, algunos países latinoamericanos emerjan como las nuevas estrellas económicas del mundo.

Ojalá así sea, y que el título de este libro pierda vigencia muy pronto, y se convierta en un recordatorio de un pasado cada vez más distante.

Estadísticas

GUÍA DEL MUNDO - INSTITUTO DEL TERCER MUNDO
© Derechos 2007 - Instituto del Tercer Mundo. c/ Juan D. Jackson 1136, Montevideo 11200, Uruguay. [Derechos cedidos expresamente para esta edición sobre los países incluidos. ALGABA Ediciones S. L. quiere que así conste con su agradecimiento explícito.]

Consejo Ejecutivo 2005-2006
    Presidenta: Clara Píriz
    Secretario: Luis Álvarez
    Director: Roberto Bissio

GUÍA DEL MUNDO
    Redactor Jefe: Amir Hamed
    Coordinación: Gustavo Alzugaray
    Asistentes: Joaquín Olivera y Ana Zeballos
Colaboradores:
    Sandra López Desivo
    Andrea Tutté
    Gustavo Espinosa
    Lucy Gray-Donald
    Carlos Rehermann

Estadísticas:
    Social Watch, Equipo de Investigación en Ciencias Sociales
    Karina Batthyány (coordinadora)
    Mariana Sol Cabrera
    Graciela Dede
    Daniel Macadar
    Ignacio Pardo

Administración: María Lucía Rivero y Maika Flores

Alicia Bárcena
Secretaria Ejecutiva

Laura López
Secretaria de la Comisión

Osvaldo Kacef
Director de la División de Desarrollo Económico

Susana Malchik
Oficial a cargo
División de Documentos y Publicaciones

www.cepal.org/de

El *Estudio económico de América Latina y el Caribe* es un documento anual de la División de Desarrollo Económico de la CEPAL. La elaboración de la presente edición, 2008-2009, estuvo encabezada por el Director de la División, Osvaldo Kacef, mientras que la coordinación general estuvo a cargo de Jürgen Weller.

En esta edición, la División de Desarrollo Económico contó con la colaboración de la División de Estadística y Proyecciones Económicas, la División de Comercio Internacional e Integración, las sedes subregionales de la CEPAL en México, D.F. y Puerto España, y las oficinas nacionales de la Comisión en Bogotá, Brasilia, Buenos Aires, Montevideo y Washington, D.C.

El capítulo I, "Panorama regional", fue elaborado por Osvaldo Kacef, con insumos preparados por Claudio Aravena, Omar Bello, Fernando Cantú, Rodrigo Cárcamo, Juan Pablo Jiménez, Luis Felipe Jiménez, Roberto Machado, Sandra Manuelito, Sarah Mueller, Andrea Podestá, Claudia Roethlisberger y Jürgen Weller. Para los capítulos de la segunda parte de este Estudio se utilizó material escrito por la consultora Roxana Maurizio, así como documentos de Juan Chacaltana, Guillermo Cruces y Andrés Ham, Andrew Downes, Stefano Farné, Patricio Frías, Andrés Marinakis, Lucas Navarro, Víctor Tokman y Mario Velásquez, sobre los que se discutió en un taller que se realizó en abril de 2009 en Santiago. La Agencia Española de Cooperación Internacional para el Desarrollo colaboró con el financiamiento de este taller y de algunas contrataciones.

Las notas sobre los países se basan en los estudios realizados por los siguientes expertos: Olga Lucía Acosta y María Alejandra Botiva (Colombia), Omar Bello (Estado Plurinacional de Bolivia), Rodrigo Cárcamo (Ecuador), Stefan Edwards (Suriname), Álvaro Fuentes (Uruguay), Sarah Gammage (Honduras y Panamá), Randolph Gilbert (Haití), Michael Hendrickson (Bahamas y Belice), Daniel Heymann y Adrián Ramos (Argentina), Luis Felipe Jiménez (Chile), Beverly Lugay (Unión Monetaria del Caribe Oriental), Roberto Machado (Trinidad y Tabago), Sandra Manuelito (República Bolivariana de Venezuela), Jorge Mattar (México), Armando Mendoza (Barbados, Guyana y Jamaica), Sarah Mueller (Paraguay), Carlos Mussi (Brasil), Ramón Padilla (Costa Rica y Nicaragua), Igor Paunovic (Cuba), Juan Carlos Rivas (El Salvador y Guatemala), Francisco Villareal (República Dominicana) y Jürgen Weller (Perú). Claudia Roethlisberger coordinó las notas de los países del Caribe.

El procesamiento y la presentación de la información estadística estuvieron a cargo de Alejandra Acevedo, Vianka Aliaga, Leandro Cabello, Jazmín Chiu y Hans Fricke.

Notas

En los cuadros de la presente publicación se han empleado los siguientes signos:

Tres puntos (…) indican que los datos faltan, no constan por separado o no están disponibles.

Una raya (-) indica que la cantidad es nula o despreciable.

La coma (,) se usa para separar los decimales.

La palabra "dólares" se refiere a dólares de los Estados Unidos, salvo cuando se indique lo contrario.

ARGENTINA

Población: 39 531 118 personas
Superficie terrestre: 2 780 400 km²
Capital: Buenos Aires
Moneda: Peso argentino
Idioma: Español

DEMOGRAFÍA
Crecimiento anual: 1,3% (1985-2000)
Estimación para el año 2015: 42 676 138 000 (2004)
Crecimiento anual hacia el 2015: 1,0% (2004)
Densidad de población: 14 habs. por km²(2007)
Población urbana: 90,9% (2007)
Crecimiento urbano: 1,2% (2005-2010)
Estim. de la población urbana en 2015: 92,2% (2004)

SALUD
Esperanza de vida al nacer: 75 años (2005-2010)
Esperanza de vida al nacer, hombres: 72 años (2005-2010)
Esperanza de vida al nacer, mujeres: 79 años (2005-2010)
Tasa global de fecundidad: 2,3 hijos por mujer (2005-2010)
Tasa bruta de natalidad: 18 nacimientos por cada 1000 habitantes (2005-2010)
Tasa bruta de mortalidad: 8 muertes por cada 1000 habitantes (2005-2010)
Mujeres en pareja de 15-49 años que usan anticonceptivos: 74% (1996-2004)
Mortalidad materna: 82 cada 100 000 nacidos vivos (2000)
Partos atendidos por personal calificado: 99% (1996-2004)
Mortalidad en niños menores de 1 año: 16 cada 1 000 nacidos vivos (2004)
Mortalidad en niños menores de 5 año: 18 cada 1 000 nacidos vivos (2004)
Recién nacidos con peso por debajo del normal, 2500 gr: 8% (1998-2004)
Malnutrición infantil: 5% en menores de 5 años (1996-2004)
Desnutrición: <2,5% del total de población (2000-2002)
Consumo diario de calorías: 2 959 per capita (2003)
Médicos: 301 cada 100 000 personas (1990-2004)
Enfermeros: 80 cada 100 000 personas (1998)

EDUCACIÓN
Alfabetismo adulto femenino: 97% (2000-2004)
Matriculación neta en enseñanza primaria: 100% (1999)
Matriculación masculina neta en enseñanza primaria: 100% (1999)
Matriculación femenina neta en enseñanza primaria: 100% (1999)
Matriculación neta en enseñanza secundaria: 81% (2002)
Matriculación masculina neta en enseñanza secundaria: 83% (2002)
Matriculación femenina neta en enseñanza secundaria: 78% (2002)
Matriculación bruta en enseñanza terciaria: 61% (2002)
Número de niños por maestro, primaria: 17 (2002)

COMUNICACIONES
Diarios: 40,5 cada 1 000 personas (2000)
Radios: 697 cada 1 000 personas (1997)
Televisores: 326 cada 1 000 personas (2001)
Líneas telefónicas: 226,7 cada 1 000 personas (2004)

ECONOMÍA
Población viviendo con menos de 1 dólar al día: 7,0% (2003)
INB per capita: 3 580 dólares Atlas Method (2004)
PIB per capita: 13 298 PPP, dólares (2004)
Tasa de crecimiento anual del PIB: 9,0% (2004)
Inflación anual: 9,2% (2004)
Índice de precios al consumidor: 4,4 todos los items 1995=100 (2004)
Deuda externa total: 169 247 millones dólares (2004)
Deuda externa per cápita: 4 281 dólares (2004)
Servicio de deuda externa: 28,5 como% de las exportaciones (2004)
Total neto de Ayuda Oficial al Desarrollo recibida: 109 millones dólares (2003)
Total neto de Ayuda Oficial al Desarrollo recibida: 3 dólares per cápita (2003)
Total neto de Ayuda Oficial al Desarrollo recibida: 0,1% del PIB (2003)
Consumo de energía: 1 574,8 equivalente petróleo/ kg (2003)
Importación de energía: -40,9% del consumo (2003)
Gasto público en salud: 4,5% del PIB (2002)
Gasto público en educación: 4,0% del PIB (2000-2002)
Gasto en defensa: 1,0% del PIB (2004)

USO DE LA TIERRA
Tierras con bosques y forestadas: 12,1% de total de tierras (2005)
Tierras arables: 10,2% del total de tierras (2003)
Cultivos: 0,4% del total de tierras (2003)
Otros usos de la tierra: 77,3% del total de tierras
Tierras irrigadas: 5,4% de la tierra arable (2003)
Uso de fertilizantes: 265 kg por hectárea (2002)

TRABAJO
Población Económicamente Activa: 45,4% del total (2004)
Desempleo: 16% de la PEA (2003)
PEA femenina: 42% de la PEA (2004)
Empleo femenino en industria: 12% de la PEA femenina (1995-2002)
Empleo femenino en servicios: 87% de la PEA femenina (1995-2002)
Empleo masculino en agricultura: 1% de la PEA masculina (1995-2002)
Empleo masculino en industria: 30% de la PEA masculina (1995-2002)
Empleo masculino en servicios: 69% de la PEA masculina (1995-2002)

COMERCIO
Importación de bienes y servicios: 28 152 millones dólares (2004)
Exportacion de bienes y servicios: 39 702 millones dólares (2004)
Importación de cereales: 26 032 toneladas (2004)
Índice de producción de alimentos per cápita: 102,0 1999-2001=100 (2005)
Importación de alimentos: 2,3% del total de importaciones (2005)
Importación de armas: 129 millones de dólares a valores de 1990 (2004)
Exportación de armas: 0 millones de dólares a valores de 1990 (2004)

SITUACIÓN DE LA MUJER
Mujeres en cargos profesionales y técnicos: 55% de cargos (1992-2003)
Mujeres legisladoras, altas funcionarias y directivas: 25% de puestos (1992-2003)
Brecha de ingresos estimados entre mujeres y hombres: 0,37 (1991-2003)
Mujeres en cargos de gobieno a nivel ministerial: 8,3% de cargos (2005)
Mujeres en bancadas parlamentarias: 33,7% de bancas (2005)

BOLIVIA

Población: 9.524.569 personas
Superficie terrestre: 1.098.580 Km2
Capital: La Paz
Moneda: Boliviano
Idioma: Español, quechua y aymara

DEMOGRAFÍA
Población: 9 524 569 (2007)
Crecimiento anual: 2,2% (1985-2000)
Estimación para el año 2015: 10 854 338 000 (2004)
Crecimiento anual hacia el 2015: 1,8% (2004)
Densidad de población: 9 habs. por km²(2007)⁷
Población urbana: 65,3% (2007)
Crecimiento urbano: 2,5% (2005-2010)
Estim. de la población urbana en 2015: 69,0% (2004)

SALUD
Esperanza de vida al nacer: 66 años (2005-2010)
Esperanza de vida al nacer, hombres: 63 años (2005-2010)
Esperanza de vida al nacer, mujeres: 68 años (2005-2010)
Tasa global de fecundidad: 3,5 hijos por mujer (2005-2010)
Tasa bruta de natalidad: 27 nacimientos por cada 1000 habitantes (2005-2010)
Tasa bruta de mortalidad: 8 muertes por cada 1000 habitantes (2005-2010)
Mujeres en pareja de 15-49 años que usan anticonceptivos: 58% (1996-2004)
Mortalidad materna: 420 cada 100 000 nacidos vivos (2000)
Partos atendidos por personal calificado: 67% (1996-2004)
Mortalidad en niños menores de 1 año: 54 cada 1 000 nacidos vivos (2004)
Mortalidad en niños menores de 5 año: 69 cada 1 000 nacidos vivos (2004)
Recién nacidos con peso por debajo del normal, 2500 gr: 7% (1998-2004)
Malnutrición infantil: 8% en menores de 5 años (1996-2004)
Desnutrición: 21% del total de población (2000-2002)
Madres que amamantan hasta los 6 meses: 54% (1996-2004)
Consumo diario de calorías: 2 219 per capita (2003)
Médicos: 73 cada 100 000 personas (1990-2004)
Enfermeros: 319 cada 100 000 personas (2001)
Acceso a fuentes mejoradas de agua potable: 85% de población (2002)
Acceso a servicios sanitarios: 45% de población (2002)

EDUCACIÓN
Alfabetismo adulto: 87% (2000-2004)
Alfabetismo adulto masculino: 93% (2000-2004)
Alfabetismo adulto femenino: 80% (2000-2004)
Matriculación neta en enseñanza primaria: 95% (2004)
Matriculación masculina neta en enseñanza primaria: 95% (2004)
Matriculación femenina neta en enseñanza primaria: 96% (2004)
Matriculación neta en enseñanza secundaria: 74% (2004)
Matriculación masculina neta en enseñanza secundaria: 73% (2004)
Matriculación femenina neta en enseñanza secundaria: 74% (2004)
Matriculación bruta en enseñanza terciaria: 41% (2004)
Número de niños por maestro, primaria: 24 (2004)

COMUNICACIONES
Diarios: 98,8 cada 1 000 personas (1998)
Radios: 671 cada 1 000 personas (1997)
Televisores: 121 cada 1 000 personas (2000)
Líneas telefónicas: 69,4 cada 1 000 personas (2004)

ECONOMÍA
Población viviendo con menos de 1 dólar al día: 23,2% (2002)
INB per capita: 960 de dólares Atlas Method (2004)
PIB per capita: 2 720 PPP, de dólares (2004)
Tasa de crecimiento anual del PIB: 3,6% (2004)
Inflación anual: 8,5% (2004)
Índice de precios al consumidor: 4,4 todos los items 1995=100 (2004)
Deuda externa total: 6 096 millones de dólares (2004)
Deuda externa per cápita: 640 de dólares (2004)
Servicio de deuda externa: 18,6 como% de las exportaciones (2004)
Total neto de Ayuda Oficial al Desarrollo recibida: 930 millones de dólares (2003)
Total neto de Ayuda Oficial al Desarrollo recibida: 104 de dólares per cápita (2003)
Total neto de Ayuda Oficial al Desarrollo recibida: 11,8% del PIB (2003)
Consumo de energía: 503,8 equivalente petróleo/ kg (2003)
Importación de energía: -73,6% del consumo (2003)
Gasto público en salud: 4,2% del PIB (2002)
Gasto público en educación: 6,3% del PIB (2000-2002)
Gasto en defensa: 1,6% del PIB (2004)

USO DE LA TIERRA
Tierras con bosques y forestadas: 54,2% de total de tierras (2005)
Tierras arables: 2,8% del total de tierras (2003)
Cultivos: 0,2% del total de tierras (2003)
Otros usos de la tierra: 42,8% del total de tierras
Tierras irrigadas: 4,1% de la tierra arable (2003)
Uso de fertilizantes: 45 kg por hectárea (2002)

TRABAJO
Población Económicamente Activa: 42,3% del total (2004)
Desempleo: 6% de la PEA (2002)
PEA femenina: 43% de la PEA (2004)
Empleo femenino en agricultura: 3% de la PEA femenina (1995-2002)
Empleo femenino en industria: 14% de la PEA femenina (1995-2002)
Empleo femenino en servicios: 82% de la PEA femenina (1995-2002)
Empleo masculino en agricultura: 6% de la PEA masculina (1995-2002)
Empleo masculino en industria: 39% de la PEA masculina (1995-2002)
Empleo masculino en servicios: 55% de la PEA masculina (1995-2002)

COMERCIO
Importación de bienes y servicios: 2 319 millones de dólares (2004)
Exportacion de bienes y servicios: 2 546 millones de dólares (2004)
Importación de cereales: 345 293 toneladas (2004)
Índice de producción de alimentos per cápita: 110,3 1999-2001=100 (2005)
Importación de alimentos: 11,6% del total de importaciones (2005)
Importación de armas: 1 millones de dólares a valores de 1990 (2004)

SITUACIÓN DE LA MUJER
Mujeres en cargos profesionales y técnicos: 40% de cargos (1992-2003)

Mujeres legisladoras, altas funcionarias y directivas: 36% de puestos (1992-2003)
Brecha de ingresos estimados entre mujeres y hombres: 0,45 (1991-2003)
Mujeres en cargos de gobieno a nivel ministerial: 6,7% de cargos (2005)
Mujeres en bancadas parlamentarias: 19,2% de bancas (2005)

BRASIL

Población: 191.341.355 personas
Superficie terrestre: 8.547.400 Km2
Capital: Brasilia
Moneda: Real
Idioma: Portugués

DEMOGRAFÍA
Población: 191 341 355 (2007)
Crecimiento anual: 1,6% (1985-2000)
Estimación para el año 2015: 209 401 091 000 (2004)
Crecimiento anual hacia el 2015: 1,2% (2004)
Densidad de población: 22 habs. por km²(2007)
Población urbana: 85,3% (2007)
Crecimiento urbano: 1,8% (2005-2010)
Estim. de la población urbana en 2015: 88,4% (2004)

SALUD
Esperanza de vida al nacer: 72 años (2005-2010)
Esperanza de vida al nacer, hombres: 68 años (2005-2010)
Esperanza de vida al nacer, mujeres: 76 años (2005-2010)
Tasa global de fecundidad: 2,2 hijos por mujer (2005-2010)
Tasa bruta de natalidad: 19 nacimientos por cada 1000 habitantes (2005-2010)
Tasa bruta de mortalidad: 7 muertes por cada 1000 habitantes (2005-2010)
Mujeres en pareja de 15-49 años que usan anticonceptivos: 77% (1996-2004)
Mortalidad materna: 260 cada 100 000 nacidos vivos (2000)
Partos atendidos por personal calificado: 96% (1996-2004)
Mortalidad en niños menores de 1 año: 32 cada 1 000 nacidos vivos (2004)
Mortalidad en niños menores de 5 año: 34 cada 1 000 nacidos vivos (2004)
Recién nacidos con peso por debajo del normal, 2500 gr: 10% (1998-2004)
Malnutrición infantil: 6% en menores de 5 años (1996-2004)
Desnutrición: 9% del total de población (2000-2002)
Consumo diario de calorías: 3 146 per capita (2003)
Médicos: 206 cada 100 000 personas (1990-2004)
Enfermeros: 384 cada 100 000 personas (2000)
Acceso a fuentes mejoradas de agua potable: 89% de población (2002)
Acceso a servicios sanitarios: 75% de población (2002)

EDUCACIÓN
Alfabetismo adulto: 88% (2000-2004)
Alfabetismo adulto masculino: 88% (2000-2004)
Alfabetismo adulto femenino: 89% (2000-2004)
Matriculación neta en enseñanza primaria: 97% (2002)
Matriculación masculina neta en enseñanza primaria: 98% (2000)
Matriculación femenina neta en enseñanza primaria: 91% (2000)
Matriculación neta en enseñanza secundaria: 75% (2002)
Matriculación masculina neta en enseñanza secundaria: 78% (2002)

Matriculación femenina neta en enseñanza secundaria: 71% (2002)
Matriculación bruta en enseñanza terciaria: 20% (2002)
Número de niños por maestro, primaria: 24 (2002)

COMUNICACIONES
Diarios: 45,9 cada 1 000 personas (2000)
Radios: 433 cada 1 000 personas (1997)
Televisores: 369 cada 1 000 personas (2003)
Líneas telefónicas: 230,4 cada 1 000 personas (2004)

ECONOMÍA
Población viviendo con menos de 1 dólar al día: 7,5% (2003)
INB per capita: 3 000 de dólares Atlas Method (2004)
PIB per capita: 8 195 PPP, de dólares (2004)
Tasa de crecimiento anual del PIB: 4,9% (2004)
Inflación anual: 8,2% (2004)
Índice de precios al consumidor: 6,6 todos los items 1995=100 (2004)
Deuda externa total: 222 026 millones de dólares (2004)
Deuda externa per cápita: 1 160 de dólares (2004)
Servicio de deuda externa: 46,8 como% de las exportaciones (2004)
Total neto de Ayuda Oficial al Desarrollo recibida: 296 millones de dólares (2003)
Total neto de Ayuda Oficial al Desarrollo recibida: 2 dólares per cápita (2003)
Total neto de Ayuda Oficial al Desarrollo recibida: 0,1% del PIB (2003)
Consumo de energía: 1 065,3 equivalente petróleo/ kg (2003)
Importación de energía: 11,4% del consumo (2003)
Gasto público en salud: 3,6% del PIB (2002)
Gasto público en educación: 4,2% del PIB (2000-2002)
Gasto en defensa: 1,4% del PIB (2004)

USO DE LA TIERRA
Tierras con bosques y forestadas: 56,5% de total de tierras (2005)
Tierras arables: 7,0% del total de tierras (2003)
Cultivos: 0,9% del total de tierras (2003)
Otros usos de la tierra: 35,6% del total de tierras
Tierras irrigadas: 4,4% de la tierra arable (2003)
Uso de fertilizantes: 1 303 kg por hectárea (2002)

TRABAJO
Población Económicamente Activa: 47,0% del total (2004)
Desempleo: 10% de la PEA (2003)
PEA femenina: 42% de la PEA (2004)
Empleo femenino en agricultura: 16% de la PEA femenina (1995-2002)
Empleo femenino en industria: 10% de la PEA femenina (1995-2002)
Empleo femenino en servicios: 74% de la PEA femenina (1995-2002)
Empleo masculino en agricultura: 24% de la PEA masculina (1995-2002)
Empleo masculino en industria: 27% de la PEA masculina (1995-2002)
Empleo masculino en servicios: 49% de la PEA masculina (1995-2002)

COMERCIO
Importación de bienes y servicios: 80 069 millones de dólares (2004)
Exportacion de bienes y servicios: 109 059 millones de dólares (2004)
Importación de cereales: 6 317 078 toneladas (2004)
Índice de producción de alimentos per cápita: 124,3 1999-2001=100 (2005)
Importación de alimentos: 5,0% del total de importaciones (2005)
Importación de armas: 38 millones de dólares a valores de 1990 (2004)
Exportación de armas: 100 000lones de dólares a valores de 1990 (2004)

SITUACIÓN DE LA MUJER
Mujeres en cargos profesionales y técnicos: 62% de cargos (1992-2003)
Brecha de ingresos estimados entre mujeres y hombres: 0,43 (1991-2003)
Mujeres en cargos de gobieno a nivel ministerial: 11,4% de cargos (2005)
Mujeres en bancadas parlamentarias: 8,6% de bancas (2005)

CHILE

Población: 16 634 762 personas
Superficie terrestre: 756 630 km²
Capital: Santiago
Moneda: Peso chileno
Idioma: Español

DEMOGRAFÍA
Población: 16 634 762 (2007)
Crecimiento anual: 1,6% (1985-2000)
Estimación para el año 2015: 17 925 603 000 (2004)
Crecimiento anual hacia el 2015: 1,0% (2004)
Densidad de población: 22 habs. por km²(2007)
Población urbana: 88,3% (2007)
Crecimiento urbano: 1,3% (2005-2010)
Estim. de la población urbana en 2015: 90,2% (2004)

SALUD
Esperanza de vida al nacer: 79 años (2005-2010)
Esperanza de vida al nacer, hombres: 75 años (2005-2010)
Esperanza de vida al nacer, mujeres: 82 años (2005-2010)
Tasa global de fecundidad: 1,9 hijos por mujer (2005-2010)
Tasa bruta de natalidad: 15 nacimientos por cada 1000 habitantes (2005-2010)
Tasa bruta de mortalidad: 5 muertes por cada 1000 habitantes (2005-2010)
Mujeres en pareja de 15-49 años que usan anticonceptivos: 56% (1996-2004)
Mortalidad materna: 31 cada 100 000 nacidos vivos (2000)
Partos atendidos por personal calificado: 100% (1996-2004)
Mortalidad en niños menores de 1 año: 8 cada 1 000 nacidos vivos (2004)
Mortalidad en niños menores de 5 año: 8 cada 1 000 nacidos vivos (2004)
Recién nacidos con peso por debajo del normal, 2500 gr: 5% (1998-2004)
Malnutrición infantil: 1% en menores de 5 años (1996-2004)
Desnutrición: 4% del total de población (2000-2002)
Madres que amamantan hasta los 6 meses: 63% (1996-2004)
Consumo diario de calorías: 2 872 per capita (2003)
Médicos: 109 cada 100 000 personas (1990-2004)
Enfermeros: 63 cada 100 000 personas (2003)
Acceso a fuentes mejoradas de agua potable: 95% de población (2002)
Acceso a servicios sanitarios: 92% de población (2002)

EDUCACIÓN
Alfabetismo adulto: 96% (2000-2004)
Alfabetismo adulto masculino: 96% (2000-2004)
Alfabetismo adulto femenino: 96% (2000-2004)
Matriculación neta en enseñanza primaria: 86% (2003)
Matriculación masculina neta en enseñanza primaria: 86% (2003)
Matriculación femenina neta en enseñanza primaria: 85% (2003)

Matriculación neta en enseñanza secundaria: 78% (2003)
Matriculación masculina neta en enseñanza secundaria: 78% (2003)
Matriculación femenina neta en enseñanza secundaria: 77% (2003)
Matriculación bruta en enseñanza terciaria: 43% (2003)
Número de niños por maestro, primaria: 34 (2003)

COMUNICACIONES
Radios: 759 cada 1 000 personas (2000)
Televisores: 523 cada 1 000 personas (2002)
Líneas telefónicas: 205,8 cada 1 000 personas (2004)

ECONOMÍA
Población viviendo con menos de 1 dólar al día: <2% (2000)
INB per capita: 5 220 dólares Atlas Method (2004)
PIB per capita: 10 874 PPP, dólares (2004)
Tasa de crecimiento anual del PIB: 6,1% (2004)
Inflación anual: 6,6% (2004)
Índice de precios al consumidor: 1,1 todos los items 1995=100 (2004)
Deuda externa total: 44 058 millones de dólares (2004)
Deuda externa per cápita: 2 649 dólares (2004)
Servicio de deuda externa: 24,2 como% de las exportaciones (2004)
Total neto de Ayuda Oficial al Desarrollo recibida: 76 millones de dólares (2003)
Total neto de Ayuda Oficial al Desarrollo recibida: 5 dólares per cápita (2003)
Total neto de Ayuda Oficial al Desarrollo recibida: 0,1% del PIB (2003)
Consumo de energía: 1 646,8 equivalente petróleo/ kg (2003)
Importación de energía: 68,3% del consumo (2003)
Gasto público en salud: 2,6% del PIB (2002)
Gasto público en educación: 4,2% del PIB (2000-2002)
Gasto en defensa: 3,9% del PIB (2004)

USO DE LA TIERRA
Tierras con bosques y forestadas: 21,5% de total de tierras (2005)
Tierras arables: 2,6% del total de tierras (2003)
Cultivos: 0,4% del total de tierras (2003)
Otros usos de la tierra: 75,5% del total de tierras
Tierras irrigadas: 82,4% de la tierra arable (2003)
Uso de fertilizantes: 2 296 kg por hectárea (2002)

TRABAJO
Población Económicamente Activa: 38,7% del total (2004)
Desempleo: 7% de la PEA (2003)
PEA femenina: 35% de la PEA (2004)
Empleo femenino en agricultura: 5% de la PEA femenina (1995-2002)
Empleo femenino en industria: 13% de la PEA femenina (1995-2002)
Empleo femenino en servicios: 83% de la PEA femenina (1995-2002)
Empleo masculino en agricultura: 18% de la PEA masculina (1995-2002)
Empleo masculino en industria: 29% de la PEA masculina (1995-2002)
Empleo masculino en servicios: 53% de la PEA masculina (1995-2002)

COMERCIO
Importación de bienes y servicios: 29 542 millones de dólares (2004)
Exportacion de bienes y servicios: 37 981 millones de dólares (2004)
Importación de cereales: 1 453 901 toneladas (2004)
Índice de producción de alimentos per cápita: 112,8 1999-2001=100 (2005)
Importación de alimentos: 7,4% del total de importaciones (2005)

Importación de armas: 43 millones de dólares a valores de 1990 (2004)
Exportación de armas: 0 millones de dólares a valores de 1990 (2004)

SITUACIÓN DE LA MUJER
Mujeres en cargos profesionales y técnicos: 52% de cargos (1992-2003)
Mujeres legisladoras, altas funcionarias y directivas: 24% de puestos (1992-2003)
Brecha de ingresos estimados entre mujeres y hombres: 0,39 (1991-2003)
Mujeres en cargos de gobieno a nivel ministerial: 16,7% de cargos (2005)
Mujeres en bancadas parlamentarias: 12,5% de bancas (2005)

COLOMBIA

Población: 46 952 028 personas
Superficie terrestre: 1 138 910 km^2
Capital: Bogotá
Moneda: Peso colombiano
Idioma: Español

DEMOGRAFÍA
Población: 46 952 028 (2007)
Crecimiento anual: 1,9% (1985-2000)
Estimación para el año 2015: 52 085 805 000 (2004)
Crecimiento anual hacia el 2015: 1,4% (2004)
Densidad de población: 41 habs. por km^2(2007)
Población urbana: 78,3% (2007)
Crecimiento urbano: 2,0% (2005-2010)
Estim. de la población urbana en 2015: 81,3% (2004)

SALUD
Esperanza de vida al nacer: 73 años (2005-2010)
Esperanza de vida al nacer, hombres: 70 años (2005-2010)
Esperanza de vida al nacer, mujeres: 76 años (2005-2010)
Tasa global de fecundidad: 2,5 hijos por mujer (2005-2010)
Tasa bruta de natalidad: 20 nacimientos por cada 1000 habitantes (2005-2010)
Tasa bruta de mortalidad: 5 muertes por cada 1000 habitantes (2005-2010)
Mujeres en pareja de 15-49 años que usan anticonceptivos: 77% (1996-2004)
Mortalidad materna: 130 cada 100 000 nacidos vivos (2000)
Partos atendidos por personal calificado: 86% (1996-2004)
Mortalidad en niños menores de 1 año: 18 cada 1 000 nacidos vivos (2004)
Mortalidad en niños menores de 5 año: 21 cada 1 000 nacidos vivos (2004)
Recién nacidos con peso por debajo del normal, 2500 gr: 9% (1998-2004)
Malnutrición infantil: 7% en menores de 5 años (1996-2004)
Desnutrición: 13% del total de población (2000-2002)
Madres que amamantan hasta los 6 meses: 26% (1996-2004)
Consumo diario de calorías: 2 567 per capita (2003)
Médicos: 135 cada 100 000 personas (1990-2004)
Enfermeros: 55 cada 100 000 personas (2002)
Acceso a fuentes mejoradas de agua potable: 92% de población (2002)
Acceso a servicios sanitarios: 86% de población (2002)

EDUCACIÓN
Alfabetismo adulto: 94% (2000-2004)
Alfabetismo adulto masculino: 94% (2000-2004)

Alfabetismo adulto femenino: 95% (2000-2004)
Matriculación neta en enseñanza primaria: 83% (2004)
Matriculación masculina neta en enseñanza primaria: 83% (2004)
Matriculación femenina neta en enseñanza primaria: 84% (2004)
Matriculación neta en enseñanza secundaria: 55% (2004)
Matriculación masculina neta en enseñanza secundaria: 58% (2004)
Matriculación femenina neta en enseñanza secundaria: 52% (2004)
Matriculación bruta en enseñanza terciaria: 27% (2004)
Número de niños por maestro, primaria: 28 (2004)

COMUNICACIONES
Diarios: 26,4 cada 1 000 personas (1999)
Líneas telefónicas: 195,2 cada 1 000 personas (2004)

ECONOMÍA
Población viviendo con menos de 1 dólar al día: 7,0% (2003)
INB per capita: 2 020 dólares Atlas Method (2004)
PIB per capita: 7 256 PPP, dólares (2004)
Tasa de crecimiento anual del PIB: 4,1% (2004)
Inflación anual: 7,1% (2004)
Índice de precios al consumidor: 5,9 todos los items 1995=100 (2004)
Deuda externa total: 37 732 millones de dólares (2004)
Deuda externa per cápita: 804 dólares (2004)
Servicio de deuda externa: 33,0 como% de las exportaciones (2004)
Total neto de Ayuda Oficial al Desarrollo recibida: 802 millones dólares (2003)
Total neto de Ayuda Oficial al Desarrollo recibida: 18 dólares per cápita (2003)
Total neto de Ayuda Oficial al Desarrollo recibida: 1,0% del PIB (2003)
Consumo de energía: 641,5 equivalente petróleo/ kg (2003)
Importación de energía: -162,1% del consumo (2003)
Gasto público en salud: 6,7% del PIB (2002)
Gasto público en educación: 5,2% del PIB (2000-2002)
Gasto en defensa: 4,3% del PIB (2004)

USO DE LA TIERRA
Tierras con bosques y forestadas: 58,5% de total de tierras (2005)
Tierras arables: 2,2% del total de tierras (2003)
Cultivos: 1,5% del total de tierras (2003)
Otros usos de la tierra: 37,8% del total de tierras
Tierras irrigadas: 23,4% de la tierra arable (2003)
Uso de fertilizantes: 3 016 kg por hectárea (2002)

TRABAJO
Desempleo: 14% de la PEA (2003)
PEA femenina: 44% de la PEA (2004)
Empleo femenino en agricultura: 7% de la PEA femenina (1995-2002)
Empleo femenino en industria: 17% de la PEA femenina (1995-2002)
Empleo femenino en servicios: 76% de la PEA femenina (1995-2002)
Empleo masculino en agricultura: 33% de la PEA masculina (1995-2002)
Empleo masculino en industria: 19% de la PEA masculina (1995-2002)
Empleo masculino en servicios: 48% de la PEA masculina (1995-2002)

COMERCIO
Importación de bienes y servicios: 19 929 millones de dólares (2004)
Exportacion de bienes y servicios: 19 496 millones de dólares (2004)
Importación de cereales: 3 531 098 toneladas (2004)

Índice de producción de alimentos per cápita: 109,7 1999-2001=100 (2005)
Importación de alimentos: 10,6% del total de importaciones (2005)
Importación de armas: 17 millones de dólares a valores de 1990 (2004)

SITUACIÓN DE LA MUJER
Mujeres en cargos profesionales y técnicos: 50% de cargos (1992-2003)
Mujeres legisladoras, altas funcionarias y directivas: 38% de puestos (1992-2003)
Brecha de ingresos estimados entre mujeres y hombres: 0,51 (1991-2003)
Mujeres en cargos de gobieno a nivel ministerial: 35,7% de cargos (2005)
Mujeres en bancadas parlamentarias: 12,0% de bancas (2005)

COSTA RICA

Población: 4 467 626 personas
Superficie terrestre: 51 100 km^2
Capital: San José
Moneda: Colón costarricense
Idioma: Español

DEMOGRAFÍA
Población: 4 467 626 (2007)
Crecimiento anual: 2,5% (1985-2000)
Estimación para el año 2015: 4 982 917 000 (2004)
Crecimiento anual hacia el 2015: 1,6% (2004)
Densidad de población: 87 habs. por km^2(2007)
Población urbana: 62,8% (2007)
Crecimiento urbano: 2,4% (2005-2010)
Estim. de la población urbana en 2015: 66,8% (2004)

SALUD
Esperanza de vida al nacer: 79 años (2005-2010)
Esperanza de vida al nacer, hombres: 76 años (2005-2010)
Esperanza de vida al nacer, mujeres: 81 años (2005-2010)
Tasa global de fecundidad: 2,1 hijos por mujer (2005-2010)
Tasa bruta de natalidad: 18 nacimientos por cada 1000 habitantes (2005-2010)
Tasa bruta de mortalidad: 4 muertes por cada 1000 habitantes (2005-2010)
Mujeres en pareja de 15-49 años que usan anticonceptivos: 80% (1996-2004)
Mortalidad materna: 43 cada 100 000 nacidos vivos (2000)
Partos atendidos por personal calificado: 98% (1996-2004)
Mortalidad en niños menores de 1 año: 11 cada 1 000 nacidos vivos (2004)
Mortalidad en niños menores de 5 años: 13 cada 1 000 nacidos vivos (2004)
Recién nacidos con peso por debajo del normal, 2500 gr: 7% (1998-2004)
Malnutrición infantil: 5% en menores de 5 años (1996-2004)
Desnutrición: 4% del total de población (2000-2002)
Madres que amamantan hasta los 6 meses: 35% (1996-2004)
Consumo diario de calorías: 2 813 per capita (2003)
Médicos: 173 cada 100 000 personas (1990-2004)
Enfermeros: 92 cada 100 000 personas (2000)
Acceso a fuentes mejoradas de agua potable: 97% de población (2002)
Acceso a servicios sanitarios: 92% de población (2002)

EDUCACIÓN
Alfabetismo adulto: 96% (2000-2004)

Alfabetismo adulto masculino: 96% (2000-2004)
Alfabetismo adulto femenino: 96% (2000-2004)
Matriculación neta en enseñanza primaria: 92% (2004)
Matriculación masculina neta en enseñanza primaria: 91% (2004)
Matriculación femenina neta en enseñanza primaria: 92% (2004)
Matriculación neta en enseñanza secundaria: 50% (2004)
Matriculación masculina neta en enseñanza secundaria: 52% (2004)
Matriculación femenina neta en enseñanza secundaria: 49% (2004)
Matriculación bruta en enseñanza terciaria: 19% (2003)
Número de niños por maestro, primaria: 22 (2004)

COMUNICACIONES
Diarios: 70,0 cada 1000 personas (2000)
Radios: 816 cada 1000 personas (1999)
Televisores: 231 cada 1000 personas (2000)
Líneas telefónicas: 315,8 cada 1000 personas (2004)

ECONOMÍA
Población viviendo con menos de 1 dólar al día: 2,2% (2001)
INB per cápita: 4470 dólares Atlas Method (2004)
PIB per capita: 9481 PPP, dólares (2004)
Tasa de crecimiento anual del PIB: 4,2% (2004)
Inflación anual: 11,6% (2004)
Índice de precios al consumidor: 12,3 todos los items 1995=100 (2004)
Deuda externa total: 5700 millones de dólares (2004)
Deuda externa per cápita: 1276 dólares (2004)
Servicio de deuda externa: 7,3 como% de las exportaciones (2004)
Total neto de Ayuda Oficial al Desarrollo recibida: 28 millones dólares (2003)
Total neto de Ayuda Oficial al Desarrollo recibida: 7 dólares per cápita (2003)
Total neto de Ayuda Oficial al Desarrollo recibida: 0,2% del PIB (2003)
Consumo de energía: 880,0 equivalente petróleo/ kg (2003)
Importación de energía: 55,8% del consumo (2003)
Gasto público en salud: 6,1% del PIB (2002)
Gasto público en educación: 5,1% del PIB (2000-2002)

USO DE LA TIERRA
Tierras con bosques y forestadas: 46,8% de total de tierras (2005)
Tierras arables: 4,4% del total de tierras (2003)
Cultivos: 5,9% del total de tierras (2003)
Otros usos de la tierra: 42,9% del total de tierras
Tierras irrigadas: 20,6% de la tierra arable (2003)
Uso de fertilizantes: 6736 kg por hectárea (2002)

TRABAJO
Población Económicamente Activa: 42,3% del total (2004)
Desempleo: 7% de la PEA (2003)
PEA femenina: 34% de la PEA (2004)
Empleo femenino en agricultura: 4% de la PEA femenina (1995-2002)
Empleo femenino en industria: 15% de la PEA femenina (1995-2002)
Empleo femenino en servicios: 80% de la PEA femenina (1995-2002)
Empleo masculino en agricultura: 22% de la PEA masculina (1995-2002)
Empleo masculino en industria: 27% de la PEA masculina (1995-2002)
Empleo masculino en servicios: 51% de la PEA masculina (1995-2002)

COMERCIO
Importación de bienes y servicios: 9 140 millones de dólares (2004)
Exportacion de bienes y servicios: 8 610 millones de dólares (2004)
Importación de cereales: 872 096 toneladas (2004)
Índice de producción de alimentos per cápita: 99,4 1999-2001=100 (2005)
Importación de alimentos: 8,6% del total de importaciones (2005)
Importación de armas: 0 millones de dólares a valores de 1990 (2004)
SITUACIÓN DE LA MUJER
Mujeres en cargos profesionales y técnicos: 40% de cargos (1992-2003)
Mujeres legisladoras, altas funcionarias y directivas: 29% de puestos (1992-2003)
Brecha de ingresos estimados entre mujeres y hombres: 0,37 (1991-2003)
Mujeres en cargos de gobieno a nivel ministerial: 25,0% de cargos (2005)
Mujeres en bancadas parlamentarias: 35,1% de bancas (2005)

CUBA

Población: 11 317 087 personas
Superficie terrestre: 110 860 km^2
Capital: La Habana
Moneda: Peso cubano
Idioma: Español

DEMOGRAFÍA
Población: 11 317 087 (2007)
Crecimiento anual: 0,7% (1985-2000)
Estimación para el año 2015: 11 436 759 000 (2004)
Crecimiento anual hacia el 2015: 0,2% (2004)
Densidad de población: 102 habs. por km^2(2007)
Población urbana: 76,4% (2007)
Crecimiento urbano: 0,5% (2005-2010)
Estim. de la población urbana en 2015: 78,1% (2004)

SALUD
Esperanza de vida al nacer: 79 años (2005-2010)
Esperanza de vida al nacer, hombres: 77 años (2005-2010)
Esperanza de vida al nacer, mujeres: 80 años (2005-2010)
Tasa global de fecundidad: 1,6 hijos por mujer (2005-2010)
Tasa bruta de natalidad: 11 nacimientos por cada 1000 habitantes (2005-2010)
Tasa bruta de mortalidad: 7 muertes por cada 1000 habitantes (2005-2010)
Mujeres en pareja de 15-49 años que usan anticonceptivos: 73% (1996-2004)
Mortalidad materna: 33 cada 100 000 nacidos vivos (2000)
Partos atendidos por personal calificado: 100% (1996-2004)
Mortalidad en niños menores de 1 año: 6 cada 1 000 nacidos vivos (2004)
Mortalidad en niños menores de 5 año: 7 cada 1 000 nacidos vivos (2004)
Recién nacidos con peso por debajo del normal, 2500 gr: 6% (1998-2004)
Malnutrición infantil: 4% en menores de 5 años (1996-2004)
Desnutrición: 3% del total de población (2000-2002)
Madres que amamantan hasta los 6 meses: 41% (1996-2004)
Consumo diario de calorías: 3 286 per capita (2003)
Médicos: 591 cada 100 000 personas (1990-2004)
Enfermeros: 744 cada 100 000 personas (2002)
Acceso a fuentes mejoradas de agua potable: 91% de población (2002)
Acceso a servicios sanitarios: 98% de población (2002)

EDUCACIÓN
Alfabetismo adulto: 100% (2000-2004)
Alfabetismo adulto masculino: 100% (2000-2004)
Alfabetismo adulto femenino: 100% (2000-2004)
Matriculación neta en enseñanza primaria: 96% (2004)
Matriculación masculina neta en enseñanza primaria: 98% (2004)
Matriculación femenina neta en enseñanza primaria: 95% (2004)
Matriculación neta en enseñanza secundaria: 87% (2004)
Matriculación masculina neta en enseñanza secundaria: 87% (2004)
Matriculación femenina neta en enseñanza secundaria: 86% (2004)
Matriculación bruta en enseñanza terciaria: 54% (2004)
Número de niños por maestro, primaria: 10 (2004)

COMUNICACIONES
Diarios: 53,6 cada 1 000 personas (2000)
Radios: 185 cada 1 000 personas (2001)
Televisores: 251 cada 1 000 personas (2001)
Líneas telefónicas: 68,3 cada 1 000 personas (2004)

ECONOMÍA
Tasa de crecimiento anual del PIB: 1,1% (2002)
Inflación anual: 2,6% (2000)
Total neto de Ayuda <Oficial al Desarrollo recibida: 70 millones dólares (2003)
Total neto de Ayuda Oficial al Desarrollo recibida: 6 dólares per cápita (2003)
Consumo de energía: 999,7 equivalente petróleo/ kg (2003)
Importación de energía: 40,6% del consumo (2003)
Gasto público en salud: 6,5% del PIB (2002)
Gasto público en educación: 18,7% del PIB (2000-2002)

USO DE LA TIERRA
Tierras con bosques y forestadas: 24,7% de total de tierras (2005)
Tierras arables: 27,9% del total de tierras (2003)
Cultivos: 6,6% del total de tierras (2003)
Otros usos de la tierra: 40,8% del total de tierras
Tierras irrigadas: 23,0% de la tierra arable (2003)
Uso de fertilizantes: 398 kg por hectárea (2002)

TRABAJO
Población Económicamente Activa: 47,2% del total (2004)
Desempleo: 3% de la PEA (2002)
PEA femenina: 37% de la PEA (2004)

COMERCIO
Importación de cereales: 1 314 138 toneladas (2004)
Índice de producción de alimentos per cápita: 109,6 1999-2001=100 (2005)
Importación de alimentos: 18,4% del total de importaciones (2001)
Importación de armas: 0 millones de dólares a valores de 1990 (2004)

SITUACIÓN DE LA MUJER
Mujeres en cargos de gobieno a nivel ministerial: 16,2% de cargos (2005)
Mujeres en bancadas parlamentarias: 36,0% de bancas (2005)

ECUADOR

Población: 13 610 733 personas
Superficie terrestre: 283 560 km²
Capital: Quito
Moneda: Dólar estadounidense
Idioma: Español y quichua

DEMOGRAFÍA
Población: 13 610 733 (2007)
Crecimiento anual: 2,0% (1985-2000)
Estimación para el año 2015: 15 144 408 000 (2004)
Crecimiento anual hacia el 2015: 1,4% (2004)
Densidad de población: 48 habs. por km²(2007)
Población urbana: 63,8% (2007)
Crecimiento urbano: 2,2% (2005-2010)
Estim. de la población urbana en 2015: 67,6% (2004)

SALUD
Esperanza de vida al nacer: 75 años (2005-2010)
Esperanza de vida al nacer, hombres: 72 años (2005-2010)
Esperanza de vida al nacer, mujeres: 78 años (2005-2010)
Tasa global de fecundidad: 2,6 hijos por mujer (2005-2010)
Tasa bruta de natalidad: 21 nacimientos por cada 1000 habitantes (2005-2010)
Tasa bruta de mortalidad: 5 muertes por cada 1000 habitantes (2005-2010)
Mujeres en pareja de 15-49 años que usan anticonceptivos: 66% (1996-2004)
Mortalidad materna: 130 cada 100 000 nacidos vivos (2000)
Partos atendidos por personal calificado: 69% (1996-2004)
Mortalidad en niños menores de 1 año: 23 cada 1 000 nacidos vivos (2004)
Mortalidad en niños menores de 5 año: 26 cada 1 000 nacidos vivos (2004)
Recién nacidos con peso por debajo del normal, 2500 gr: 16% (1998-2004)
Malnutrición infantil: 12% en menores de 5 años (1996-2004)
Desnutrición: 4% del total de población (2000-2002)
Madres que amamantan hasta los 6 meses: 35% (1996-2004)
Consumo diario de calorías: 2 641 per capita (2003)
Médicos: 148 cada 100 000 personas (1990-2004)
Enfermeros: 157 cada 100 000 personas (2000)
Acceso a fuentes mejoradas de agua potable: 86% de población (2002)
Acceso a servicios sanitarios: 72% de población (2002)

EDUCACIÓN
Alfabetismo adulto: 91% (2000-2004)
Alfabetismo adulto masculino: 92% (2000-2004)
Alfabetismo adulto femenino: 90% (2000-2004)
Matriculación neta en enseñanza primaria: 100% (2004)
Matriculación masculina neta en enseñanza primaria: 99% (2004)
Matriculación femenina neta en enseñanza primaria: 100% (2004)
Matriculación neta en enseñanza secundaria: 52% (2004)
Matriculación masculina neta en enseñanza secundaria: 53% (2004)
Matriculación femenina neta en enseñanza secundaria: 52% (2004)
Número de niños por maestro, primaria: 23 (2004)

COMUNICACIONES
Diarios: 98,2 cada 1 000 personas (2000)

Radios: 422 cada 1000 personas (2001)
Televisores: 252 cada 1000 personas (2003)
Líneas telefónicas: 123,6 cada 1000 personas (2004)

ECONOMÍA
Población viviendo con menos de 1 dólar al día: 15,8% (1998)
INB per capita: 2210 dólares Atlas Method (2004)
PIB per capita: 3963 PPP, dólares (2004)
Tasa de crecimiento anual del PIB: 6,9% (2004)
Inflación anual: 4,1% (2004)
Índice de precios al consumidor: 2,7 todos los items 1995=100 (2004)
Deuda externa total: 16868 millones de dólares (2004)
Deuda externa per cápita: 1239 dólares (2004)
Servicio de deuda externa: 36,0 como% de las exportaciones (2004)
Total neto de Ayuda Oficial al Desarrollo recibida: 176 millones de dólares (2003)
Total neto de Ayuda Oficial al Desarrollo recibida: 14 dólares per cápita (2003)
Total neto de Ayuda Oficial al Desarrollo recibida: 0,6% del PIB (2003)
Consumo de energía: 708,4 equivalente petróleo/ kg (2003)
Importación de energía: -159,4% del consumo (2003)
Gasto público en salud: 1,7% del PIB (2002)
Gasto público en educación: 1,0% del PIB (2000-2002)
Gasto en defensa: 1,9% del PIB (2004)

USO DE LA TIERRA
Tierras con bosques y forestadas: 39,2% de total de tierras (2005)
Tierras arables: 5,9% del total de tierras (2003)
Cultivos: 4,9% del total de tierras (2003)
Otros usos de la tierra: 50,0% del total de tierras
Tierras irrigadas: 29,0% de la tierra arable (2003)
Uso de fertilizantes: 1417 kg por hectárea (2002)

ABAJO
Población Económicamente Activa: 45,3% del total (2004)
Desempleo: 11% de la PEA (2003)
PEA femenina: 42% de la PEA (2004)
Empleo femenino en agricultura: 4% de la PEA femenina (1995-2002)
Empleo femenino en industria: 16% de la PEA femenina (1995-2002)
Empleo femenino en servicios: 79% de la PEA femenina (1995-2002)
Empleo masculino en agricultura: 10% de la PEA masculina (1995-2002)
Empleo masculino en industria: 30% de la PEA masculina (1995-2002)
Empleo masculino en servicios: 60% de la PEA masculina (1995-2002)

COMERCIO
Importación de bienes y servicios: 9306 millones de dólares (2004)
Exportación de bienes y servicios: 8734 millones de dólares (2004)
Importación de cereales: 951248 toneladas (2004)
Índice de producción de alimentos per cápita: 107,2 1999-2001=100 (2005)
Importación de alimentos: 9,0% del total de importaciones (2005)
Importación de armas: 22 millones de dólares a valores de 1990 (2004)

SITUACIÓN DE LA MUJER
Mujeres en cargos profesionales y técnicos: 40% de cargos (1992-2003)
Mujeres legisladoras, altas funcionarias y directivas: 26% de puestos (1992-2003)
Brecha de ingresos estimados entre mujeres y hombres: 0,30 (1991-2003)
Mujeres en cargos de gobieno a nivel ministerial: 14,3% de cargos (2005)
Mujeres en bancadas parlamentarias: 16,0% de bancas (2005)

EL SALVADOR

Población: 7 115 616 personas
Superficie terrestre: 21 040 km²
Capital: San Salvador
Moneda: Dólar estadounidense, colón salvadoreño
Idioma: Español

DEMOGRAFÍA
Población: 7 115 616 (2007)
Crecimiento anual: 1,8% (1985-2000)
Estimación para el año 2015: 8 017 389 000 (2004)
Crecimiento anual hacia el 2015: 1,6% (2004)
Densidad de población: 338 habs. por km²(2007)
Población urbana: 60,8% (2007)
Crecimiento urbano: 2,3% (2005-2010)
Estim. de la población urbana en 2015: 64,2% (2004)

SALUD
Esperanza de vida al nacer: 72 años (2005-2010)
Esperanza de vida al nacer, hombres: 69 años (2005-2010)
Esperanza de vida al nacer, mujeres: 75 años (2005-2010)
Tasa global de fecundidad: 2,7 hijos por mujer (2005-2010)
Tasa bruta de natalidad: 23 nacimientos por cada 1000 habitantes (2005-2010)
Tasa bruta de mortalidad: 6 muertes por cada 1000 habitantes (2005-2010)
Mujeres en pareja de 15-49 años que usan anticonceptivos: 67% (1996-2004)
Mortalidad materna: 150 cada 100 000 nacidos vivos (2000)
Partos atendidos por personal calificado: 92% (1996-2004)
Mortalidad en niños menores de 1 año: 24 cada 1 000 nacidos vivos (2004)
Mortalidad en niños menores de 5 año: 28 cada 1 000 nacidos vivos (2004)
Recién nacidos con peso por debajo del normal, 2500 gr: 7% (1998-2004)
Malnutrición infantil: 10% en menores de 5 años (1996-2004)
Desnutrición: 11% del total de población (2000-2002)
Madres que amamantan hasta los 6 meses: 24% (1996-2004)
Consumo diario de calorías: 2 556 per capita (2003)
Médicos: 124 cada 100 000 personas (1990-2004)
Enfermeros: 80 cada 100 000 personas (2002)
Acceso a fuentes mejoradas de agua potable: 82% de población (2002)
Acceso a servicios sanitarios: 63% de población (2002)

EDUCACIÓN
Alfabetismo adulto: 80% (2000-2004)
Alfabetismo adulto masculino: 82% (2000-2004)
Alfabetismo adulto femenino: 77% (2000-2004)
Matriculación neta en enseñanza primaria: 91% (2004)
Matriculación masculina neta en enseñanza primaria: 91% (2004)
Matriculación femenina neta en enseñanza primaria: 91% (2004)
Matriculación neta en enseñanza secundaria: 48% (2003)
Matriculación masculina neta en enseñanza secundaria: 49% (2003)
Matriculación femenina neta en enseñanza secundaria: 47% (2003)
Matriculación bruta en enseñanza terciaria: 18% (2004)

COMUNICACIONES
Diarios: 28,5 cada 1 000 personas (1998)
Radios: 481 cada 1 000 personas (1999)

Televisores: 233 cada 1 000 personas (2001)
Líneas telefónicas: 131,3 cada 1 000 personas (2004)

ECONOMÍA
Población viviendo con menos de 1 dólar al día: 19,0% (2002)
INB per capita: 2 320 dólares Atlas Method (2004)
PIB per capita: 5 041 PPP, dólares (2004)
Tasa de crecimiento anual del PIB: 1,5% (2004)
Inflación anual: 4,3% (2004)
Índice de precios al consumidor: 4,5 todos los items 1995=100 (2004)
Deuda externa total: 7 250 millones de dólares (2004)
Deuda externa per cápita: 1 019 dólares (2004)
Servicio de deuda externa: 8,8 como% de las exportaciones (2004)
Total neto de Ayuda Oficial al Desarrollo recibida: 192 millones de dólares (2003)
Total neto de Ayuda Oficial al Desarrollo recibida: 29 dólares per cápita (2003)
Total neto de Ayuda Oficial al Desarrollo recibida: 1,3% del PIB (2003)
Consumo de energía: 675,4 equivalente petróleo/ kg (2003)
Importación de energía: 46,7% del consumo (2003)
Gasto público en salud: 3,6% del PIB (2002)
Gasto público en educación: 2,9% del PIB (2000-2002)
Gasto en defensa: 0,7% del PIB (2004)

USO DE LA TIERRA
Tierras con bosques y forestadas: 14,4% de total de tierras (2005)
Tierras arables: 31,9% del total de tierras (2003)
Cultivos: 12,1% del total de tierras (2003)
Otros usos de la tierra: 41,6% del total de tierras
Tierras irrigadas: 4,9% de la tierra arable (2003)
Uso de fertilizantes: 838 kg por hectárea (2002)

TRABAJO
Población Económicamente Activa: 38,1% del total (2004)
Desempleo: 7% de la PEA (2003)
PEA femenina: 40% de la PEA (2004)
Empleo femenino en agricultura: 4% de la PEA femenina (1995-2002)
Empleo femenino en industria: 22% de la PEA femenina (1995-2002)
Empleo femenino en servicios: 74% de la PEA femenina (1995-2002)
Empleo masculino en agricultura: 34% de la PEA masculina (1995-2002)
Empleo masculino en industria: 25% de la PEA masculina (1995-2002)
Empleo masculino en servicios: 42% de la PEA masculina (1995-2002)

COMERCIO
Importación de bienes y servicios: 7 029 millones de dólares (2004)
Exportacion de bienes y servicios: 4 301 millones de dólares (2004)
Importación de cereales: 773 173 toneladas (2004)
Índice de producción de alimentos per cápita: 104,8 1999-2001=100 (2005)
Importación de alimentos: 17,7% del total de importaciones (2005)
Importación de armas: 0 millones de dólares a valores de 1990 (2004)
Exportación de armas: 0 millones de dólares a valores de 1990 (2004)

SITUACIÓN DE LA MUJER
Mujeres en cargos profesionales y técnicos: 44% de cargos (1992-2003)
Mujeres legisladoras, altas funcionarias y directivas: 32% de puestos (1992-2003)
Brecha de ingresos estimados entre mujeres y hombres: 0,44 (1991-2003)
Mujeres en cargos de gobieno a nivel ministerial: 35,3% de cargos (2005)
Mujeres en bancadas parlamentarias: 10,7% de bancas (2005)

ESPAÑA

Población: 43 604 345 personas
Superficie terrestre: 505 990 km²
Capital: Madrid
Moneda: Euro
Idioma: Español
Población: 43 604 345 (2007)

DEMOGRAFÍA
Crecimiento anual: 0,4% (1985-2000)
Estimación para el año 2015: 44 372 171 000 (2004)
Crecimiento anual hacia el 2015: 0,6% (2004)
Densidad de población: 86 habs. por km²(2007)
Población urbana: 76,9% (2007)
Crecimiento urbano: 0,6% (2005-2010)
Estim. de la población urbana en 2015: 78,1% (2004)

SALUD
Esperanza de vida al nacer: 80 años (2005-2010)
Esperanza de vida al nacer, hombres: 77 años (2005-2010)
Esperanza de vida al nacer, mujeres: 84 años (2005-2010)
Tasa global de fecundidad: 1,3 hijos por mujer (2005-2010)
Tasa bruta de natalidad: 11 nacimientos por cada 1000 habitantes (2005-2010)
Tasa bruta de mortalidad: 9 muertes por cada 1000 habitantes (2005-2010)
Mujeres en pareja de 15-49 años que usan anticonceptivos: 81% (1996-2004)
Mortalidad materna: 4 cada 100 000 nacidos vivos (2000)
Mortalidad en niños menores de 1 año: 3 cada 1 000 nacidos vivos (2004)
Mortalidad en niños menores de 5 año: 5 cada 1 000 nacidos vivos (2004)
Recién nacidos con peso por debajo del normal, 2500 gr: 6% (1998-2004)
Consumo diario de calorías: 3 421 per capita (2003)
Médicos: 320 cada 100 000 personas (1990-2004)
Enfermeros: 768 cada 100 000 personas (2003)

EDUCACIÓN
Matriculación neta en enseñanza primaria: 100% (2003)
Matriculación masculina neta en enseñanza primaria: 100% (2003)
Matriculación femenina neta en enseñanza primaria: 99% (2003)
Matriculación neta en enseñanza secundaria: 95% (2003)
Matriculación masculina neta en enseñanza secundaria: 97% (2003)
Matriculación femenina neta en enseñanza secundaria: 93% (2003)
Matriculación bruta en enseñanza terciaria: 64% (2003)
Número de niños por maestro, primaria: 14 (2003)

COMUNICACIONES
Diarios: 98,2 cada 1 000 personas (2000)
Radios: 330 cada 1 000 personas (1997)
Televisores: 564 cada 1 000 personas (2001)
Líneas telefónicas: 415,8 cada 1 000 personas (2004)

ECONOMÍA
INB per capita: 21 530 dólares Atlas Method (2004)
PIB per capita: 25 047 PPP, dólares (2004)
Tasa de crecimiento anual del PIB: 3,1% (2004)

Inflación anual: 4,1% (2004)
Índice de precios al consumidor: 3,0 todos los items 1995=100 (2004)
Total neto de Ayuda Oficial al Desarrollo otorgada: 0,2% del INB (2003)
Total neto de Ayuda Oficial al Desarrollo otorgada: 2,0 millones dólares (2003)
Consumo de energía: 3 240,3 equivalente petróleo/ kg (2003)
Importación de energía: 75,8% del consumo (2003)
Gasto público en salud: 5,4% del PIB (2002)
Gasto público en educación: 4,5% del PIB (2000-2002)
Gasto en defensa: 1,0% del PIB (2004)

USO DE LA TIERRA
Tierras con bosques y forestadas: 35,9% de total de tierras (2005)
Tierras arables: 27,5% del total de tierras (2003)
Cultivos: 10,0% del total de tierras (2003)
Otros usos de la tierra: 26,6% del total de tierras
Tierras irrigadas: 20,2% de la tierra arable (2003)
Uso de fertilizantes: 1 572 kg por hectárea (2002)

TRABAJO
Población Económicamente Activa: 46,7% del total (2004)
Desempleo: 11% de la PEA (2004)
PEA femenina: 41% de la PEA (2004)
Empleo femenino en agricultura: 5% de la PEA femenina (1995-2002)
Empleo femenino en industria: 15% de la PEA femenina (1995-2002)
Empleo femenino en servicios: 81% de la PEA femenina (1995-2002)
Empleo masculino en agricultura: 8% de la PEA masculina (1995-2002)
Empleo masculino en industria: 42% de la PEA masculina (1995-2002)
Empleo masculino en servicios: 51% de la PEA masculina (1995-2002)

COMERCIO
Importación de bienes y servicios: 307 365 millones de dólares (2004)
Exportacion de bienes y servicios: 269 030 millones de dólares (2004)
Importación de cereales: 9 072 743 toneladas (2004)
Índice de producción de alimentos per cápita: 105,9 1999-2001=100 (2005)
Importación de alimentos: 9,5% del total de importaciones (2005)
Importación de armas: 261 millones de dólares a valores de 1990 (2004)
Exportación de armas: 75 millones de dólares a valores de 1990 (2004)

SITUACIÓN DE LA MUJER
Mujeres en cargos profesionales y técnicos: 47% de cargos (1992-2003)
Mujeres legisladoras, altas funcionarias y directivas: 30% de puestos (1992-2003)
Brecha de ingresos estimados entre mujeres y hombres: 0,44 (1991-2003)
Mujeres en cargos de gobieno a nivel ministerial: 50,0% de cargos (2005)
Mujeres en bancadas parlamentarias: 36,0% de bancas (2005)

EE UU

Dependencias: Samoa Oriental; Guam; Marshall, Islas; Marianas del Norte, Islas; Puerto Rico;
Dependencias de EE UU; Vírgenes, Islas (EE UU)
Población: 303 851 231 personas
Superficie terrestre: 9 629 090 km²
Capital: Washington D C
Moneda: Dólar estadounidense
Idioma: Inglés

DEMOGRAFÍA
Población: 303 851 231 (2007)
Crecimiento anual: 1,0% (1985-2000)
Estimación para el año 2015: 325 723 414 000 (2004)
Crecimiento anual hacia el 2015: 0,9% (2004)
Densidad de población: 32 habs. por km²(2007)
Población urbana: 81,4% (2007)
Crecimiento urbano: 1,3% (2005-2010)
Estim. de la población urbana en 2015: 83,6% (2004)

SALUD
Esperanza de vida al nacer: 78 años (2005-2010)
Esperanza de vida al nacer, hombres: 75 años (2005-2010)
Esperanza de vida al nacer, mujeres: 81 años (2005-2010)
Tasa global de fecundidad: 2,0 hijos por mujer (2005-2010)
Tasa bruta de natalidad: 14 nacimientos por cada 1000 habitantes (2005-2010)
Tasa bruta de mortalidad: 8 muertes por cada 1000 habitantes (2005-2010)
Mujeres en pareja de 15-49 años que usan anticonceptivos: 76% (1996-2004)
Mortalidad materna: 17 cada 100 000 nacidos vivos (2000)
Partos atendidos por personal calificado: 99% (1996-2004)
Mortalidad en niños menores de 1 año: 7 cada 1 000 nacidos vivos (2004)
Mortalidad en niños menores de 5 año: 8 cada 1 000 nacidos vivos (2004)
Recién nacidos con peso por debajo del normal, 2500 gr: 8% (1998-2004)
Malnutrición infantil: 1% en menores de 5 años (1996-2004)
Consumo diario de calorías: 3 754 per capita (2003)
Médicos: 549 cada 100 000 personas (1990-2004)
Enfermeros: 937 cada 100 000 personas (2000)
Acceso a fuentes mejoradas de agua potable: 100% de población (2002)
Acceso a servicios sanitarios: 100% de población (2002)

EDUCACIÓN
Matriculación neta en enseñanza primaria: 94% (2003)
Matriculación masculina neta en enseñanza primaria: 93% (2003)
Matriculación femenina neta en enseñanza primaria: 95% (2003)
Matriculación neta en enseñanza secundaria: 89% (2003)
Matriculación masculina neta en enseñanza secundaria: 89% (2003)
Matriculación femenina neta en enseñanza secundaria: 88% (2003)
Matriculación bruta en enseñanza terciaria: 83% (2003)
Número de niños por maestro, primaria: 15 (2003)

COMUNICACIONES
Diarios: 196,3 cada 1 000 personas (2000)
Radios: 2109 cada 1 000 personas (1997)
Televisores: 938 cada 1 000 personas (2001)
Líneas telefónicas: 606,0 cada 1 000 personas (2004)

ECONOMÍA
INB per capita: 41 440 dólares Atlas Method (2004)
PIB per capita: 39 676 PPP, dólares (2004)
Tasa de crecimiento anual del PIB: 4,2% (2004)
Inflación anual: 2,6% (2004)
Índice de precios al consumidor: 2,7 todos los items 1995=100 (2004)
Total neto de Ayuda Oficial al Desarrollo otorgada: 0,2% del INB (2003)
Total neto de Ayuda Oficial al Desarrollo otorgada: 16,3 millones dólares (2003)
Consumo de energía: 7 842,9 equivalente petróleo/ kg (2003)
Importación de energía: 28,5% del consumo (2003)

Gasto público en salud: 6,6% del PIB (2002)
Gasto público en educación: 5,7% del PIB (2000-2002)
Gasto en defensa: 4,0% del PIB (2004)

USO DE LA TIERRA
Tierras con bosques y forestadas: 33,1% de total de tierras (2005)
Tierras arables: 18,9% del total de tierras (2003)
Cultivos: 0,2% del total de tierras (2003)
Otros usos de la tierra: 47,8% del total de tierras
Tierras irrigadas: 12,8% de la tierra arable (2003)
Uso de fertilizantes: 1 111 kg por hectárea (2002)

TRABAJO
Población Económicamente Activa: 50,6% del total (2004)
Desempleo: 6% de la PEA (2004)
PEA femenina: 46% de la PEA (2004)
Empleo femenino en agricultura: 1% de la PEA femenina (1995-2002)
Empleo femenino en industria: 12% de la PEA femenina (1995-2002)
Empleo femenino en servicios: 87% de la PEA femenina (1995-2002)
Empleo masculino en agricultura: 3% de la PEA masculina (1995-2002)
Empleo masculino en industria: 32% de la PEA masculina (1995-2002)
Empleo masculino en servicios: 65% de la PEA masculina (1995-2002)

COMERCIO
Importación de bienes y servicios: 1 769 031 millones de dólares (2004)
Exportacion de bienes y servicios: 1 151 448 millones de dólares (2004)
Importación de cereales: 4 310 661 toneladas (2004)
Índice de producción de alimentos per cápita: 107,5 1999-2001=100 (2005)
Importación de alimentos: 4,4% del total de importaciones (2005)
Importación de armas: 533 millones de dólares a valores de 1990 (2004)
Exportación de armas: 5 millones de dólares a valores de 1990 (2004)

SITUACIÓN DE LA MUJER
Mujeres en cargos profesionales y técnicos: 55% de cargos (1992-2003)
Mujeres legisladoras, altas funcionarias y directivas: 46% de puestos (1992-2003)
Brecha de ingresos estimados entre mujeres y hombres: 0,62 (1991-2003)
Mujeres en cargos de gobieno a nivel ministerial: 14,3% de cargos (2005)
Mujeres en bancadas parlamentarias: 15,0% de bancas (2005)

GUATEMALA

Población: 13 230 423 personas
Superficie terrestre: 108 890 km²
Capital: Guatemala
Moneda: Quetzal
Idioma: Español

DEMOGRAFÍA
Población: 13 230 423 (2007)
Crecimiento anual: 2,3% (1985-2000)
Estimación para el año 2015: 15 869 469 000 (2004)
Crecimiento anual hacia el 2015: 2,3% (2004)
Densidad de población: 122 habs. por km²(2007)
Población urbana: 48,0% (2007)

Crecimiento urbano: 3,4% (2005-2010)
Estim. de la población urbana en 2015: 51,9% (2004)

SALUD
Esperanza de vida al nacer: 68 años (2005-2010)
Esperanza de vida al nacer, hombres: 65 años (2005-2010)
Esperanza de vida al nacer, mujeres: 72 años (2005-2010)
Tasa global de fecundidad: 4,2 hijos por mujer (2005-2010)
Tasa bruta de natalidad: 33 nacimientos por cada 1000 habitantes (2005-2010)
Tasa bruta de mortalidad: 6 muertes por cada 1000 habitantes (2005-2010)
Mujeres en pareja de 15-49 años que usan anticonceptivos: 43% (1996-2004)
Mortalidad materna: 240 cada 100 000 nacidos vivos (2000)
Partos atendidos por personal calificado: 41% (1996-2004)
Mortalidad en niños menores de 1 año: 33 cada 1 000 nacidos vivos (2004)
Mortalidad en niños menores de 5 año: 45 cada 1 000 nacidos vivos (2004)
Recién nacidos con peso por debajo del normal, 2500 gr: 12% (1998-2004)
Malnutrición infantil: 23% en menores de 5 años (1996-2004)
Desnutrición: 24% del total de población (2000-2002)
Madres que amamantan hasta los 6 meses: 51% (1996-2004)
Consumo diario de calorías: 2 227 per capita (2003)
Médicos: 90 cada 100 000 personas (1990-2004)
Enfermeros: 405 cada 100 000 personas (1999)
Acceso a fuentes mejoradas de agua potable: 95% de población (2002)
Acceso a servicios sanitarios: 61% de población (2002)

EDUCACIÓN
Alfabetismo adulto: 69% (2000-2004)
Alfabetismo adulto masculino: 75% (2000-2004)
Alfabetismo adulto femenino: 63% (2000-2004)
Matriculación neta en enseñanza primaria: 93% (2004)
Matriculación masculina neta en enseñanza primaria: 95% (2004)
Matriculación femenina neta en enseñanza primaria: 91% (2004)
Matriculación neta en enseñanza secundaria: 34% (2004)
Matriculación masculina neta en enseñanza secundaria: 32% (2004)
Matriculación femenina neta en enseñanza secundaria: 35% (2004)
Matriculación bruta en enseñanza terciaria: 10% (2002)
Número de niños por maestro, primaria: 31 (2004)

COMUNICACIONES
Radios: 79 cada 1 000 personas (1997)
Televisores: 145 cada 1 000 personas (2001)
Líneas telefónicas: 92,1 cada 1 000 personas (2004)

ECONOMÍA
Población viviendo con menos de 1 dólar al día: 13,5% (2002)
INB per capita: 2 190 dólares Atlas Method (2004)
PIB per capita: 4 313 PPP, dólares (2004)
Tasa de crecimiento anual del PIB: 2,7% (2004)
Inflación anual: 8,2% (2004)
Índice de precios al consumidor: 7,4 todos los items 1995=100 (2004)
Deuda externa total: 5 532 millones de dólares (2004)
Deuda externa per cápita: 418 dólares (2004)
Servicio de deuda externa: 7,4 como% de las exportaciones (2004)
Total neto de Ayuda Oficial al Desarrollo recibida: 247 millones de dólares (2003)
Total neto de Ayuda Oficial al Desarrollo recibida: 20 dólares per cápita (2003)

Total neto de Ayuda Oficial al Desarrollo recibida: 1,0% del PIB (2003)
Consumo de energía: 607,8 equivalente petróleo/ kg (2003)
Importación de energía: 25,0% del consumo (2003)
Gasto público en salud: 2,3% del PIB (2002)
Gasto en defensa: 0,4% del PIB (2004)

USO DE LA TIERRA
Tierras con bosques y forestadas: 36,3% de total de tierras (2005)
Tierras arables: 13,3% del total de tierras (2003)
Cultivos: 5,6% del total de tierras (2003)
Otros usos de la tierra: 44,8% del total de tierras
Tierras irrigadas: 6,3% de la tierra arable (2003)
Uso de fertilizantes: 1 307 kg por hectárea (2002)

TRABAJO
Población Económicamente Activa: 29,9% del total (2004)
Desempleo: 3% de la PEA (2003)
PEA femenina: 31% de la PEA (2004)
Empleo femenino en agricultura: 18% de la PEA femenina (1995-2002)
Empleo femenino en industria: 23% de la PEA femenina (1995-2002)
Empleo femenino en servicios: 56% de la PEA femenina (1995-2002)
Empleo masculino en agricultura: 50% de la PEA masculina (1995-2002)
Empleo masculino en industria: 18% de la PEA masculina (1995-2002)
Empleo masculino en servicios: 27% de la PEA masculina (1995-2002)

COMERCIO
Importación de bienes y servicios: 8 483 millones de dólares (2004)
Exportacion de bienes y servicios: 4 608 millones de dólares (2004)
Importación de cereales: 1 085 137 toneladas (2004)
Índice de producción de alimentos per cápita: 104,4 1999-2001=100 (2005)
Importación de alimentos: 12,4% del total de importaciones (2005)
Importación de armas: 0 millones de dólares a valores de 1990 (2004)

SITUACIÓN DE LA MUJER
Brecha de ingresos estimados entre mujeres y hombres: 0,33 (1991-2003)
Mujeres en cargos de gobieno a nivel ministerial: 25,0% de cargos (2005)
Mujeres en bancadas parlamentarias: 8,2% de bancas (2005)

HAITÍ

Población: 8 773 138 personas
Superficie terrestre: 27 750 km²
Capital: Puerto Príncipe
Moneda: Gourde
Idioma: Francés y creole

DEMOGRAFÍA
Población: 8 773 138 (2007)
Crecimiento anual: 1,7% (1985-2000)
Estimación para el año 2015: 9 751 444 000 (2004)
Crecimiento anual hacia el 2015: 1,4% (2004)
Densidad 316
Población urbana: 40,1% (2007)

Crecimiento urbano: 3,1% (2005-2010)
Estim. de la población urbana en 2015: 45,5% (2004)

SALUD
Esperanza de vida al nacer: 53 años (2005-2010)
Esperanza de vida al nacer, hombres: 53 años (2005-2010)
Esperanza de vida al nacer, mujeres: 54 años (2005-2010)
Tasa global de fecundidad: 3,6 hijos por mujer (2005-2010)
Tasa bruta de natalidad: 29 nacimientos por cada 1000 habitantes (2005-2010)
Tasa bruta de mortalidad: 13 muertes por cada 1000 habitantes (2005-2010)
Mujeres en pareja de 15-49 años que usan anticonceptivos: 27% (1996-2004)
Mortalidad materna: 680 cada 100 000 nacidos vivos (2000)
Partos atendidos por personal calificado: 24% (1996-2004)
Mortalidad en niños menores de 1 año: 74 cada 1 000 nacidos vivos (2004)
Mortalidad en niños menores de 5 año: 117 cada 1 000 nacidos vivos (2004)
Recién nacidos con peso por debajo del normal, 2500 gr: 21% (1998-2004)
Malnutrición infantil: 17% en menores de 5 años (1996-2004)
Desnutrición: 47% del total de población (2000-2002)
Madres que amamantan hasta los 6 meses: 24% (1996-2004)
Consumo diario de calorías: 2 109 per capita (2003)
Médicos: 25 cada 100 000 personas (1990-2004)
Enfermeros: 11 cada 100 000 personas (1998)
Acceso a fuentes mejoradas de agua potable: 71% de población (2002)
Acceso a servicios sanitarios: 34% de población (2002)

EDUCACIÓN
Alfabetismo adulto: 52% (2000-2004)
Alfabetismo adulto masculino: 54% (2000-2004)
Alfabetismo adulto femenino: 50% (2000-2004)

COMUNICACIONES
Radios: 18 cada 1 000 personas (2001)
Televisores: 60 cada 1 000 personas (2003)
Líneas telefónicas: 16,7 cada 1 000 personas (2004)

ECONOMÍA
Población viviendo con menos de 1 dólar al día: 53,9% (2001)
INB per capita: 400 dólares Atlas Method (2003)
PIB per capita: 1 844 PPP, dólares (2003)
Tasa de crecimiento anual del PIB: 0,4% (2003)
Inflación anual: 27,0% (2003)
Índice de precios al consumidor: 22,8 todos los items 1995=100 (2004)
Deuda externa total: 1 225 millones de dólares (2004)
Deuda externa per cápita: 140 dólares (2004)
Servicio de deuda externa: 4,0 como% de las exportaciones (2003)
Total neto de Ayuda Oficial al Desarrollo recibida: 200 millones de dólares (2003)
Total neto de Ayuda Oficial al Desarrollo recibida: 24 dólares per cápita (2003)
Total neto de Ayuda Oficial al Desarrollo recibida: 6,8% del PIB (2003)
Consumo de energía: 269,9 equivalente petróleo/ kg (2003)
Importación de energía: 25,2% del consumo (2003)
Gasto público en salud: 3,0% del PIB (2002)

USO DE LA TIERRA
Tierras con bosques y forestadas: 3,8% de total de tierras (2005)
Tierras arables: 28,3% del total de tierras (2003)

Cultivos: 11,6% del total de tierras (2003)
Otros usos de la tierra: 56,3% del total de tierras
Tierras irrigadas: 8,4% de la tierra arable (2003)
Uso de fertilizantes: 179 kg por hectárea (2002)

TRABAJO
Población Económicamente Activa: 40,7% del total (2004)
Desempleo: 7% de la PEA (1999)
PEA femenina: 42% de la PEA (2004)
Empleo femenino en agricultura: 37% de la PEA femenina (1995-2002)
Empleo femenino en industria: 6% de la PEA femenina (1995-2002)
Empleo femenino en servicios: 57% de la PEA femenina (1995-2002)
Empleo masculino en agricultura: 63% de la PEA masculina (1995-2002)
Empleo masculino en industria: 15% de la PEA masculina (1995-2002)
Empleo masculino en servicios: 23% de la PEA masculina (1995-2002)

COMERCIO
Importación de bienes y servicios: 1 375 millones de dólares (2003)
Exportacion de bienes y servicios: 469 millones de dólares (2003)
Importación de cereales: 661 699 toneladas (2004)
Índice de producción de alimentos per cápita: 100,6 1999-2001=100 (2005)

SITUACIÓN DE LA MUJER
Brecha de ingresos estimados entre mujeres y hombres: 0,56 (1991-2003)
Mujeres en cargos de gobieno a nivel ministerial: 25,0% de cargos (2005)
Mujeres en bancadas parlamentarias: 3,6% de bancas (2005)

HONDURAS

Población: 7 520 649 personas
Superficie terrestre: 112 090 km^2
Capital: Tegucigalpa
Moneda: Lempira
Idioma: Español

DEMOGRAFÍA
Población: 7 520 649 (2007)
Crecimiento anual: 2,9% (1985-2000)
Estimación para el año 2015: 8 780 056 000 (2004)
Crecimiento anual hacia el 2015: 2,1% (2004)
Densidad 67
Población urbana: 47,3% (2007)
Crecimiento urbano: 3,1% (2005-2010)
Estim. de la población urbana en 2015: 51,3% (2004)

SALUD
Esperanza de vida al nacer: 69 años (2005-2010)
Esperanza de vida al nacer, hombres: 67 años (2005-2010)
Esperanza de vida al nacer, mujeres: 71 años (2005-2010)
Tasa global de fecundidad: 3,3 hijos por mujer (2005-2010)
Tasa bruta de natalidad: 27 nacimientos por cada 1000 habitantes (2005-2010)
Tasa bruta de mortalidad: 6 muertes por cada 1000 habitantes (2005-2010)
Mujeres en pareja de 15-49 años que usan anticonceptivos: 62% (1996-2004)

Mortalidad materna: 110 cada 100 000 nacidos vivos (2000)
Partos atendidos por personal calificado: 56% (1996-2004)
Mortalidad en niños menores de 1 año: 31 cada 1 000 nacidos vivos (2004)
Mortalidad en niños menores de 5 año: 41 cada 1 000 nacidos vivos (2004)
Recién nacidos con peso por debajo del normal, 2500 gr: 14% (1998-2004)
Malnutrición infantil: 17% en menores de 5 años (1996-2004)
Desnutrición: 22% del total de población (2000-2002)
Madres que amamantan hasta los 6 meses: 35% (1996-2004)
Consumo diario de calorías: 2 373 per capita (2003)
Médicos: 83 cada 100 000 personas (1990-2004)
Enfermeros: 129 cada 100 000 personas (2000)
Acceso a fuentes mejoradas de agua potable: 90% de población (2002)
Acceso a servicios sanitarios: 68% de población (2002)

EDUCACIÓN
Alfabetismo adulto: 80% (2000-2004)
Alfabetismo adulto masculino: 80% (2000-2004)
Alfabetismo adulto femenino: 80% (2000-2004)
Matriculación neta en enseñanza primaria: 91% (2004)
Matriculación masculina neta en enseñanza primaria: 90% (2004)
Matriculación femenina neta en enseñanza primaria: 92% (2004)
Matriculación bruta en enseñanza terciaria: 16% (2004)
Número de niños por maestro, primaria: 34 (2004)

COMUNICACIONES
Radios: 411 cada 1 000 personas (1997)
Televisores: 119 cada 1 000 personas (2002)
Líneas telefónicas: 52,7 cada 1 000 personas (2004)
ECONOMÍA
Población viviendo con menos de 1 dólar al día: 20,7% (1999)
INB per capita: 1 040 dólares Atlas Method (2004)
PIB per capita: 2 876 PPP, dólares (2004)
Tasa de crecimiento anual del PIB: 4,6% (2004)
Inflación anual: 7,7% (2004)
Índice de precios al consumidor: 8,1 todos los items 1995=100 (2004)
Deuda externa total: 6 332 millones de dólares (2004)
Deuda externa per cápita: 842 dólares (2004)
Servicio de deuda externa: 7,8 como% de las exportaciones (2004)
Total neto de Ayuda Oficial al Desarrollo recibida: 389 millones de dólares (2003)
Total neto de Ayuda Oficial al Desarrollo recibida: 56 dólares per cápita (2003)
Total neto de Ayuda Oficial al Desarrollo recibida: 5,6% del PIB (2003)
Consumo de energía: 521,8 equivalente petróleo/ kg (2003)
Importación de energía: 53,9% del consumo (2003)
Gasto público en salud: 3,2% del PIB (2002)
Gasto en defensa: 0,7% del PIB (2004)

USO DE LA TIERRA
Tierras con bosques y forestadas: 41,5% de total de tierras (2005)
Tierras arables: 9,5% del total de tierras (2003)
Cultivos: 3,2% del total de tierras (2003)
Otros usos de la tierra: 45,8% del total de tierras
Tierras irrigadas: 5,6% de la tierra arable (2003)
Uso de fertilizantes: 470 kg por hectárea (2002)

TRABAJO
Población Económicamente Activa: 39,9% del total (2004)
Desempleo: 5% de la PEA (2003)
PEA femenina: 37% de la PEA (2004)
Empleo femenino en agricultura: 9% de la PEA femenina (1995-2002)
Empleo femenino en industria: 25% de la PEA femenina (1995-2002)
Empleo femenino en servicios: 67% de la PEA femenina (1995-2002)
Empleo masculino en agricultura: 50% de la PEA masculina (1995-2002)
Empleo masculino en industria: 21% de la PEA masculina (1995-2002)
Empleo masculino en servicios: 30% de la PEA masculina (1995-2002)

COMERCIO
Importación de bienes y servicios: 4 430 millones de dólares (2004)
Exportacion de bienes y servicios: 3 066 millones de dólares (2004)
Importación de cereales: 524 673 toneladas (2004)
Índice de producción de alimentos per cápita: 111,0 1999-2001=100 (2005)
Importación de alimentos: 15,9% del total de importaciones (2003)
Importación de armas: 0 millones de dólares a valores de 1990 (2004)

SITUACIÓN DE LA MUJER
Mujeres en cargos profesionales y técnicos: 36% de cargos (1992-2003)
Mujeres legisladoras, altas funcionarias y directivas: 22% de puestos (1992-2003)
Brecha de ingresos estimados entre mujeres y hombres: 0,37 (1991-2003)
Mujeres en cargos de gobieno a nivel ministerial: 14,3% de cargos (2005)
Mujeres en bancadas parlamentarias: 5,5% de bancas (2005)

MÉXICO

Población: 109.594.066 personas
Superficie terrestre: 1.958.200 Km2
Capital: Ciudad de México
Moneda: Nuevo Peso mexicano
Idioma: Español

DEMOGRAFÍA
Población: 109 594 066 (2007)
Crecimiento anual: 1,8% (1985-2000)
Estimación para el año 2015: 119 145 764 000 (2004)
Crecimiento anual hacia el 2015: 1,2% (2004)
Densidad de población: 56 habs. por km^2(2007)
Población urbana: 76,6% (2007)
Crecimiento urbano: 1,5% (2005-2010)
Estim. de la población urbana en 2015: 78,8% (2004)

SALUD
Esperanza de vida al nacer: 76 años (2005-2010)
Esperanza de vida al nacer, hombres: 74 años (2005-2010)
Esperanza de vida al nacer, mujeres: 79 años (2005-2010)
Tasa global de fecundidad: 2,1 hijos por mujer (2005-2010)
Tasa bruta de natalidad: 19 nacimientos por cada 1000 habitantes (2005-2010)
Tasa bruta de mortalidad: 4 muertes por cada 1000 habitantes (2005-2010)
Mujeres en pareja de 15-49 años que usan anticonceptivos: 73% (1996-2004)
Mortalidad materna: 83 cada 100 000 nacidos vivos (2000)

Partos atendidos por personal calificado: 95% (1996-2004)
Mortalidad en niños menores de 1 año: 23 cada 1 000 nacidos vivos (2004)
Mortalidad en niños menores de 5 año: 28 cada 1 000 nacidos vivos (2004)
Recién nacidos con peso por debajo del normal, 2500 gr: 8% (1998-2004)
Malnutrición infantil: 8% en menores de 5 años (1996-2004)
Desnutrición: 5% del total de población (2000-2002)
Madres que amamantan hasta los 6 meses: 38% (1996-2004)
Consumo diario de calorías: 3 171 per capita (2003)
Médicos: 171 cada 100 000 personas (1990-2004)
Enfermeros: 90 cada 100 000 personas (2000)
Acceso a fuentes mejoradas de agua potable: 91% de población (2002)
Acceso a servicios sanitarios: 77% de población (2002)

EDUCACIÓN
Alfabetismo adulto: 90% (2000-2004)
Alfabetismo adulto masculino: 92% (2000-2004)
Alfabetismo adulto femenino: 89% (2000-2004)
Matriculación neta en enseñanza primaria: 100% (2003)
Matriculación masculina neta en enseñanza primaria: 100% (2003)
Matriculación femenina neta en enseñanza primaria: 100% (2003)
Matriculación neta en enseñanza secundaria: 62% (2003)
Matriculación masculina neta en enseñanza secundaria: 63% (2003)
Matriculación femenina neta en enseñanza secundaria: 62% (2003)
Matriculación bruta en enseñanza terciaria: 23% (2003)
Número de niños por maestro, primaria: 27 (2003)

COMUNICACIONES
Diarios: 93,5 cada 1 000 personas (2000)
Radios: 330 cada 1 000 personas (1997)
Televisores: 282 cada 1 000 personas (2001)
Líneas telefónicas: 174,1 cada 1 000 personas (2004)

ECONOMÍA
Población viviendo con menos de 1 dólar al día: 4,4% (2002)
INB per capita: 6 790 dólares Atlas Method (2004)
PIB per capita: 9 803 PPP, dólares (2004)
Tasa de crecimiento anual del PIB: 4,4% (2004)
Inflación anual: 6,1% (2004)
Índice de precios al consumidor: 4,7 todos los items 1995=100 (2004)
Deuda externa total: 138 689 millones de dólares (2004)
Deuda externa per cápita: 1 265 dólares (2004)
Servicio de deuda externa: 22,9 como% de las exportaciones (2004)
Total neto de Ayuda Oficial al Desarrollo recibida: 103 millones de dólares (2003)
Total neto de Ayuda Oficial al Desarrollo recibida: 1 dólares per cápita (2003)
Consumo de energía: 1 563,5 equivalente petróleo/ kg (2003)
Importación de energía: -51,6% del consumo (2003)
Gasto público en salud: 2,7% del PIB (2002)
Gasto público en educación: 5,3% del PIB (2000-2002)
Gasto en defensa: 0,4% del PIB (2004)

USO DE LA TIERRA
Tierras con bosques y forestadas: 33,7% de total de tierras (2005)
Tierras arables: 13,0% del total de tierras (2003)
Cultivos: 1,3% del total de tierras (2003)
Otros usos de la tierra: 52,0% del total de tierras

Tierras irrigadas: 23,2% de la tierra arable (2003)
Uso de fertilizantes: 690 kg por hectárea (2002)

TRABAJO
Población Económicamente Activa: 38,7% del total (2004)
Desempleo: 3% de la PEA (2004)
PEA femenina: 35% de la PEA (2004)
Empleo femenino en agricultura: 6% de la PEA femenina (1995-2002)
Empleo femenino en industria: 22% de la PEA femenina (1995-2002)
Empleo femenino en servicios: 72% de la PEA femenina (1995-2002)
Empleo masculino en agricultura: 24% de la PEA masculina (1995-2002)
Empleo masculino en industria: 28% de la PEA masculina (1995-2002)
Empleo masculino en servicios: 48% de la PEA masculina (1995-2002)

COMERCIO
Importación de bienes y servicios: 216 589 millones de dólares (2004)
Exportacion de bienes y servicios: 202 003 millones de dólares (2004)
Importación de cereales: 12 977 083 toneladas (2004)
Índice de producción de alimentos per cápita: 107,8 1999-2001=100 (2005)
Importación de alimentos: 6,3% del total de importaciones (2005)
Importación de armas: 265 millones de dólares a valores de 1990 (2004)

SITUACIÓN DE LA MUJER
Mujeres en cargos profesionales y técnicos: 40% de cargos (1992-2003)
Mujeres legisladoras, altas funcionarias y directivas: 25% de puestos (1992-2003)
Brecha de ingresos estimados entre mujeres y hombres: 0,38 (1991-2003)
Mujeres en cargos de gobieno a nivel ministerial: 9,4% de cargos (2005)
Mujeres en bancadas parlamentarias: 22,6% de bancas (2005)

NICARAGUA

Población: 5 715 182 personas
Superficie terrestre: 130 000 km²
Capital: Managua
Moneda: Córdoba
Idioma: Español

DEMOGRAFÍA
Población: 5 715 182 (2007)
Crecimiento anual: 2,3% (1985-2000)
Estimación para el año 2015: 6 637 094 000 (2004)
Crecimiento anual hacia el 2015: 1,9% (2004)
Densidad: 44
Población urbana: 59,0% (2007)
Crecimiento urbano: 2,8% (2005-2010)
Estim. de la población urbana en 2015: 62,8% (2004)

SALUD
Esperanza de vida al nacer: 71 años (2005-2010)
Esperanza de vida al nacer, hombres: 69 años (2005-2010)
Esperanza de vida al nacer, mujeres: 73 años (2005-2010)
Tasa global de fecundidad: 2,9 hijos por mujer (2005-2010)
Tasa bruta de natalidad: 27 nacimientos por cada 1000 habitantes (2005-2010)
Tasa bruta de mortalidad: 5 muertes por cada 1000 habitantes (2005-2010)

Mujeres en pareja de 15-49 años que usan anticonceptivos: 69% (1996-2004)
Mortalidad materna: 230 cada 100 000 nacidos vivos (2000)
Partos atendidos por personal calificado: 67% (1996-2004)
Mortalidad en niños menores de 1 año: 31 cada 1 000 nacidos vivos (2004)
Mortalidad en niños menores de 5 año: 38 cada 1 000 nacidos vivos (2004)
Recién nacidos con peso por debajo del normal, 2500 gr: 12% (1998-2004)
Malnutrición infantil: 10% en menores de 5 años (1996-2004)
Desnutrición: 27% del total de población (2000-2002)
Madres que amamantan hasta los 6 meses: 31% (1996-2004)
Consumo diario de calorías: 2 291 per capita (2003)
Médicos: 164 cada 100 000 personas (1990-2004)
Enfermeros: 107 cada 100 000 personas (2003)
Acceso a fuentes mejoradas de agua potable: 81% de población (2002)
Acceso a servicios sanitarios: 66% de población (2002)

EDUCACIÓN
Alfabetismo adulto: 77% (2000-2004)
Alfabetismo adulto masculino: 77% (2000-2004)
Alfabetismo adulto femenino: 77% (2000-2004)
Matriculación neta en enseñanza primaria: 88% (2004)
Matriculación masculina neta en enseñanza primaria: 89% (2004)
Matriculación femenina neta en enseñanza primaria: 87% (2004)
Matriculación neta en enseñanza secundaria: 41% (2004)
Matriculación masculina neta en enseñanza secundaria: 43% (2004)
Matriculación femenina neta en enseñanza secundaria: 38% (2004)
Matriculación bruta en enseñanza terciaria: 18% (2003)
Número de niños por maestro, primaria: 35 (2004)

COMUNICACIONES
Radios: 270 cada 1 000 personas (1998)
Televisores: 123 cada 1 000 personas (2001)
Líneas telefónicas: 39,9 cada 1 000 personas (2004)

ECONOMÍA
Población viviendo con menos de 1 dólar al día: 45,1% (2001)
INB per capita: 830 dólares Atlas Method (2004)
PIB per capita: 3 634 PPP, dólares (2004)
Tasa de crecimiento anual del PIB: 5,1% (2004)
Inflación anual: 10,2% (2004)
Índice de precios al consumidor: 8,4 todos los items 1995=100 (2004)
Deuda externa total: 5 145 millones de dólares (2004)
Deuda externa per cápita: 900 dólares (2004)
Servicio de deuda externa: 5,8 como% de las exportaciones (2004)
Total neto de Ayuda Oficial al Desarrollo recibida: 833 millones de dólares (2003)
Total neto de Ayuda Oficial al Desarrollo recibida: 152 dólares per cápita (2003)
Total neto de Ayuda Oficial al Desarrollo recibida: 20,4% del PIB (2003)
Consumo de energía: 588,3 equivalente petróleo/ kg (2003)
Importación de energía: 41,8% del consumo (2003)
Gasto público en salud: 3,9% del PIB (2002)
Gasto público en educación: 3,1% del PIB (2000-2002)
Gasto en defensa: 0,7% del PIB (2004)

USO DE LA TIERRA
Tierras con bosques y forestadas: 42,7% de total de tierras (2005)
Tierras arables: 15,9% del total de tierras (2003)
Cultivos: 1,9% del total de tierras (2003)

Otros usos de la tierra: 39,5% del total de tierras
Tierras irrigadas: 2,8% de la tierra arable (2003)
Uso de fertilizantes: 280 kg por hectárea (2002)

TRABAJO
Población Económicamente Activa: 34,4% del total (2004)
Desempleo: 8% de la PEA (2003)
PEA femenina: 30% de la PEA (2004)

COMERCIO
Importación de bienes y servicios: 2851 millones de dólares (2004)
Exportacion de bienes y servicios: 1653 millones de dólares (2004)
Importación de cereales: 199 644 toneladas (2004)
Índice de producción de alimentos per cápita: 123,1 1999-2001=100 (2005)
Importación de alimentos: 16,6% del total de importaciones (2005)
Importación de armas: 0 millones de dólares a valores de 1990 (2004)
Exportación de armas: 0 millones de dólares a valores de 1990 (2004)

SITUACIÓN DE LA MUJER
Brecha de ingresos estimados entre mujeres y hombres: 0,45 (1991-2003)
Mujeres en cargos de gobieno a nivel ministerial: 14,3% de cargos (2005)
Mujeres en bancadas parlamentarias: 20,7% de bancas (2005)

PANAMÁ

Población: 3 343 374 personas
Superficie terrestre: 75 520 km²
Capital: Panamá
Moneda: Balboa
Idioma: Español

DEMOGRAFÍA
Población: 3 343 374 (2007)
Crecimiento anual: 2,0% (1985-2000)
Estimación para el año 2015: 3 773 662 000 (2004)
Crecimiento anual hacia el 2015: 1,6% (2004)
Densidad de población: 44 habs. por km²(2007)
Población urbana: 58,5% (2007)
Crecimiento urbano: 2,3% (2005-2010)
Estim. de la población urbana en 2015: 61,7% (2004)

SALUD
Esperanza de vida al nacer: 76 años (2005-2010)
Esperanza de vida al nacer, hombres: 73 años (2005-2010)
Esperanza de vida al nacer, mujeres: 78 años (2005-2010)
Tasa global de fecundidad: 2,6 hijos por mujer (2005-2010)
Tasa bruta de natalidad: 21 nacimientos por cada 1000 habitantes (2005-2010)
Tasa bruta de mortalidad: 5 muertes por cada 1000 habitantes (2005-2010)
Mujeres en pareja de 15-49 años que usan anticonceptivos: 58% (1996-2004)
Mortalidad materna: 160 cada 100 000 nacidos vivos (2000)
Partos atendidos por personal calificado: 93% (1996-2004)
Mortalidad en niños menores de 1 año: 19 cada 1 000 nacidos vivos (2004)
Mortalidad en niños menores de 5 año: 24 cada 1 000 nacidos vivos (2004)

Recién nacidos con peso por debajo del normal, 2500 gr: 10% (1998-2004)
Malnutrición infantil: 7% en menores de 5 años (1996-2004)
Desnutrición: 26% del total de población (2000-2002)
Madres que amamantan hasta los 6 meses: 25% (1996-2004)
Consumo diario de calorías: 2 287 per capita (2003)
Médicos: 168 cada 100 000 personas (1990-2004)
Enfermeros: 154 cada 100 000 personas (2000)
Acceso a fuentes mejoradas de agua potable: 91% de población (2002)
Acceso a servicios sanitarios: 72% de población (2002)

EDUCACIÓN
Alfabetismo adulto: 92% (2000-2004)
Alfabetismo adulto masculino: 93% (2000-2004)
Alfabetismo adulto femenino: 91% (2000-2004)
Matriculación neta en enseñanza primaria: 100% (2004)
Matriculación masculina neta en enseñanza primaria: 100% (2004)
Matriculación femenina neta en enseñanza primaria: 100% (2004)
Matriculación neta en enseñanza secundaria: 64% (2004)
Matriculación masculina neta en enseñanza secundaria: 67% (2004)
Matriculación femenina neta en enseñanza secundaria: 61% (2004)
Matriculación bruta en enseñanza terciaria: 46% (2004)
Número de niños por maestro, primaria: 24 (2004)

COMUNICACIONES
Radios: 300 cada 1 000 personas (1997)
Televisores: 191 cada 1 000 personas (2002)
Líneas telefónicas: 118,4 cada 1 000 personas (2004)

ECONOMÍA
Población viviendo con menos de 1 dólar al día: 6,5% (2002)
INB per capita: 4 210 dólares Atlas Method (2004)
PIB per capita: 7 278 PPP, dólares (2004)
Tasa de crecimiento anual del PIB: 6,2% (2004)
Inflación anual: 0,5% (2004)
Índice de precios al consumidor: 0,4 todos los items 1995=100 (2004)
Deuda externa total: 9 469 millones de dólares (2004)
Deuda externa per cápita: 2 832 dólares (2004)
Servicio de deuda externa: 14,3 como% de las exportaciones (2004)
Total neto de Ayuda Oficial al Desarrollo recibida: 31 millones de dólares (2003)
Total neto de Ayuda Oficial al Desarrollo recibida: 10 dólares per cápita (2003)
Total neto de Ayuda Oficial al Desarrollo recibida: 0,2% del PIB (2003)
Consumo de energía: 835,8 equivalente petróleo/ kg (2003)
Importación de energía: 73,6% del consumo (2003)
Gasto público en salud: 6,4% del PIB (2002)
Gasto público en educación: 4,5% del PIB (2000-2002)
Gasto en defensa: 1,0% del PIB (1999)

USO DE LA TIERRA
Tierras con bosques y forestadas: 57,7% de total de tierras (2005)
Tierras arables: 7,4% del total de tierras (2003)
Cultivos: 2,0% del total de tierras (2003)
Otros usos de la tierra: 32,9% del total de tierras
Tierras irrigadas: 6,2% de la tierra arable (2003)
Uso de fertilizantes: 524 kg por hectárea (2002)

TRABAJO
Población Económicamente Activa: 42,7% del total (2004)
Desempleo: 14% de la PEA (2003)
PEA femenina: 38% de la PEA (2004)
Empleo femenino en agricultura: 6% de la PEA femenina (1995-2002)
Empleo femenino en industria: 10% de la PEA femenina (1995-2002)
Empleo femenino en servicios: 85% de la PEA femenina (1995-2002)
Empleo masculino en agricultura: 29% de la PEA masculina (1995-2002)
Empleo masculino en industria: 20% de la PEA masculina (1995-2002)
Empleo masculino en servicios: 51% de la PEA masculina (1995-2002)

COMERCIO
Importación de bienes y servicios: 9 172 millones de dólares (2004)
Exportacion de bienes y servicios: 8 859 millones de dólares (2004)
Importación de cereales: 481 323 toneladas (2004)
Índice de producción de alimentos per cápita: 103,7 1999-2001=100 (2005)
Importación de alimentos: 14,4% del total de importaciones (2003)
Importación de armas: 0 millones de dólares a valores de 1990 (2004)

SITUACIÓN DE LA MUJER
Mujeres en cargos profesionales y técnicos: 50% de cargos (1992-2003)
Mujeres legisladoras, altas funcionarias y directivas: 40% de puestos (1992-2003)
Brecha de ingresos estimados entre mujeres y hombres: 0,51 (1991-2003)
Mujeres en cargos de gobieno a nivel ministerial: 14,3% de cargos (2005)
Mujeres en bancadas parlamentarias: 16,7% de bancas (2005)

PARAGUAY

Población: 6 444 836 personas
Superficie terrestre: 406 750 km^2
Capital: Asunción
Moneda: Guaraní
Idioma: Español y guaraní

DEMOGRAFÍA
Población: 6 444 836 (2007)
Crecimiento anual: 2,8% (1985-2000)
Estimación para el año 2015: 7 613 331 000 (2004)
Crecimiento anual hacia el 2015: 2,2% (2004)
Densidad de población: 16 habs. por km^2(2007)
Población urbana: 59,7% (2007)
Crecimiento urbano: 3,3% (2005-2010)
Estim. de la población urbana en 2015: 64,3% (2004)

SALUD
Esperanza de vida al nacer: 72 años (2005-2010)
Esperanza de vida al nacer, hombres: 70 años (2005-2010)
Esperanza de vida al nacer, mujeres: 74 años (2005-2010)
Tasa global de fecundidad: 3,5 hijos por mujer (2005-2010)
Tasa bruta de natalidad: 28 nacimientos por cada 1000 habitantes (2005-2010)
Tasa bruta de mortalidad: 5 muertes por cada 1000 habitantes (2005-2010)
Mujeres en pareja de 15-49 años que usan anticonceptivos: 57% (1996-2004)
Mortalidad materna: 170 cada 100 000 nacidos vivos (2000)
Partos atendidos por personal calificado: 77% (1996-2004)

Mortalidad en niños menores de 1 año: 21 cada 1 000 nacidos vivos (2004)
Mortalidad en niños menores de 5 año: 24 cada 1 000 nacidos vivos (2004)
Recién nacidos con peso por debajo del normal, 2500 gr: 9% (1998-2004)
Malnutrición infantil: 5% en menores de 5 años (1996-2004)
Desnutrición: 14% del total de población (2000-2002)
Madres que amamantan hasta los 6 meses: 22% (1996-2004)
Consumo diario de calorías: 2 524 per capita (2003)
Médicos: 117 cada 100 000 personas (1990-2004)
Enfermeros: 169 cada 100 000 personas (2002)
Acceso a fuentes mejoradas de agua potable: 83% de población (2002)
Acceso a servicios sanitarios: 78% de población (2002)

EDUCACIÓN
Alfabetismo adulto: 92% (2000-2004)
Alfabetismo adulto masculino: 93% (2000-2004)
Alfabetismo adulto femenino: 90% (2000-2004)
Matriculación neta en enseñanza primaria: 89% (2002)
Matriculación masculina neta en enseñanza primaria: 89% (2002)
Matriculación femenina neta en enseñanza primaria: 90% (2002)
Matriculación neta en enseñanza secundaria: 51% (2002)
Matriculación masculina neta en enseñanza secundaria: 53% (2002)
Matriculación femenina neta en enseñanza secundaria: 50% (2002)
Matriculación bruta en enseñanza terciaria: 26% (2002)
Número de niños por maestro, primaria: 27 (2002)

COMUNICACIONES
Radios: 188 cada 1 000 personas (1997)
Televisores: 218 cada 1 000 personas (2000)
Líneas telefónicas: 50,4 cada 1 000 personas (2004)

ECONOMÍA
Población viviendo con menos de 1 dólar al día: 16,4% (2002)
INB per capita: 1 140 dólares Atlas Method (2004)
PIB per capita: 4 813 PPP, dólares (2004)
Tasa de crecimiento anual del PIB: 4,0% (2004)
Inflación anual: 9,2% (2004)
Índice de precios al consumidor: 4,3 todos los items 1995=100 (2004)
Deuda externa total: 3 433 millones de dólares (2004)
Deuda externa per cápita: 533 dólares (2004)
Servicio de deuda externa: 13,5 como% de las exportaciones (2004)
Total neto de Ayuda Oficial al Desarrollo recibida: 51 millones de dólares (2003)
Total neto de Ayuda Oficial al Desarrollo recibida: 9 dólares per cápita (2003)
Total neto de Ayuda Oficial al Desarrollo recibida: 0,8% del PIB (2003)
Consumo de energía: 678,7 equivalente petróleo/ kg (2003)
Importación de energía: -66,0% del consumo (2003)
Gasto público en salud: 3,2% del PIB (2002)
Gasto público en educación: 4,4% del PIB (2000-2002)
Gasto en defensa: 0,7% del PIB (2004)

USO DE LA TIERRA
Tierras con bosques y forestadas: 46,5% de total de tierras (2005)
Tierras arables: 7,7% del total de tierras (2003)
Cultivos: 0,2% del total de tierras (2003)
Otros usos de la tierra: 45,6% del total de tierras
Tierras irrigadas: 2,1% de la tierra arable (2003)
Uso de fertilizantes: 507 kg por hectárea (2002)

TRABAJO
Población Económicamente Activa: 43,1% del total (2004)
Desempleo: 8% de la PEA (2001)
PEA femenina: 43% de la PEA (2004)
Empleo femenino en agricultura: 20% de la PEA femenina (1995-2002)
Empleo femenino en industria: 10% de la PEA femenina (1995-2002)
Empleo femenino en servicios: 69% de la PEA femenina (1995-2002)
Empleo masculino en agricultura: 39% de la PEA masculina (1995-2002)
Empleo masculino en industria: 21% de la PEA masculina (1995-2002)
Empleo masculino en servicios: 40% de la PEA masculina (1995-2002)

COMERCIO
Importación de bienes y servicios: 3 540 millones de dólares (2004)
Exportacion de bienes y servicios: 3 397 millones de dólares (2004)
Importación de cereales: 8 831 toneladas (2004)
Índice de producción de alimentos per cápita: 115,0 1999-2001=100 (2005)
Importación de alimentos: 8,7% del total de importaciones (2005)
Importación de armas: 4 millones de dólares a valores de 1990 (2004)

SITUACIÓN DE LA MUJER
Mujeres en cargos profesionales y técnicos: 54% de cargos (1992-2003)
Mujeres legisladoras, altas funcionarias y directivas: 23% de puestos (1992-2003)
Brecha de ingresos estimados entre mujeres y hombres: 0,33 (1991-2003)
Mujeres en cargos de gobieno a nivel ministerial: 30,8% de cargos (2005)
Mujeres en bancadas parlamentarias: 10,0% de bancas (2005)

PERÚ

Población: 28 797 346 personas
Superficie terrestre: 1 285 220 km^2
Capital: Lima
Moneda: Nuevo sol
Idioma: Español, quechua y aymara

DEMOGRAFÍA
Población: 28 797 346 (2007)
Crecimiento anual: 1,9% (1985-2000)
Estimación para el año 2015: 32 171 874 000 (2004)
Crecimiento anual hacia el 2015: 1,4% (2004)
Densidad de población: 22 habs. por km^2(2007)
Población urbana: 75,3% (2007)
Crecimiento urbano: 1,9% (2005-2010)
Estim. de la población urbana en 2015: 78,0% (2004)

SALUD
Esperanza de vida al nacer: 71 años (2005-2010)
Esperanza de vida al nacer, hombres: 69 años (2005-2010)
Esperanza de vida al nacer, mujeres: 74 años (2005-2010)
Tasa global de fecundidad: 2,7 hijos por mujer (2005-2010)
Tasa bruta de natalidad: 22 nacimientos por cada 1000 habitantes (2005-2010)
Tasa bruta de mortalidad: 6 muertes por cada 1000 habitantes (2005-2010)
Mujeres en pareja de 15-49 años que usan anticonceptivos: 69% (1996-2004)
Mortalidad materna: 410 cada 100 000 nacidos vivos (2000)
Partos atendidos por personal calificado: 59% (1996-2004)

Mortalidad en niños menores de 1 año: 24 cada 1 000 nacidos vivos (2004)
Mortalidad en niños menores de 5 año: 29 cada 1 000 nacidos vivos (2004)
Recién nacidos con peso por debajo del normal, 2500 gr: 11% (1998-2004)
Malnutrición infantil: 7% en menores de 5 años (1996-2004)
Desnutrición: 13% del total de población (2000-2002)
Madres que amamantan hasta los 6 meses: 67% (1996-2004)
Consumo diario de calorías: 2 579 per capita (2003)
Médicos: 117 cada 100 000 personas (1990-2004)
Enfermeros: 67 cada 100 000 personas (1999)
Acceso a fuentes mejoradas de agua potable: 81% de población (2002)
Acceso a servicios sanitarios: 62% de población (2002)

EDUCACIÓN
Alfabetismo adulto: 88% (2000-2004)
Alfabetismo adulto masculino: 93% (2000-2004)
Alfabetismo adulto femenino: 82% (2000-2004)
Matriculación neta en enseñanza primaria: 100% (2002)
Matriculación masculina neta en enseñanza primaria: 100% (2002)
Matriculación femenina neta en enseñanza primaria: 100% (2002)
Matriculación neta en enseñanza secundaria: 69% (2002)
Matriculación masculina neta en enseñanza secundaria: 68% (2002)
Matriculación femenina neta en enseñanza secundaria: 70% (2002)
Matriculación bruta en enseñanza terciaria: 32% (2001)
Número de niños por maestro, primaria: 25 (2002)

COMUNICACIONES
Diarios: 22,7 cada 1 000 personas (1998)
Radios: 269 cada 1 000 personas (1997)
Televisores: 172 cada 1 000 personas (2002)
Líneas telefónicas: 74,4 cada 1 000 personas (2004)

ECONOMÍA
Población viviendo con menos de 1 dólar al día: 12,5% (2002)
INB per capita: 2 360 dólares Atlas Method (2004)
PIB per capita: 5 678 PPP, dólares (2004)
Tasa de crecimiento anual del PIB: 4,8% (2004)
Inflación anual: 5,7% (2004)
Índice de precios al consumidor: 3,7 todos los items 1995=100 (2004)
Deuda externa total: 31 296 millones de dólares (2004)
Deuda externa per cápita: 1 087 dólares (2004)
Servicio de deuda externa: 17,1 como% de las exportaciones (2004)
Total neto de Ayuda Oficial al Desarrollo recibida: 500 millones de dólares (2003)
Total neto de Ayuda Oficial al Desarrollo recibida: 18 dólares per cápita (2003)
Total neto de Ayuda Oficial al Desarrollo recibida: 0,8% del PIB (2003)
Consumo de energía: 441,9 equivalente petróleo/ kg (2003)
Importación de energía: 21,3% del consumo (2003)
Gasto público en salud: 2,2% del PIB (2002)
Gasto público en educación: 3,0% del PIB (2000-2002)
Gasto en defensa: 1,2% del PIB (2004)

USO DE LA TIERRA
Tierras con bosques y forestadas: 53,7% de total de tierras (2005)
Tierras arables: 2,9% del total de tierras (2003)
Cultivos: 0,5% del total de tierras (2003)
Otros usos de la tierra: 42,9% del total de tierras

Tierras irrigadas: 27,8% de la tierra arable (2003)
Uso de fertilizantes: 741 kg por hectárea (2002)

TRABAJO
Población Económicamente Activa: 45,1% del total (2004)
Desempleo: 10% de la PEA (2003)
PEA femenina: 42% de la PEA (2004)
Empleo femenino en agricultura: 6% de la PEA femenina (1995-2002)
Empleo femenino en industria: 10% de la PEA femenina (1995-2002)
Empleo femenino en servicios: 84% de la PEA femenina (1995-2002)
Empleo masculino en agricultura: 11% de la PEA masculina (1995-2002)
Empleo masculino en industria: 24% de la PEA masculina (1995-2002)
Empleo masculino en servicios: 65% de la PEA masculina (1995-2002)

COMERCIO
Importación de bienes y servicios: 12 581 millones de dólares (2004)
Exportacion de bienes y servicios: 14 530 millones de dólares (2004)
Importación de cereales: 2 716 808 toneladas (2004)
Índice de producción de alimentos per cápita: 110,2 1999-2001=100 (2005)
Importación de alimentos: 12,7% del total de importaciones (2005)
Importación de armas: 14 millones de dólares a valores de 1990 (2004)
Exportación de armas: 5 millones de dólares a valores de 1990 (2004)

SITUACIÓN DE LA MUJER
Mujeres en cargos profesionales y técnicos: 47% de cargos (1992-2003)
Mujeres legisladoras, altas funcionarias y directivas: 23% de puestos (1992-2003)
Brecha de ingresos estimados entre mujeres y hombres: 0,27 (1991-2003)
Mujeres en cargos de gobieno a nivel ministerial: 11,8% de cargos (2005)
Mujeres en bancadas parlamentarias: 18,3% de bancas (2005)

PORTUGAL

Población: 10 592 716 personas
Superficie terrestre: 91 980 km^2
Capital: Lisboa
Moneda: Euro
Idioma: Portugués

DEMOGRAFÍA
Población: 10 592 716 (2007)
Crecimiento anual: 0,1% (1985-2000)
Estimación para el año 2015: 10 826 841 000 (2004)
Crecimiento anual hacia el 2015: 0,4% (2004)
Densidad de población: 115 h por km^2
Población urbana: 56,7% (2007)
Crecimiento urbano: 1,3% (2005-2010)
Estim. de la población urbana en 2015: 60,9% (2004)

SALUD
Esperanza de vida al nacer: 78 años (2005-2010)
Esperanza de vida al nacer, hombres: 75 años (2005-2010)
Esperanza de vida al nacer, mujeres: 81 años (2005-2010)
Tasa global de fecundidad: 1,5 hijos por mujer (2005-2010)
Tasa bruta de natalidad: 10 nacimientos por cada 1000 habitantes (2005-2010)

Tasa bruta de mortalidad: 11 muertes por cada 1000 habitantes (2005-2010)
Mujeres en pareja de 15-49 años que usan anticonceptivos: 66% (1996-2004)
Mortalidad materna: 5 cada 100000 nacidos vivos (2000)
Partos atendidos por personal calificado: 100% (1996-2004)
Mortalidad en niños menores de 1 año: 4 cada 1000 nacidos vivos (2004)
Mortalidad en niños menores de 5 año: 5 cada 1000 nacidos vivos (2004)
Recién nacidos con peso por debajo del normal, 2500 gr: 8% (1998-2004)
Consumo diario de calorías: 3747 per capita (2003)
Médicos: 324 cada 100000 personas (1990-2004)
Enfermeros: 436 cada 100000 personas (2003)

EDUCACIÓN
Matriculación neta en enseñanza secundaria: 82% (2003)
Matriculación masculina neta en enseñanza secundaria: 87% (2003)
Matriculación femenina neta en enseñanza secundaria: 78% (2003)
Matriculación bruta en enseñanza terciaria: 56% (2003)
Número de niños por maestro, primaria: 11 (2003)

COMUNICACIONES
Diarios: 102,4 cada 1000 personas (2000)
Radios: 299 cada 1000 personas (1997)
Televisores: 413 cada 1000 personas (2001)
Líneas telefónicas: 403,5 cada 1000 personas (2004)

ECONOMÍA
Población viviendo con menos de 1 dólar al día: <2% (1994)
INB per capita: 14220 dólares Atlas Method (2004)
PIB per capita: 19629 PPP, dólares (2004)
Tasa de crecimiento anual del PIB: 1,0% (2004)
Inflación anual: 2,5% (2004)
Índice de precios al consumidor: 2,4 todos los items 1995=100 (2004)
Total neto de Ayuda Oficial al Desarrollo otorgada: 0,2% del INB (2003)
Total neto de Ayuda Oficial al Desarrollo otorgada: 320,0 millones de dólares (2003)
Consumo de energía: 2468,9 equivalente petróleo/ kg (2003)
Importación de energía: 83,2% del consumo (2003)
Gasto público en salud: 6,6% del PIB (2002)
Gasto público en educación: 5,8% del PIB (2000-2002)
Gasto en defensa: 2,1% del PIB (2004)

USO DE LA TIERRA
Tierras con bosques y forestadas: 41,3% de total de tierras (2005)
Tierras arables: 17,4% del total de tierras (2003)
Cultivos: 7,9% del total de tierras (2003)
Otros usos de la tierra: 33,4% del total de tierras
Tierras irrigadas: 28,1% de la tierra arable (2003)
Uso de fertilizantes: 1262 kg por hectárea (2002)

TRABAJO
Población Económicamente Activa: 52,0% del total (2004)
Desempleo: 7% de la PEA (2004)
PEA femenina: 46% de la PEA (2004)
Empleo femenino en agricultura: 14% de la PEA femenina (1995-2002)
Empleo femenino en industria: 23% de la PEA femenina (1995-2002)
Empleo femenino en servicios: 63% de la PEA femenina (1995-2002)
Empleo masculino en agricultura: 12% de la PEA masculina (1995-2002)

Empleo masculino en industria: 44% de la PEA masculina (1995-2002)
Empleo masculino en servicios: 44% de la PEA masculina (1995-2002)

COMERCIO
Importación de bienes y servicios: 65 411 millones de dólares (2004)
Exportacion de bienes y servicios: 51 899 millones de dólares (2004)
Importación de cereales: 3 064 343 toneladas (2004)
Índice de producción de alimentos per cápita: 98,9 1999-2001=100 (2005)
Importación de alimentos: 12,2% del total de importaciones (2005)
Importación de armas: 59 millones de dólares a valores de 1990 (2004)
Exportación de armas: 0 millones de dólares a valores de 1990 (2004)

SITUACIÓN DE LA MUJER
Mujeres en cargos profesionales y técnicos: 52% de cargos (1992-2003)
Mujeres legisladoras, altas funcionarias y directivas: 32% de puestos (1992-2003)
Brecha de ingresos estimados entre mujeres y hombres: 0,54 (1991-2003)
Mujeres en cargos de gobieno a nivel ministerial: 16,7% de cargos (2005)
Mujeres en bancadas parlamentarias: 19,5% de bancas (2005)

PUERTO RICO

Población: 3 997 981 personas
Superficie terrestre: 8 950 km²
Capital: San Juan
Moneda: Dólar estadounidense
Idioma: Español e inglés

DEMOGRAFÍA
Población: 3 997 981 (2007)
Crecimiento anual: 0,8% (1985-2000)
Estimación para el año 2015: 4 156 562 000 (2004)
Crecimiento anual hacia el 2015: 0,5% (2004)
Densidad de población: 447 habs. por km²(2007)
Población urbana: 98,0% (2007)
Crecimiento urbano: 0,8% (2005-2010)
Estim. de la población urbana en 2015: 99,1% (2004)

SALUD
Esperanza de vida al nacer: 77 años (2005-2010)
Esperanza de vida al nacer, hombres: 73 años (2005-2010)
Esperanza de vida al nacer, mujeres: 81 años (2005-2010)
Tasa global de fecundidad: 1,9 hijos por mujer (2005-2010)
Tasa bruta de natalidad: 14 nacimientos por cada 1000 habitantes (2005-2010)
Tasa bruta de mortalidad: 8 muertes por cada 1000 habitantes (2005-2010)

EDUCACIÓN
INB per capita: 10950 dólares Atlas Method (2001)
PIB per capita: 24915 PPP, dólares (2001)
Tasa de crecimiento anual del PIB: 5,6% (2001)
Inflación anual: 5,3% (2001)

COMUNICACIONES
Radios: 761 cada 1 000 personas (1997)

Televisores: 339 cada 1 000 personas (2001)
Líneas telefónicas: 285,5 cada 1 000 personas (2004)

ECONOMÍA
INB per capita: 10 950 dólares Atlas Method (2001)
PIB per capita: 24 915 PPP, dólares (2001)
Tasa de crecimiento anual del PIB: 5,6% (2001)
Inflación anual: 5,3% (2001)

USO DE LA TIERRA
Tierras con bosques y forestadas: 46,0% de total de tierras (2005)
Tierras arables: 3,7% del total de tierras (2003)
Cultivos: 5,6% del total de tierras (2003)
Otros usos de la tierra: 44,7% del total de tierras
Tierras irrigadas: 48,2% de la tierra arable (2003)

TRABAJO
Población Económicamente Activa: 36,2% del total (2004)
Desempleo: 12% de la PEA (2003)
PEA femenina: 41% de la PEA (2004)

COMERCIO
Índice de producción de alimentos per cápita: 98,2 1999-2001=100 (2005)

REPÚBLICA DOMINICANA

Población: 9 147 614 personas
Superficie terrestre: 48 730 km^2
Capital: Santo Domingo
Moneda: Peso dominicano
Idioma: Español

DEMOGRAFÍA
Población: 9 147 614 (2007)
Crecimiento anual: 1,7% (1985-2000)
Estimación para el año 2015: 10 123 573 000 (2004)
Crecimiento anual hacia el 2015: 1,4% (2004)
Densidad 188
Población urbana: 60,9% (2007)
Crecimiento urbano: 2,1% (2005-2010)
Estim. de la población urbana en 2015: 64,6% (2004)

SALUD
Esperanza de vida al nacer: 69 años (2005-2010)
Esperanza de vida al nacer, hombres: 65 años (2005-2010)
Esperanza de vida al nacer, mujeres: 72 años (2005-2010)
Tasa global de fecundidad: 2,6 hijos por mujer (2005-2010)
Tasa bruta de natalidad: 23 nacimientos por cada 1000 habitantes (2005-2010)
Tasa bruta de mortalidad: 6 muertes por cada 1000 habitantes (2005-2010)
Mujeres en pareja de 15-49 años que usan anticonceptivos: 70% (1996-2004)
Mortalidad materna: 150 cada 100 000 nacidos vivos (2000)
Partos atendidos por personal calificado: 99% (1996-2004)
Mortalidad en niños menores de 1 año: 27 cada 1 000 nacidos vivos (2004)

Mortalidad en niños menores de 5 año: 32 cada 1 000 nacidos vivos (2004)
Recién nacidos con peso por debajo del normal, 2500 gr: 11% (1998-2004)
Malnutrición infantil: 5% en menores de 5 años (1996-2004)
Desnutrición: 25% del total de población (2000-2002)
Madres que amamantan hasta los 6 meses: 10% (1996-2004)
Consumo diario de calorías: 2 281 per capita (2003)
Médicos: 188 cada 100 000 personas (1990-2004)
Enfermeros: 184 cada 100 000 personas (2000)
Acceso a fuentes mejoradas de agua potable: 93% de población (2002)
Acceso a servicios sanitarios: 57% de población (2002)

EDUCACIÓN
Alfabetismo adulto: 88% (2000-2004)
Alfabetismo adulto masculino: 88% (2000-2004)
Alfabetismo adulto femenino: 87% (2000-2004)
Matriculación neta en enseñanza primaria: 86% (2004)
Matriculación masculina neta en enseñanza primaria: 85% (2004)
Matriculación femenina neta en enseñanza primaria: 87% (2004)
Matriculación neta en enseñanza secundaria: 49% (2004)
Matriculación masculina neta en enseñanza secundaria: 54% (2004)
Matriculación femenina neta en enseñanza secundaria: 45% (2004)
Matriculación bruta en enseñanza terciaria: 33% (2004)
Número de niños por maestro, primaria: 21 (2004)

COMUNICACIONES
Diarios: 27,5 cada 1 000 personas (2000)
Radios: 181 cada 1 000 personas (1997)
Televisores: 97 cada 1 000 personas (1998)
Líneas telefónicas: 106,8 cada 1 000 personas (2004)

ECONOMÍA
Población viviendo con menos de 1 dólar al día: 2,5% (2003)
INB per capita: 2 100 dólares Atlas Method (2004)
PIB per capita: 7 449 PPP, dólares (2004)
Tasa de crecimiento anual del PIB: 2,0% (2004)
Inflación anual: 51,2% (2004)
Índice de precios al consumidor: 51,5 todos los items 1995=100 (2004)
Deuda externa total: 6 965 millones de dólares (2004)
Deuda externa per cápita: 761 dólares (2004)
Servicio de deuda externa: 6,4 como% de las exportaciones (2004)
Total neto de Ayuda Oficial al Desarrollo recibida: 69 millones de dólares (2003)
Total neto de Ayuda Oficial al Desarrollo recibida: 8 dólares per cápita (2003)
Total neto de Ayuda Oficial al Desarrollo recibida: 0,4% del PIB (2003)
Consumo de energía: 922,5 equivalente petróleo/ kg (2003)
Importación de energía: 80,6% del consumo (2003)
Gasto público en salud: 2,2% del PIB (2002)
Gasto público en educación: 2,3% del PIB (2000-2002)

USO DE LA TIERRA
Tierras con bosques y forestadas: 28,4% de total de tierras (2005)
Tierras arables: 22,7% del total de tierras (2003)
Cultivos: 10,3% del total de tierras (2003)
Otros usos de la tierra: 38,6% del total de tierras
Tierras irrigadas: 17,2% de la tierra arable (2003)
Uso de fertilizantes: 819 kg por hectárea (2002)

TRABAJO
Población Económicamente Activa: 41,0% del total (2004)
Desempleo: 16% de la PEA (2001)
PEA femenina: 35% de la PEA (2004)
Empleo femenino en agricultura: 2% de la PEA femenina (1995-2002)
Empleo femenino en industria: 17% de la PEA femenina (1995-2002)
Empleo femenino en servicios: 81% de la PEA femenina (1995-2002)
Empleo masculino en agricultura: 21% de la PEA masculina (1995-2002)
Empleo masculino en industria: 26% de la PEA masculina (1995-2002)
Empleo masculino en servicios: 53% de la PEA masculina (1995-2002)

COMERCIO
Importación de bienes y servicios: 9 049 millones de dólares (2004)
Exportacion de bienes y servicios: 9 283 millones de dólares (2004)
Importación de cereales: 1 182 231 toneladas (2004)
Índice de producción de alimentos per cápita: 102,6 1999-2001=100 (2005)
Importación de alimentos: 12,1% del total de importaciones (2001)
Importación de armas: 21 millones de dólares a valores de 1990 (2004)

SITUACIÓN DE LA MUJER
Mujeres en cargos profesionales y técnicos: 49% de cargos (1992-2003)
Mujeres legisladoras, altas funcionarias y directivas: 31% de puestos (1992-2003)
Brecha de ingresos estimados entre mujeres y hombres: 0,36 (1991-2003)
Mujeres en cargos de gobieno a nivel ministerial: 14,3% de cargos (2005)
Mujeres en bancadas parlamentarias: 17,3% de bancas (2005)

URUGUAY

Población: 3 509 373 personas
Superficie terrestre: 176 220 km²
Capital: Montevideo
Moneda: Peso uruguayo
Idioma: Español

DEMOGRAFÍA
Población: 3 509 373 (2007)
Crecimiento anual: 0,7% (1985-2000)
Estimación para el año 2015: 3 676 092 000 (2004)
Crecimiento anual hacia el 2015: 0,6% (2004)
Densidad 20
Población urbana: 93,3% (2007)
Crecimiento urbano: 0,8% (2005-2010)
Estim. de la población urbana en 2015: 94,4% (2004)

SALUD
Esperanza de vida al nacer: 76 años (2005-2010)
Esperanza de vida al nacer, hombres: 73 años (2005-2010)
Esperanza de vida al nacer, mujeres: 80 años (2005-2010)
Tasa global de fecundidad: 2,2 hijos por mujer (2005-2010)
Tasa bruta de natalidad: 16 nacimientos por cada 1000 habitantes (2005-2010)
Tasa bruta de mortalidad: 9 muertes por cada 1000 habitantes (2005-2010)
Mujeres en pareja de 15-49 años que usan anticonceptivos: 84% (1996-2004)
Mortalidad materna: 27 cada 100 000 nacidos vivos (2000)

Partos atendidos por personal calificado: 100% (1996-2004)
Mortalidad en niños menores de 1 año: 15 cada 1 000 nacidos vivos (2004)
Mortalidad en niños menores de 5 año: 17 cada 1 000 nacidos vivos (2004)
Recién nacidos con peso por debajo del normal, 2500 gr: 8% (1998-2004)
Malnutrición infantil: 5% en menores de 5 años (1996-2004)
Desnutrición: 4% del total de población (2000-2002)
Consumo diario de calorías: 2 883 per capita (2003)
Médicos: 365 cada 100 000 personas (1990-2004)
Enfermeros: 85 cada 100 000 personas (2002)
Acceso a fuentes mejoradas de agua potable: 98% de población (2002)
Acceso a servicios sanitarios: 94% de población (2002)

EDUCACIÓN
Alfabetismo adulto: 98% (2000-2004)
Alfabetismo adulto masculino: 97% (2000-2004)
Alfabetismo adulto femenino: 98% (2000-2004)
Matriculación neta en enseñanza primaria: 90% (2002)
Matriculación masculina neta en enseñanza primaria: 90% (2002)
Matriculación femenina neta en enseñanza primaria: 91% (2002)
Matriculación neta en enseñanza secundaria: 73% (2002)
Matriculación masculina neta en enseñanza secundaria: 77% (2002)
Matriculación femenina neta en enseñanza secundaria: 70% (2002)
Matriculación bruta en enseñanza terciaria: 38% (2002)
Número de niños por maestro, primaria: 21 (2002)

COMUNICACIONES
Radios: 603 cada 1 000 personas (1997)
Televisores: 530 cada 1 000 personas (2000)
Líneas telefónicas: 290,7 cada 1 000 personas (2004)

ECONOMÍA
Población viviendo con menos de 1 dólar al día: <2% (2003)
INB per capita: 3 900 dólares Atlas Method (2004)
PIB per capita: 9 421 PPP, dólares (2004)
Tasa de crecimiento anual del PIB: 11,9% (2004)
Inflación anual: 7,4% (2004)
Índice de precios al consumidor: 9,2 todos los items 1995=100 (2004)
Deuda externa total: 12 376 millones de dólares (2004)
Deuda externa per cápita: 3 526 dólares (2004)
Servicio de deuda externa: 34,9 como% de las exportaciones (2004)
Total neto de Ayuda Oficial al Desarrollo recibida: 17 millones de dólares (2003)
Total neto de Ayuda Oficial al Desarrollo recibida: 5 dólares per cápita (2003)
Total neto de Ayuda Oficial al Desarrollo recibida: 0,1% del PIB (2003)
Consumo de energía: 737,5 equivalente petróleo/ kg (2003)
Importación de energía: 53,9% del consumo (2003)
Gasto público en salud: 2,9% del PIB (2002)
Gasto público en educación: 2,6% del PIB (2000-2002)
Gasto en defensa: 1,4% del PIB (2004)

USO DE LA TIERRA
Tierras con bosques y forestadas: 8,6% de total de tierras (2005)
Tierras arables: 7,8% del total de tierras (2003)
Cultivos: 0,2% del total de tierras (2003)
Otros usos de la tierra: 83,4% del total de tierras
Tierras irrigadas: 14,9% de la tierra arable (2003)
Uso de fertilizantes: 941 kg por hectárea (2002)

TRABAJO
Población Económicamente Activa: 49,2% del total (2004)
Desempleo: 17% de la PEA (2003)
PEA femenina: 44% de la PEA (2004)
Empleo femenino en agricultura: 2% de la PEA femenina (1995-2002)
Empleo femenino en industria: 14% de la PEA femenina (1995-2002)
Empleo femenino en servicios: 85% de la PEA femenina (1995-2002)
Empleo masculino en agricultura: 6% de la PEA masculina (1995-2002)
Empleo masculino en industria: 32% de la PEA masculina (1995-2002)
Empleo masculino en servicios: 62% de la PEA masculina (1995-2002)

COMERCIO
Importación de bienes y servicios: 3 673 millones de dólares (2004)
Exportacion de bienes y servicios: 4 008 millones de dólares (2004)
Importación de cereales: 149 791 toneladas (2004)
Índice de producción de alimentos per cápita: 115,5 1999-2001=100 (2005)
Importación de alimentos: 8,6% del total de importaciones (2005)
Importación de armas: 0 millones de dólares a valores de 1990 (2004)
Exportación de armas: 0 millones de dólares a valores de 1990 (2004)

SITUACIÓN DE LA MUJER
Mujeres en cargos profesionales y técnicos: 53% de cargos (1992-2003)
Mujeres legisladoras, altas funcionarias y directivas: 35% de puestos (1992-2003)
Brecha de ingresos estimados entre mujeres y hombres: 0,53 (1991-2003)
Mujeres en cargos de gobieno a nivel ministerial:0% de cargos (2005)
Mujeres en bancadas parlamentarias: 12,1% de bancas (2005)

VENEZUELA

Población: 27 683 617 personas
Superficie terrestre: 912 050 km^2
Capital: Caracas
Moneda: Bolívar venezolano
Idioma: Español

DEMOGRAFÍA
Población: 27 683 617 (2007)
Crecimiento anual: 2,3% (1985-2000)
Estimación para el año 2015: 31 329 888 000 (2004)
Crecimiento anual hacia el 2015: 1,7% (2004)
Densidad de población: 30 habs. por km^2(2007)
Población urbana: 88,5% (2007)
Crecimiento urbano: 1,9% (2005-2010)
Estim. de la población urbana en 2015: 90,0% (2004)

SALUD
Esperanza de vida al nacer: 74 años (2005-2010)
Esperanza de vida al nacer, hombres: 71 años (2005-2010)
Esperanza de vida al nacer, mujeres: 77 años (2005-2010)
Tasa global de fecundidad: 2,5 hijos por mujer (2005-2010)
Tasa bruta de natalidad: 21 nacimientos por cada 1000 habitantes (2005-2010)
Tasa bruta de mortalidad: 5 muertes por cada 1000 habitantes (2005-2010)
Mujeres en pareja de 15-49 años que usan anticonceptivos: 77% (1996-2004)

Mortalidad materna: 96 cada 100 000 nacidos vivos (2000)
Partos atendidos por personal calificado: 94% (1996-2004)
Mortalidad en niños menores de 1 año: 16 cada 1 000 nacidos vivos (2004)
Mortalidad en niños menores de 5 año: 19 cada 1 000 nacidos vivos (2004)
Recién nacidos con peso por debajo del normal, 2500 gr: 9% (1998-2004)
Malnutrición infantil: 4% en menores de 5 años (1996-2004)
Desnutrición: 17% del total de población (2000-2002)
Madres que amamantan hasta los 6 meses: 7% (1996-2004)
Consumo diario de calorías: 2 272 per capita (2003)
Médicos: 194 cada 100 000 personas (1990-2004)
Acceso a fuentes mejoradas de agua potable: 83% de población (2002)
Acceso a servicios sanitarios: 68% de población (2002)

EDUCACIÓN
Alfabetismo adulto: 93% (2000-2004)
Alfabetismo adulto masculino: 93% (2000-2004)
Alfabetismo adulto femenino: 93% (2000-2004)
Matriculación neta en enseñanza primaria: 92% (2004)
Matriculación masculina neta en enseñanza primaria: 92% (2004)
Matriculación femenina neta en enseñanza primaria: 92% (2004)
Matriculación neta en enseñanza secundaria: 61% (2004)
Matriculación masculina neta en enseñanza secundaria: 65% (2004)
Matriculación femenina neta en enseñanza secundaria: 57% (2004)
Matriculación bruta en enseñanza terciaria: 39% (2003)
Número de niños por maestro, primaria: 20 (2004)

COMUNICACIONES
Radios: 292 cada 1 000 personas (2000)
Televisores: 186 cada 1 000 personas (2001)
Líneas telefónicas: 128,1 cada 1 000 personas (2004)

ECONOMÍA
Población viviendo con menos de 1 dólar al día: 8,3% (2000)
INB per capita: 4 030 dólares Atlas Method (2004)
PIB per capita: 6 043 PPP, dólares (2004)
Tasa de crecimiento anual del PIB: 17,9% (2004)
Inflación anual: 31,2% (2004)
Índice de precios al consumidor: 21,8 todos los items 1995=100 (2004)
Deuda externa total: 35 570 millones de dólares (2004)
Deuda externa per cápita: 1 285 dólares (2004)
Servicio de deuda externa: 16,0 como% de las exportaciones (2004)
Total neto de Ayuda Oficial al Desarrollo recibida: 82 millones de dólares (2003)
Total neto de Ayuda Oficial al Desarrollo recibida: 3 dólares per cápita (2003)
Total neto de Ayuda Oficial al Desarrollo recibida: 0,1% del PIB (2003)
Consumo de energía: 2 112,1 equivalente petróleo/ kg (2003)
Importación de energía: -231,2% del consumo (2003)
Gasto público en salud: 2,3% del PIB (2002)
Gasto en defensa: 1,2% del PIB (2004)

USO DE LA TIERRA
Tierras con bosques y forestadas: 54,1% de total de tierras (2005)
Tierras arables: 2,9% del total de tierras (2003)
Cultivos: 0,9% del total de tierras (2003)
Otros usos de la tierra: 42,1% del total de tierras
Tierras irrigadas: 16,9% de la tierra arable (2003)
Uso de fertilizantes: 1 155 kg por hectárea (2002)

TRABAJO
Población Económicamente Activa: 44,8% del total (2004)
Desempleo: 17% de la PEA (2003)
PEA femenina: 40% de la PEA (2004)
Empleo femenino en agricultura: 2% de la PEA femenina (1995-2002)
Empleo femenino en industria: 12% de la PEA femenina (1995-2002)
Empleo femenino en servicios: 86% de la PEA femenina (1995-2002)
Empleo masculino en agricultura: 15% de la PEA masculina (1995-2002)
Empleo masculino en industria: 28% de la PEA masculina (1995-2002)
Empleo masculino en servicios: 57% de la PEA masculina (1995-2002)

COMERCIO
Importación de bienes y servicios: 22 042 millones de dólares (2004)
Exportacion de bienes y servicios: 39 846 millones de dólares (2004)
Importación de cereales: 1 678 004 toneladas (2004)
Índice de producción de alimentos per cápita: 98,3 1999-2001=100 (2005)
Importación de alimentos: 14,8% del total de importaciones (2005)
Importación de armas: 12 millones de dólares a valores de 1990 (2004)
Exportación de armas: 1 millones de dólares a valores de 1990 (2004)

SITUACIÓN DE LA MUJER
Mujeres en cargos profesionales y técnicos: 61% de cargos (1992-2003)
Mujeres legisladoras, altas funcionarias y directivas: 27% de puestos (1992-2003)
Brecha de ingresos estimados entre mujeres y hombres: 0,42 (1991-2003)
Mujeres en cargos de gobieno a nivel ministerial: 13,6% de cargos (2005)
Mujeres en bancadas parlamentarias: 9,7% de bancas (2005)

Cuadro resumen de los datos sociales

	Población	Superficie en km²	Esperanza de vida	Mortalidad niños antes de 5 años	Matrícula neta en educación primaria	PIB per capita dólares	Mujeres en el parlamento	Índice desarrollo humano **
Argentina	39 531 118	2 780 400	75 años	18/1000	100%	13 298	33,7%	0,869
Bolivia	9 524 569	1 098 580	66 años	69/1000	95%	2 720	19,2%	0,695
Brasil	191 341 355	8 547 400	72 años	34/1000	98%	8 195	8,6%	0,800
Chile	16 634 762	756 630	79 años	8/1000	86%	10 874	12,5%	0,867
Colombia	46 952 028	1 138 910	73 años	21/1000	83%	7 256	12%	0,791
Costa Rica	4 674 626	51 100	79 años	13/1000	92%	9 481	35,1%	0,846
Cuba	11 317 087	110 860	79 años	7/1000	96%	s. d.	36%	0,838
Ecuador	13 610 733	283 560	75 años	26/1000	100%	3 963	16%	0,772
El Salvador	7 115 616	21 040	72 años	28/1000	91%	5 041	10,7%	0,735
España	43 604 345	505 990	80 años	5/1000	99%	25 047	36%	0,949
EE UU	303 851 231	9 629 090	78 años	8/1000	94%	39 676	15%	0,951
Guatemala	13 230 423	108 890	68 años	45/1000	93%	4 313	8,2%	0,689
Haití	8 773 138	27 750	53 años	117/1000	s. d.	1 844	3,6%	0,529
Honduras	7 520 649	112 090	69 años	41/1000	91%	2 876	5,5%	0,700
México	109 594 066	1 958 200	76 años	28/1000	100%	9 803	22,6%	0,829
Nicaragua	5 715 182	130 000	71 años	38/1000	88%	3 634	20,7%	0,710
Panamá	3 343 374	750 520	76 años	24/1000	100%	7 278	16,7%	0,812
Paraguay	6 444 836	406 750	72 años	24/1000	89%	4 813	10%	0,755
Perú	28 797 346	1 285 220	71 años	29/1000	100%	5 678	18,3%	0,773
Portugal	10 592 716	91 980	78 años	5/1000	98%*	19 629	19,5%	0,897
Puerto Rico	3 997 981	8 950	77 años	s. d.	s. d.	24 915	s. d.	s. d
República Dominicana	9 147 614	48 730	69 años	32/1000	86%	7 449	17,3%	0,779
Uruguay	3 509 373	176 220	76 años	17/1000	90%	9 421	12,1%	0,852
Venezuela	27 683 617	912 050	74 años	19/1000	92%	6 043	9,7%	0,792

Para una adecuada lectura téngase en cuenta que los datos pueden ser de diferentes años.
* Dato de UNICEF. ** Datos de ONU

TASAS DE CRECIMIENTO MUNDIAL, 2008-2010
(En porcentajes)

	FMI			Banco Mundial			DAES		
	2008	2009	2010	2008	2009	2010	2008	2009	2010
Mundo (agregación por tasas de cambio)	2,0	-2,6	1,7	1,9	-2,9	2,0	2,1	-2,6	1,6
Mundo (agregación por paridad de poder adquisitivo)	3,1	-1,4	2,5	3,0	-1,7	2,8	3,3	-1,0	2,7
Países desarrollados	0,8	-3,8	0,6	0,7	-4,2	1,3	0,8	-3,9	0,6
Estados Unidos	1,1	-2,6	0,8	1,1	-3,0	1,8	1,1	-3,5	1,0
Zona del euro	0,8	-4,8	0,3	0,6	-4,5	0,5	0,9	-3,5	0,0
Japón	-0,7	-6,0	1,7	-0,7	-6,8	1,0	-0,6	-7,1	1,5
Países emergentes y en desarrollo	6,0	1,5	4,7	5,9	1,2	4,4	5,4	1,7	4,3

Fuente: Comisión Económica para América Latina y el Caribe (CEPAL), sobre la base de cifras del Fondo Monetario Internacional (FMI), Banco Mundial y Departamento de Asuntos Económicos y Sociales de las Naciones Unidas (DAES).

AMÉRICA LATINA (8 PAÍSES): TASAS DE CRECIMIENTO ANUALES DE LAS REMESAS DE EMIGRADOS
(En porcentajes trimestre t- t-4)

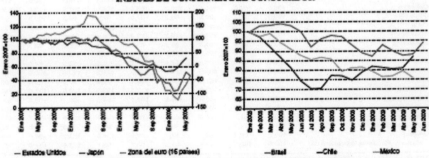

Fuente: Comisión Económica para América Latina y el Caribe (CEPAL), sobre la base de cifras oficiales.

* Incluye abril y mayo, y su variación respectiva.

Gráfico I.27
ÍNDICES DE CONFIANZA DEL CONSUMIDOR

Fuente: Comisión Económica para América Latina y el Caribe (CEPAL), sobre la base de fuentes nacionales.

Cuadro I.1
TASAS DE VARIACIÓN DEL PRODUCTO INTERNO BRUTO TOTAL
(En porcentajes)

País	2004	2005	2006	2007	2008	2009	2010
Argentina	9,0	9,2	8,5	8,7	7,0	1,5	3,0
Bolivia (Estado Plur. de)	4,2	4,4	4,8	4,6	6,1	2,5	3,5
Brasil	5,7	3,2	4,0	5,7	5,1	-0,8	3,5
Chile	6,0	5,6	4,6	4,7	3,2	-1,0	3,5
Colombia	4,7	5,7	6,9	7,5	2,6	0,6	3,5
Costa Rica	4,3	5,9	8,8	7,8	2,6	-3,0	3,0
Cuba	5,8	11,2	12,1	7,3	4,3	1,0	3,0
Ecuador	8,0	6,0	3,9	2,5	6,5	1,0	2,5
El Salvador	1,9	3,1	4,2	4,7	2,5	-2,0	2,5
Guatemala	3,2	3,3	5,4	6,3	4,0	-1	2,5
Haití	-3,5	1,8	2,3	3,4	1,3	2,0	2,0
Honduras	6,2	6,1	6,3	6,3	4,0	-2,5	2,5
México	4,0	3,2	4,8	3,3	1,3	-7,0	2,5
Nicaragua	5,3	4,3	3,9	3,2	3,2	-1,0	2,5
Panamá	7,5	7,2	8,5	11,5	9,2	2,5	5,0
Paraguay	4,1	2,9	4,3	6,8	5,8	-3,0	3,0
Perú	5,0	6,8	7,7	8,9	9,8	2,0	5,0
República Dominicana	1,3	9,3	10,7	8,5	5,3	1,0	2,0
Uruguay	11,8	6,6	7,0	7,6	8,9	1,0	3,5
Venezuela (Rep. Bol. de)	18,3	10,3	9,9	8,9	4,8	0,3	3,5
Subtotal de América Latina	6,1	4,9	5,7	5,8	4,2	-1,9	3,2
El Caribe	4,6	4,0	7,0	3,4	1,5	-1,2	0,5
América Latina y el Caribe	6,1	4,9	5,8	5,8	4,2	-1,9	3,1

Fuente: Comisión Económica para América Latina y el Caribe (CEPAL), sobre la base de cifras oficiales de los respectivos países, expresadas en dólares a precios constantes de 2000.

AMÉRICA LATINA Y EL CARIBE: SALARIO MÍNIMO REAL
(Índices 2000 = 100)

	2000	2001	2002	2003	2004	2005	2006	2007	2008 a/
Argentina	100,0	101,1	81,3	84,0	129,8	171,1	193,2	219,6	253,3
Bolivia (Estado Plurinacional de)	100,0	110,8	116,0	116,9	112,0	106,3	111,1	109,7	108,0
Brasil	100,0	109,8	114,3	117,4	121,4	128,5	145,3	154,8	160,8
Chile	100,0	103,8	106,8	108,3	111,3	113,4	116,3	118,5	118,3
Colombia	100,0	101,2	101,9	102,0	103,8	105,0	107,9	108,6	106,9
Costa Rica	100,0	100,2	99,5	99,2	97,6	97,8	99,5	100,8	99,5
Cuba	100,0	89,6	94,3	92,4	94,4	206,6	196,6	184,7	180,7
Ecuador	100,0	111,5	112,5	119,3	122,2	125,9	130,0	135,1	146,7
El Salvador	100,0	96,4	94,6	96,7	95,3	91,1	90,5	92,7	92,9
Guatemala	100,0	108,3	108,6	117,3	117,6	115,9	119,6	117,7	105,7
Haití	100,0	88,4	80,5	107,5	91,7	79,6	70,0	64,8	56,2
Honduras	100,0	102,5	104,6	113,6	114,5	121,2	127,4	130,9	131,1
México	100,0	100,4	101,2	100,4	99,1	99,0	99,0	98,3	96,2
Nicaragua	100,0	102,1	105,9	109,2	113,5	118,1	128,5	131,6	141,6
Panamá	100,0	107,0	105,8	106,5	107,5	104,5	108,1	106,3	109,2
Paraguay	100,0	103,7	102,9	105,8	102,4	104,4	106,7	103,9	101,3
Perú	100,0	101,2	101,0	102,2	106,9	105,1	112,0	111,7	114,5
República Dominicana	100,0	105,7	105,1	95,5	81,2	96,4	89,6	93,8	87,7
Uruguay	100,0	98,7	88,7	77,7	77,5	131,9	153,2	159,6	176,9
Venezuela (República Bolivariana de)	100,0	100,0	94,5	83,3	92,7	103,7	113,9	114,4	107,1

Fuente: Comisión Económica para América Latina y el Caribe (CEPAL), sobre la base de cifras oficiales.
a/ Cifras preliminares.

Cuadro A-2
AMÉRICA LATINA Y EL CARIBE: PRODUCTO INTERNO BRUTO
(En millones de dólares corrientes)

	2000	2001	2002	2003	2004	2005	2006	2007	2008 a/
América Latina y el Caribe	2 114 994	2 059 905	1 850 259	1 920 524	2 216 811	2 686 924	3 165 350	3 661 441	4 268 044
Antigua y Barbuda	664	696	714	753	815	868	1 003	1 155	1 217
Argentina	284 346	268 831	102 042	129 596	153 129	183 196	214 267	262 451	330 196
Bahamas	5 528	5 659	5 912	5 942	6 189	6 797	7 280	7 498	7 564
Barbados	2 559	2 554	2 476	2 695	2 817	3 006	3 191	3 433	3 729
Belice	832	872	933	988	1 056	1 115	1 213	1 277	1 387
Bolivia (Estado Plurinacional de)	8 398	8 142	7 905	8 082	8 773	9 549	11 452	13 120	16 674
Brasil	644 476	552 288	505 960	552 453	663 733	882 040	1 089 398	1 300 312	1 575 835
Chile	75 495	68 840	67 532	73 986	95 678	118 182	146 771	163 879	169 458
Colombia	94 053	92 677	93 016	91 703	113 774	144 581	162 347	207 786	242 268
Costa Rica	15 946	16 404	16 844	17 518	18 596	19 965	22 526	26 267	29 663
Cuba	30 565	31 682	33 591	35 901	38 203	42 644	52 743	58 604	62 705
Dominica	271	266	255	263	285	299	317	341	357
Ecuador	15 934	21 250	24 899	28 636	32 642	37 187	41 763	45 789	52 572
El Salvador	13 134	13 813	14 307	15 047	15 798	17 070	18 654	20 373	22 115
Granada	430	422	437	480	469	554	564	608	644
Guatemala	17 196	18 703	20 777	21 918	23 965	27 211	30 231	34 031	38 976
Guyana	713	712	726	743	788	825	915	1 075	1 159
Haití	3 665	3 508	3 215	2 827	3 660	4 154	4 961	6 225	7 215
Honduras	7 187	7 653	7 860	8 234	8 871	9 757	10 918	12 417	14 321
Jamaica	8 949	9 104	9 677	9 399	10 135	11 152	11 989	12 909	14 431
México	636 731	681 762	711 103	700 325	758 222	844 137	945 651	1 018 221	1 060 483
Nicaragua	3 938	4 125	4 026	4 102	4 465	4 872	5 294	5 691	6 365
Panamá	11 621	11 808	12 272	12 933	14 179	15 465	17 137	19 485	23 088
Paraguay	7 095	6 446	5 092	5 552	6 950	7 473	9 275	12 222	15 976
Perú	53 336	53 955	56 775	61 356	69 701	79 389	92 319	107 329	127 500
República Dominicana	23 655	24 512	24 913	20 045	21 582	33 542	35 660	41 013	45 523
Saint Kitts y Nevis	329	343	351	362	400	439	489	512	552
San Vicente y las Granadinas	335	345	365	382	414	445	496	555	598
Santa Lucía	707	685	701	743	798	850	913	955	1 019
Suriname	775	665	955	1 122	1 285	1 481	1 736	1 867	2 263
Trinidad y Tabago	8 154	8 825	9 008	11 305	13 280	15 935	19 345	21 717	24 205
Uruguay	20 829	19 248	12 731	11 605	13 706	17 230	20 023	24 254	32 186
Venezuela (República Bolivariana de)	117 148	122 910	92 890	83 529	112 452	145 513	184 509	228 071	313 799

Fuente: Comisión Económica para América Latina y el Caribe (CEPAL), sobre la base de cifras oficiales.
a/ Cifras preliminares.

**AMÉRICA LATINA Y EL CARIBE: PRESIÓN TRIBUTARIA DEL GOBIERNO CENTRAL,
INCLUIDAS LAS CONTRIBUCIONES A LA SEGURIDAD SOCIAL**
(En porcentajes del producto interno bruto)

	2000	2001	2002	2003	2004	2005	2006	2007	2008 a/
América Latina y el Caribe (exc. Cuba)	15,1	15,4	15,3	15,5	16,0	16,7	17,2	17,9	17,8
América Latina y el Caribe (inc. Cuba)	15,7	15,9	15,9	16,1	16,4	17,3	17,9	18,3	18,2
Argentina b/	21,5	20,9	19,9	23,4	26,4	26,8	27,4	29,1	30,6
Bolivia (Estado Plurinacional de) b/	17,9	17,0	17,3	17,2	19,0	20,4	19,8	20,1	21,7
Brasil b/	30,4	31,3	31,9	31,4	32,2	33,3	33,5	34,7	35,5
Chile	17,7	18,1	18,0	17,3	17,0	18,3	18,3	20,2	20,1
Colombia	12,5	14,1	13,9	14,0	14,7	14,9	15,6	15,6	15,5
Costa Rica	12,2	13,2	13,2	13,3	13,3	13,6	14,0	15,2	15,6
Cuba	27,5	25,9	26,6	26,9	23,3	28,7	30,0	27,7	25,2
Ecuador	11,6	13,3	14,1	12,9	12,8	13,0	13,9	14,3	16,5
El Salvador	12,4	12,3	13,0	13,3	13,3	14,1	15,0	15,0	14,6
Guatemala	10,9	11,1	12,2	11,9	11,8	11,5	12,1	12,3	11,6
Haití	7,9	7,4	8,2	8,8	8,9	9,7	10,2	10,3	9,5
Honduras	14,3	16,6	15,4	15,5	15,5	15,7	16,2	17,5	15,9
México	11,0	11,7	12,0	11,6	10,3	10,1	9,9	10,3	9,4
Nicaragua	17,5	16,0	16,8	18,6	19,3	20,3	21,3	22,1	21,7
Panamá	16,0	15,2	14,8	14,6	14,4	14,3	15,7	16,5	16,5
Paraguay	12,0	12,0	11,2	11,3	12,9	13,0	13,1	12,6	13,7
Perú	14,1	14,3	13,8	14,5	14,7	15,2	16,7	17,2	17,4
República Dominicana	11,3	13,1	13,0	12,0	12,8	14,6	15,0	16,0	15,0
Uruguay	22,5	22,4	21,5	21,4	21,6	22,6	23,4	23,0	23,3
Venezuela (República Bolivariana de)	13,6	12,2	11,2	11,9	13,3	15,9	16,3	17,0	14,2

Fuente: Comisión Económica para América Latina y el Caribe (CEPAL), sobre la base de cifras oficiales.
a/ Cifras preliminares.
b/ Gobierno general.

Índice onomástico

Índice toponímico

Los Estados Desunidos de Latinoamérica, de Andrés Oppenheimer
se terminó de imprimir en noviembre de 2009 en
Litográfica Ingramex, S.A. de C.V.
Centeno 162-1, Col. Granjas Esmeralda,
México, D.F.